CAÇADORES
DE BONS EXEMPLOS

CAÇADORES
DE BONS EXEMPLOS

Em busca de brasileiros
que fazem a diferença

IARA E EDUARDO XAVIER

Copyright © Caçadores de Bons Exemplos Ltda
Todos os direitos reservados

Revisão e Preparação:
Ana Issa de Oliveira

Projeto gráfico:
Estúdio Design do Livro | Habilis

Editoração:
Estúdio Design do Livro

Foto dos autores:
Leco Reis

Impressão:
Gráfica e Editora O Lutador
Belo Horizonte - MG

FICHA CATALOGRÁFICA

X3c
    Xavier, Iara (Iara Gracielli Xavier Silhetes)
    Caçadores de bons exemplos: em busca de brasileiros que fazem a diferença / Iara Xavier, Eduardo Xavier; prefácio de Lucianno Huck. – Belo Horizonte: Gráfica O Lutador, 2016.
    260 p.

    ISBN: 978-85-93410-00-0

    1.Cidadania-Brasil. 2.Participação social. 3.Inclusão social. I. Xavier, Eduardo (Eduardo Silhetes Ferreira Xavier). II. Título.

CDU 342.71(81)

Elaborada por Rinaldo de Moura Faria - CRB6 - N° 1006

/cacadordebomexemplo

/cacadoresdebonsexemplos

/cacadoresdobem

contato@cacadoresdebonsexemplos.com.br

/cacadoresdebonsexemplos

ÍNDICE

Prefácio 7

Introdução 9

A confirmação do caminho a seguir 16

Diamantize seu coração 23

A comunidade ergue os que caíram 30

Planejamento
(ou como a falta dele fez de nós pessoas mais flexíveis) 43

Dificuldade foi o que não faltou, mas tudo bem 55

O nosso sonho encontra outros sonhos 68

O universo conspira 79

Luxo 88

Será que o dinheiro vai dar? 96

O Brasil que nos adotou 110

Pata ou galinha?   114

Vocês não trabalham?   123

Não façam como nós, mas façam o que puderem   131

Religare   140

Desapega!   150

O que ganhamos com isso?   163

Chegadas e partidas   179

Transformando dor em amor   184

Quem são os bons exemplos que procuramos?   197

Orgulho do Brasil   215

Interdependência   238

O que vocês vão fazer quando a expedição terminar?   246

Enfim... Chegamos ao Chuí!   252

Posfácio   255

PREFÁCIO
por Luciano Huck

Conheci a Iara e o Edu nos bastidores da TV. Contaram-me a história de um casal que saiu pelo Brasil atrás de bons exemplos. Pensei; como assim? E o fato é que a história era muito maior e muito melhor do que isso; e desde então, não os perco do meu radar.

Nossa relação começou há cerca de três anos, quando eles estavam tentando viabilizar recursos para seguir viagem, já haviam vendido tudo o que tinham, o dinheiro havia acabado e ainda restavam muitos bons exemplos a serem visitados e catalogados. A missão deles, de tão simples, era extremamente exaustiva e complicada; chegar em qualquer cidade brasileira, bater um papo com a população local, descobrir quem eram os empreendedores sociais locais e bater à porta de cada um deles, um a um. Se esta ideia acontecesse no Uruguai, sem dúvida seria bem mais simples, mas em um país continental como o Brasil, sem dinheiro, em estradas precárias e regiões de difícil acesso, virou um trabalho de Hércules. Mas este casal não desistiu por nada. Sempre com um sorriso no rosto e a esperança contínua de dar luz àqueles que fazem muito com muito pouco.

Vi, neles, a curadoria que sempre sonhei. A curadoria de empreendedores sociais. Alguém que viu e sentiu in loco o poder transformador da educação, cultura, música, esporte... Orquestrado não pelo Estado ineficiente, mas pelas mãos dos mais diversos e brilhantes brasileiros. Ouro em pó.

Nossa primeira parceria me levou longe, fui parar em Parauapebas, no Pará. E, desde então, sigo a trilha aberta por eles nos mais diversos cantos do país.

Na televisão que acredito, onde a inspiração e o legado são ingredientes fundamentais, o trabalho dos Caçadores de Bons Exemplos tem um papel enorme.

E toda vez que penso neles, como estou fazendo neste momento que despejo estas linhas no papel, me vem a pergunta à cabeça: Por quê? Por que um casal que tinha uma vida "organizada", resolve "desorganizar" e sair pelo Brasil para documentar a história do outros, sem nenhuma intensão além da de mostrar que mesmo com todos os problemas e dificuldade que nosso país enfrenta há séculos, tem muita gente legal, fazendo o bem e querendo transformar a vida de todos.

Para mim, o melhor exemplo nesta história são vocês; Iara e Edu. Parabéns.

Nós brasileiros devemos um enorme "muito obrigado".

INTRODUÇÃO

O ano era 2008. Estávamos, como de costume, a caminho do sítio de meus pais em um fim de semana para um encontro da família.

O cenário era o mesmo: estrada de terra, árvores, natureza linda e casas típicas do interior de Minas Gerais. Ainda não sabíamos, mas aquele dia ficaria marcado em nossas vidas.

Como se fosse um relâmpago na mente, um *insight*, uma intuição, ou, como dizia um amigo mineiro, um clarão mesmo, coloquei minha mão sobre a perna do Dudu, que estava dirigindo, e disse:

– Precisamos fazer uma viagem de cinco anos em busca de pessoas que estão mudando, de alguma forma, o lugar onde vivem. Que pararam de olhar para o próprio umbigo e decidiram pensar no coletivo. Pessoas que tiraram o bumbum do sofá e colocaram a mão na massa. Que estão em busca das soluções e não dos problemas do mundo. Pessoas que fazem a diferença. Que cuidam e são cuidadas. Pessoas que dão exemplo de como viver. Simplesmente... Pessoas do bem! E essa viagem tem que começar no primeiro dia de janeiro de 2011. Ao meu lado, Dudu me olhou como se eu tivesse dito que daí a pouco começaria a chover. Como se eu tivesse dito a coisa mais natural do mundo. E respondeu, sem piscar:

– Tudo bem.

Chegamos à festa e nos comportamos como se nada tivesse acontecido.

Aliás, nos comportamos assim durante os anos seguintes. Não contamos nossa decisão a ninguém e criamos até uma espécie de "vassourinha" mental: sempre que pensávamos naquela conversa, sacudíamos a cabeça para esquecer o assunto. Até que, em 2010, caiu a ficha: "Ops, 2011 já está chegando. E agora? O que vamos fazer?"

*

Morávamos em Divinópolis, um casal de classe média, num apartamento confortável, com dois carros na garagem. Contudo, havia uma inquietação em nós dois, algo que era difícil de compartilhar com os amigos sem que eles achassem que éramos malucos.

Eu queria ter cinquenta filhos e dar a volta ao mundo. Quando contei meus planos ao Dudu, ele disse:

– Tudo bem.

Então dava para entender que ele sequer tivesse vacilado quando eu falei que estava na hora de começar a viagem.

Nunca fomos ligados a projetos sociais. Nossa única iniciativa fora combinar com familiares e amigos que as comemorações dos nossos aniversários seriam solidárias: em vez de nos oferecer presentes, eles doariam roupas e objetos para distribuirmos a quem precisava.

No entanto, sempre tivemos muitos questionamentos. Qual é o verdadeiro sentido da vida?

Será que estamos neste mundo apenas para satisfazer nossos desejos e vontades? Comprar casa, carro, roupas... Eram só os desejos de consumo?

Estudar, conseguir um ótimo emprego para ganhar dinheiro, namorar, casar e construir um patrimônio para deixar aos nossos filhos? Será que seria este o nosso papel?

Será que estaríamos aqui apenas para manter um status? Sermos bem-sucedidos, ficarmos ricos?

De alguma maneira, sentíamos que isso era pouco. Que deveria haver um propósito maior para nossas vidas. Alguns de nossos amigos tinham inquietudes parecidas, mas não faziam nada para mudar o cenário. Conosco seria diferente: aos poucos, estas perguntas, que poderiam ser apenas retóricas, começariam a nos perturbar a ponto de provocar uma atitude que alguns poderiam chamar de extrema.

Será que não estamos aqui para viver em comunidade? Fazer o bem? Amar as pessoas? Que herança vamos deixar para nossos filhos? Herança material ou valores reais? Qual legado deixaremos quando morrermos?

Já paramos para avaliar quanto ganhamos por dia? Agora, imaginem as famílias que vivem com menos de um dólar por dia? Outros números nos assustavam: segundo a Organização das Nações Unidas, cerca de 805 milhões de pessoas ainda passam fome em pleno século 21. Isso significa que um em cada nove habitantes do planeta não tem acesso a uma alimentação digna. Apenas 85 pessoas detêm a metade da fortuna do mundo. O que deveria ser um direito fundamental ainda é privilégio para muitos. Quase 4.100 crianças menores de cinco anos morrem todos os dias por causa de diarreia.

Já existem muitas pessoas tentando mudar essa realidade! Será que não temos uma contribuição a dar?

Sem saber o que fazer nem como, lembramo-nos desta frase de Gandhi: "Seja você a mudança que quer ver no mundo".

Em vez de nos lamentarmos ou ficarmos estarrecidos diante do que vemos, tomamos a decisão de ir atrás daquelas pessoas que se mobilizavam para encontrar soluções.

Não tínhamos a mínima ideia do que encontraríamos em nosso caminho. Não planejamos a expedição. De alguma forma, tínhamos certeza de que aquele era o nosso caminho.

O primeiro passo para se chegar a algum lugar é decidir que você não quer mais ficar onde está. A ideia veio e a colocamos em prática, sem questionar. Apenas estabelecemos a data para começar a jornada. Na estrada, faríamos os ajustes necessários.

*

Quando não dava mais para adiar a comunicação à família e aos amigos mais próximos, decidimos fazer uma festa, no *réveillon* de 2010. Pediríamos doação de alimentos como presente, para levar e distribuir nas primeiras etapas da viagem.

Sabíamos desde o início, que por excesso de amor, poderiam nos desmotivar. E entendíamos este movimento: ninguém deseja sofrimento a quem ama, e o desconhecido é mais difícil de entender.

A ideia de deixar para trás tudo o que construímos em uma vida inteira pareceu absurda para todos. Afinal de contas, não existe uma chavinha que possamos virar e mudar as pessoas. No fundo, no fundo, ninguém acreditou. As pessoas achavam que estávamos brincando. Era preciso um tempo para que todos assimilassem a ideia.

Inclusive nós.

A rotina desregrada e consumista que tínhamos levado até então não condizia em nada com o projeto de vida que tínhamos inventado para nós mesmos.

Dizem que cada um de nós guarda dentro de si quatro pessoas diferentes: quem a gente acha que é; quem as pessoas acham que somos; quem a gente realmente é; e quem nós queremos nos tornar! Saímos em busca desta quarta opção!

Como disse Lao Tse: "Não sabendo que era impossível, foi lá e fez!"

*

Chegou 2011. Saímos de nossa cidade com o coração feliz e um caminhão cheio de cestas básicas, rumo ao Vale do Jequitinhonha. Nosso primeiro passo foi o que nos pareceu mais simples naquele momento: o assistencialismo. Não tínhamos muito claro como começaríamos este projeto, então nossa inspiração foi uma frase atribuída a São Francisco de Assis: "Comece fazendo o que é necessário, depois o que é possível, e de repente você estará fazendo o impossível".

Após algumas horas de viagem, chegamos a Itinga, no nordeste de Minas Gerais, cidade que escolhemos como primeira parada. Estacionamos na praça, descarregamos os alimentos e começamos a perguntar aos moradores quem precisava recebê-los. Foi quando um senhor se aproximou da janela e começou a conversar. Saímos do carro e ficamos horas ouvindo-o falar sobre sua vida, até que ele disse:

– Eu quero dar um presente para vocês. Esperem aqui que vou buscar.

Passados cinco minutos, ele voltou com um saco de milho verde e disse:

– Vocês estão caçando bons exemplos. Isto é para se alimentarem. Não tenho muito dinheiro, mas tenho uma plantação de milho no meu quintal de que cuido com muito carinho. Levem para vocês.

Uma ironia. Nós, que estávamos ali para doar, acabamos recebendo o alimento.

*

Em Itinga, tivemos nosso primeiro contato direto com a extrema pobreza. Em casas de taipa, crianças cuidavam de outras crianças, enquanto alguns pais iam trabalhar e outros se drogavam na esquina. Certa vez, uma criança abriu a porta. Pela fresta, vimos outras sentadas, comendo arroz que se espalhava pelo chão. Não havia pratos.

Ouvimos muitas histórias de estupro familiar. De tudo o que ouvimos de ruim, era o que mais nos chocava. O confronto com uma realidade que sabíamos que existia, mas que estava tão distante da nossa, fez com que eu quisesse parar a expedição sem ao menos ter começado. Percebi que o alimento era necessário, claro, mas aquelas crianças precisavam de tudo que era básico. Queria ficar e ajudá-las.

A verdade é que estávamos ali distribuindo alimento porque ainda não sabíamos o que fazer. Sabíamos apenas que era preciso sair da nossa zona de conforto.

Seguimos viagem.

A próxima cidade na nossa busca de bons exemplos seria Diamantina.

Por que Diamantina? Porque estávamos – ainda estamos – em busca de um diamante: o povo brasileiro.

No entanto, no caminho, comecei a passar mal.

O suor escorria pelo meu rosto, meu estômago estava embrulhado e eu não parava de pensar em todas as famílias que tínhamos visitado. Sentia um turbilhão de emoções. Gritei:

– Por favor! Pare na primeira cidade que aparecer. Não aguento mais. Preciso sair do carro, tomar uma água... Respirar... Sair correndo, sei lá. Não consigo chegar a Diamantina.

Chegamos a Araçuaí. Eduardo parou o carro diante de uma padaria. Pedi uma água, encostei-me ao balcão e respirei fundo. Parecia que eu tinha levado um soco no estômago.

Passado o mal-estar, disse a ele:

– Já que estamos aqui, vamos começar o projeto por aqui mesmo! – E fiz ao balconista, pela primeira vez na expedição, a pergunta que eu repetiria milhares de vezes nos anos seguintes:

– Quem é um bom exemplo aqui na cidade?

Pergunta difícil de ser respondida, desde a primeira até a última abordagem que fizemos nas ruas. Geralmente temos que nos explicar.

– Bom exemplo? Como assim? – perguntou ele.

– Alguém que tem sua família, emprego, mas quer melhorar a vida de todos na comunidade – respondi.

– Ah... Aqui não tem isso não, moça.

– Claro que tem. Alguém que faça um projeto social, uma ação positiva.

– Ah, sim... Aqui tem o Tião.

– Que Tião?

– O Tião Rocha, do CPCD. Comecei a passar mal novamente.

Havíamos decidido que os projetos que visitaríamos deveriam ser indicados; por isso, nunca fizemos uma listagem ou pesquisa na internet. A voz das ruas seria o termômetro do sucesso de cada projeto. No entanto, eu sabia quem era Tião Rocha e sua Pedagogia da Roda. Sempre quis conhecê-lo. Tínhamos nos programado para visitá-lo em 2016, encerrada a expedição.

Mas o universo tinha outros planos para nós.

Conhecer Tião e o CPCD não seria a primeira coisa que faríamos no futuro, em 2016. Conhecer Tião e o CPCD foi o primeiro presente do presente da expedição, em 2011.

Íamos a Diamantina procurar "diamantes", mas acabamos encontrando um tesouro inteiro em Araçuaí. Foi o primeiro sinal de que estávamos no caminho certo.

A CONFIRMAÇÃO DO CAMINHO A SEGUIR

Estes sinais nos acompanharam durante toda a viagem. Nunca duvidamos da autenticidade deles. Na Amazônia, três anos depois, tivemos outra confirmação de que estávamos no caminho certo.

Na divisa entre os estados do Amazonas, Rondônia e Acre, a travessia pode ser feita em balsas, pelo rio. É caro.

Vale dizer que, antes de deixar Divinópolis e nossa vida anterior, vendemos tudo o que tínhamos e reservamos o dinheiro para a expedição. Claro que não éramos ricos. Tampouco tínhamos patrocínio. Então, nosso dinheiro era contadinho, gasto sempre com muito cuidado. Fizemos as contas e concluímos que seria o caso de encarar 886 quilômetros de Manaus a Humaitá, no Amazonas e, depois, seguirmos para o Acre.

Fechada há quase trinta anos, a BR-319, a estrada que usaríamos para fazer o caminho entre Manaus e Humaitá, se transformara em uma verdadeira armadilha. Na estrada, alternavam-se longos trechos de asfalto destruído, atoleiros quase intransponíveis, buracos gigantes e muitas pontes de madeira. A mata tomara conta de boa parte dos antigos acostamentos, e a erosão estreitara a via, criando degraus em cada lado. Nas margens do que um dia fora uma rodovia, capoeiras desbastadas denunciam a especulação imobiliária na floresta. A estrada, que deveria ser uma ligação entre Amazonas e Rondônia, é completamente deserta. Percorrê-la é uma aventura incerta.

Quando pedíamos orientação sobre a viagem, cada pessoa nos dava uma informação diferente. Uns falaram para dormirmos em Castanho, outros em Igapó; houve quem sugerisse as torres de telefonia: não há sinal de celular, mas ofereceriam algum abrigo. A certa altura, procuramos um "especialista" naquele território. Ele quis saber se tínhamos arma de fogo. Com os olhos arregalados, respondemos:

– Não, nossa defesa serão as boas energias do universo.

– Têm *spray* de pimenta?

– Também não!

Ele desistiu de perguntar e começou a fazer algumas recomendações: arrumar um telefone via satélite, já que o trecho não dispõe de sinal de celular; ter um localizador para enviar um sinal, caso estivéssemos em perigo; levar água, comida e repelente; não parar nos igarapés após as 17:00, por causa da malária; não tomar banho nos igarapés por causa das sucuris; levar prancha por causa de atoleiros; levar cordas; ir devagar; conferir as pontes antes de atravessá-las e ter muito, muito cuidado. A última recomendação foi: "Procurem e avisem algum grupo de jipeiros ou trilheiros."

Por pouco não entramos em desespero, até porque não conseguimos ninguém que nos acompanhasse ou que também estivesse a caminho de Porto Velho. Resolvemos arriscar e ir de coração aberto.

Avisamos ao grupo de jipeiros que seguiríamos viagem sozinhos. Ouvimos que, se não chegássemos a Humaitá em quatro dias, eles iriam nos resgatar.

Resgatar? Essa palavra não saía de minha mente.

Criei um grupo no celular chamado "Apuros" e mandei uma mensagem para minhas sobrinhas Nath e Vanessa. Liguei para minha irmã Dalva deixando com ela nossa localização, para o caso de nos acontecer algo. Pedimos segredo e seguimos nosso caminho.

De Careiro até Castanho foram 95 quilômetros de asfalto totalmente irregular.

Em Castanho, enchemos o tanque e levamos quarenta litros extras de combustível em um galão dentro do carro. Deu medo, sabemos que é proibido e perigoso, mas não existem postos de combustível na estrada e era a única forma de concluirmos o trecho.

Em Igapó-Açu, uma moradora, dona Mocinha, nos deixou ficar em seu quintal, usar a energia e tomar banho. Um amor de pessoa! Neste dia rodamos 236 quilômetros e fomos dormir cedo, já imaginando o que nos esperava no dia seguinte.

Como nossa barraca é amarela, é comum acordarmos assim que o sol nasce. Naquele dia não foi diferente. Amanheceu e eu saí para saudar o dia que traria o momento mais mágico de todos que vivemos no meio da floresta amazônica, na última comunidade antes de enfrentarmos os maiores desafios. Fiquei à margem do rio, contemplando os tucuxis nadando, até me dar conta de que não estava sozinha.

Ao meu lado havia um garoto que aparentava uns 14 anos, usando apenas uma bermuda, com uma toalha no ombro e um sabonete na mão. Queria tomar banho e certamente minha presença atrapalhava seus planos. Vendo que eu estava demorando em sair, ele resolveu puxar conversa. Olhou para nosso carro, e me perguntou:

– Vocês moram ali?

– Sim – respondi.

E ele fez a pergunta mais difícil de responder:

– O que vocês fazem?

Em minha humilde ignorância, pensei rapidamente: "Nossa família não entende o projeto. Nossos amigos não entendem. Todos dizem que somos loucos. Vou resumir em uma frase para esse garoto; ele não vai entender, mesmo!"

– Somos um casal que cansou de ouvir notícias ruins. Aí, vendemos tudo o que tínhamos para procurar pessoas que estão mudando o mundo. Divulgamos essas informações de graça para que outras pessoas se inspirem e também mudem outros mundos – disse. Ponto final.

Ele olhou em meus olhos e concluiu:

Bom, se o maior tesouro que o ser humano tem é a informação, e se vocês estão divulgando essas informações do bem gratuitamente... Então vocês estão distribuindo tesouros! – Respirei fundo, fiquei sem palavras e as lágrimas começaram a rolar em meu rosto. Agradeci e dei um longo abraço nele. Quando nos separamos, ele disse:

– Eu não conheço ninguém tão rico como vocês! – Fiquei sem palavras novamente. Eu havia acabado de dizer que não possuíamos nada material, e ele nos mostrou que entendia os valores que carregávamos em nossa bagagem.

Aquele garoto me provou que continuávamos no caminho certo e que nenhuma dificuldade poderia nos fazer desistir.

Voltei para o carro aos prantos, contei para o Eduardo aquele momento mágico e concluí:

– Podemos seguir viagem. Nada de ruim vai nos acontecer.

Estávamos no caminho certo.

*

Choveu durante a noite e resolvemos esperar o sol secar um pouco a estrada. Porém, apenas 2,4 quilômetros depois da primeira torre, o carro atolou.

Não somos aventureiros e não temos experiência nenhuma em aventura. Nosso carro é *off-road*, mas nós não somos *off-roaders*. Nossa aventura é caçar bons exemplos, não é caçar atoleiros.

Estávamos estressados e, em uma das tentativas de tirar o carro, esquecemos o vidro aberto. Entrou lama no carro inteiro. Começamos a rir da situação. Conseguimos desatolar graças a alguém que havia deixado galhos cortados na estrada.

Mais à frente, quando paramos para nos lavar, borboletas amarelas entraram no carro e pousaram no volante e na marcha.

Elas e vários macaquinhos nos faziam companhia, mas, a cada trecho, a estrada ficava pior.

O relógio marcava 17:30 e havíamos avançado pouco; a média de velocidade era de 12 quilômetros por hora. Resolvemos parar para dormir na terceira torre de telefonia. Não tinha ninguém lá. O portão estava fechado e uma placa dizia: "Perigo: Risco de Morte".

Um pássaro gritava, pousado no alto da torre. AHHH... AHHH... O eco nos dava a sensação de filme de terror.

Havia uma corrente no portão, mas era falsa. Empurrei-o, e o ranger do portão ecoou no silêncio da floresta.

Dudu ficou dentro do carro, enquanto eu entrava pé ante pé dizendo:

– Tem alguém aí? Tem alguém aí? – Só ouvíamos o eco de minha voz.

Ninguém respondeu. No entanto, eu ouvia ruídos dentro da construção, como se um bicho tivesse esbarrado em alguma coisa que caiu no chão.

Neste clima de medo, Dudu e eu montamos a barraca e fizemos uma fogueira. Não havia tomadas elétricas. Enchemos uma garrafa PET com água mineral e tomamos banho, cada um fazendo chuveiro para o outro. Cheirávamos à diesel. Não o perfume importado da marca famosa, Diesel. Era combustível, mesmo.

Havia um rádio transmissor ligado e ouvíamos as comunicações entre as torres. O chiado do rádio complementava o cenário de filme de terror.

Morcegos chocavam-se contra a barraca. Maribondos e abelhas também nos fizeram companhia, além de um lindo céu estrelado.

Fazia muito frio à noite.

Tivemos muito medo. Àquela altura da viagem, já tínhamos dormido nas comunidades mais violentas do Brasil, mas era diferente. O medo era de animais irracionais, e de animais racionais também. Mais cedo, soubéramos que alguns detentos perigosos haviam escapado da cadeia, e que aquela estrada era rota de fuga deles.

Vesti três calças e deixei uma faca ao lado de meu travesseiro – sim, àquela altura eu já tinha uma arma branca. Contudo, não conseguia dormir pensando na possibilidade de usá-la para atacar alguém. Não podia! Não conseguiria! Lembrei-me de uma frase do general Rondon: "Morrer se preciso for. Matar jamais!"

Desci da barraca, guardei a faca e dormi pedindo às boas energias do universo para afastarem todo o mal. Acordamos mais algumas vezes, mas logo voltamos dormir. Nada de ruim aconteceu. Acordamos e nos arrumamos para seguir viagem.

*

Após quatro dias e meio de percurso, chegamos a Humaitá. Ufa. Não chegamos aos cinco dias previstos pelos jipeiros, após os quais eles sairiam para nos resgatar.

Cruzamos 130 pontes de madeira (isso mesmo, 130 pontes); em três delas arrumamos algumas tábuas para o carro passar. Eu sempre descia do carro para verificar as condições das pontes. E Dudu sempre filmava.

Na centésima ponte, eu me senti idiota pulando para testar as tábuas. Que sentido tinha aquilo? Peso setenta quilos e nosso carro pesa quase uma tonelada. Já irritada, entrei no carro, bati a porta, e Dudu continuava filmando. Foi a gota d'água. Perguntei por que ele estava gravando aquela situação. Ele respondeu, com a calma de sempre:

– Imagina se você pula, a ponte quebra, você cai no rio, vem uma sucuri e come você... O que eu vou falar para a sua mãe? Se estiver registrado, eu tenho como explicar. – E dava gargalhadas!

Fiquei meia hora sem conversar com ele.

O balanço do carro, a velocidade baixa e a atenção com que precisávamos dirigir nos deixavam profundamente cansados. Vivíamos caindo em buracos. A coluna doía, a cabeça doía, o corpo todo doía. Sem conexão de internet ou celular, conseguimos nos conectar incrivelmente com a natureza e com tudo o que temos dentro de nós mesmos. E ficamos com uma única certeza: jamais esqueceríamos aquele garoto que dizia que, divulgando os projetos sociais, estaríamos distribuindo tesouros.

*

Muitas pessoas nos dizem que somos corajosos. Sempre respondemos que não se trata de coragem. Simplesmente não paramos para pensar. A ideia veio, marcamos uma data e simplesmente executamos.

Uma amiga nos contou que a palavra coragem vem da fusão de duas outras, de raiz latina, *coeur* (coração) e *age* (agir). E o significado, segundo ela, era exatamente este: não parar para pensar.

– Portanto – dizia ela, citando o filósofo hinduísta Osho –, ser corajoso significa viver com o coração. Só os fracos vivem com a cabeça. Receosos, eles criam em torno deles uma segurança baseada na lógica. Com medo, fecham todas as janelas e portas, com conceitos, palavras, teorias, e se escondem. O caminho do coração é o caminho da coragem. É viver na insegurança; é viver no amor e confiar; é enfrentar o desconhecido. É deixar o passado para trás e deixar o futuro ser.

E ela não parou por aí:

– Coragem é seguir trilhas perigosas. A vida é perigosa. E só os covardes podem evitar o perigo, mas aí já estão mortos. A pessoa que está viva, realmente viva, sempre enfrentará o desconhecido. O coração está sempre pronto a enfrentar riscos; o coração é um jogador. A cabeça é um homem de negócios. Ela sempre calcula; ela é astuta. O coração nunca calcula nada.

Eu respondi:

– Se coragem é agir com o coração, então somos corajosos!

DIAMANTIZE SEU CORAÇÃO

Que delícia foi encontrar uma pessoa como Tião Rocha. O primeiro dos milhares de bons exemplos que encontramos pelo Brasil.

Já havíamos lido sobre sua história, mas ouvir o próprio Tião falando sobre sua vida foi simplesmente maravilhoso. Tião Rocha era um professor inquieto e inconformado com as falhas cristalizadas da educação brasileira. Um dia, decidiu: "Não quero mais ser professor, quero ser educador. São coisas diferentes; professor ensina e educador aprende." Incomodado com a grande quantidade de crianças nas ruas, descobriu que é possível fazer educação debaixo do pé de manga. No entanto, é impossível fazer educação sem bons educadores. Descobriu também que educação só acontece no plural, e que os bons educadores estão onde vivem as pessoas. A boa educação, para ele, é uma relação de equilíbrio, e não aquela em que um acha que sabe e o outro que não sabe. Quando um manda e o outro obedece, o nome é outro: imposição.

Tião conta:

– Educação não é o que eu tenho ou o que o outro traz, mas o que a gente troca. – Escolarização e educação são coisas diferentes. Escola é meio. Educação é fim! Assim como a liberdade, a felicidade e a saúde! E nós sonhávamos (e ainda sonhamos) com o fim, não com os meios! Toda essa reflexão coincidiu com a difusão de um novo conceito que achatou ainda mais o mundo: o grande consenso em torno do IDH, o Índice de Desenvolvimento Humano. A partir de então, cidades e vilas, países ricos e pobres, todos, sem exceção, passaram a ser medidos pelas mesmas variáveis (taxa de alfabetização/taxa de escolarização, renda/PIB per capita, expectativa de vida/longevidade). O IDH passou a ser determinante na formulação de políticas públicas em todos os níveis.

"O uso do cachimbo põe a boca torta", diz o dito popular. O IDH viciou os olhares. Passou-se a ver apenas a metade vazia do copo, as carências, as misérias, as pobrezas. E esqueceu-se de olhar também para o lado cheio do copo, onde estão os recursos humanos, as fortalezas culturais, as práticas solidárias e humanizantes.

*

Em oposição ao IDH, Tião Rocha fala do IPDH, Índice do Potencial de Desenvolvimento Humano, ligado à pedagogia do copo cheio, na qual o potencial de cada um dos membros da comunidade se sobrepõe às suas carências.

Em 1984, Rocha criou o CPCD, Centro Popular de Cultura e Desenvolvimento, um guarda-chuva para suas indagações. Um lugar de aprender. O CPCD leva a pequenas cidades do país projetos educacionais que promovem a cultura brasileira. Seu método, conhecido como Pedagogia da Roda, tornou-se referência quando o assunto é a necessidade de inovar. Tião e seus seguidores valorizam a cultura popular relacionando-a com sustentabilidade e com a localidade onde o projeto está acontecendo.

– Não interessa medir os fracassos. Devemos medir o sucesso, a potencialidade das pessoas.

Alguns exemplos práticos resultam desta postura crítica ao sistema, mas acolhedora em relação ao ser humano. Tião e seu grupo criaram o Projeto Sementinha, uma escola debaixo do pé de manga, para crianças até os sete anos.

Outro projeto, o Ser Criança, nasceu de um desafio que fez às crianças maiores, entre sete e 14 anos: será que conseguiriam aprender brincando?

– Tudo aqui será à base de brincadeira: estudar, trabalhar, limpar, comer... Vocês topam? – A resposta foi sim, claro. Criança quer brincar.
– Mas cadê os brinquedos? – perguntou uma delas.
– Não temos nenhum. Vamos criar. No dia que não conseguirmos criar mais brinquedos eu começo a comprá-los!

Tião aposta todo ano, mas nunca perdeu. O que é lixo para os outros é matéria-prima para eles.

Os projetos de Tião eram uma alegria só, mas, embora estivessem educados, muitos meninos não iam bem nas matérias da escola. Nasceu então outro projeto, o Bornal de Jogos, em que as próprias crianças inventavam joguinhos para facilitar o aprendizado dos colegas com dificuldade.

Em uma semana surgiram 168 jogos, apresentados às escolas e adotados por muitas delas.

As ideias não paravam de brotar. No Educador do Ônibus, um voluntário ia contando histórias e declamando poesias no longo trajeto entre a casa de cada criança e a escola. Para atrair os pais às reuniões da escola, Tião sugeriu que a direção os convocasse para fazer sabão, e não é que os pais vieram? Saíram 15 tipos de sabão, feitos com tecnologia de baixo custo!

Em outro momento, estarrecido com o alto índice de analfabetismo, criou a UTI da Educação, baseada num provérbio africano que Tião havia conhecido numa temporada em Moçambique: "Para educar uma criança é preciso toda uma aldeia". Batendo de porta em porta, mães e agentes comunitários jovens perguntavam aos moradores: "O que você sabe fazer para salvar uma criança do analfabetismo?"

Em uma das casas, uma senhorinha disse:
– Mas eu sou analfabeta. Como vou alfabetizar alguém?
– Alguma coisa a senhora sabe fazer de bom.
– Uai, diz que meu biscoito escrevido é muito bom.

No outro dia, colaram a receita do biscoito na parede e começaram a ensinar os pequenos a ler, escrever, avaliar números, pesos e medidas. Ao final, a prova seria escrever o nome com a massa de biscoito. Depois, comiam o nome.

Pouco antes de uma das provas, havia um garoto triste, calado. Perguntaram-lhe o porquê. Não tinha conseguido escrever o próprio nome com o biscoito?

– Sim – disse ele.

– Então, por que você está triste? – perguntaram novamente.

– É porque meu nome é José e o nome dele é Washington – respondeu, apontando para um amiguinho.

Todos caíram na gargalhada: Washington, por ter o nome maior, iria comer mais biscoito do que José.

E, assim, Tião contribuiu para que surgisse um exército da educação. As escolas passaram a ficar abertas nas férias, com voluntários que contavam história, brincavam, pintavam paredes ou simplesmente ensinavam o que sabiam. Tião chamou aquilo de "o lado luminoso da comunidade". Em uma época em que tanto se usa a palavra inglesa *empowerment*, que em português significa "empoderamento", Tião, como bom mineiro, traduziu-a como "empodemento" ou "Nóis pode! Todos nós podemos tudo!". Passou a vigorar na comunidade um princípio: "Preservando a vida e a ética, vale tudo para salvar meninos do analfabetismo".

*

Certa vez, estávamos em São Luís quando soubemos que nosso querido amigo Tião também estava no Maranhão. Entramos em contato, e ele disse:

– Pena que estamos longe, mas pelo menos é no mesmo estado.

Virei para o Dudu e disse:

– Vamos? São apenas seiscentos quilômetros.

Pegamos o carro, fomos até ele, demos um abraço demorado e voltamos para São Luís. Não existe distância nem desculpa quando se quer realmente estar com alguém.

De quebra, conhecemos um projeto lindo que Tião e outros educadores realizam na região, chamado Cuidando do Futuro.

Uma história sensacional.

Sabemos que garrafas PET recicladas se transformam em vários produtos, mas nunca tínhamos ouvido falar que elas poderiam salvar uma vida. Pois podem. O Cuidando do Futuro no Maranhão salvou um bebê usando... Uma garrafa PET.

O tal bebê, filho de deficientes auditivos, estava desnutrido, com risco de morte, já que a mãe não o ouvia chorar.

Aí pensaram que, quando um bebê está com fome, ele chora muito. Se chora muito, deve estar incomodando o vizinho.

Decidiram bater na porta do vizinho.

– Olá. Vocês ouvem um bebê chorando todos os dias aqui ao lado? – perguntou a equipe.

– Claro! Ele não nos deixa dormir. É a noite toda enchendo. Um absurdo esses pais não darem atenção – responderam os vizinhos, e continuaram o blábláblá de reclamações.

– Podemos resolver o seu problema? – interrompeu a equipe.

– Como? Vocês vão retirar a família daqui? Colocar assistente social? Levar o bebê para o hospital?

– Eles não vão se mudar, porque não têm outro lugar para ir. Podemos fazer um furinho na sua parede?

– O quê?

– Vamos fazer um furo na parede e colocar um fio com uma garrafa PET de cada lado. Na casa da criança, colocaremos a cama dos pais debaixo da garrafa PET. Quando a criança chorar, o senhor solta o fio, a garrafa cairá na cabeça dos pais, que são surdos, e eles vão acordar e dar de mamar para o bebê. Simples assim. Topam? Resolveram o problema do vizinho e salvaram a vida do bebê.

O brasileiro tem uma criatividade enorme e, se quiser realmente resolver um problema, irá resolvê-lo. Não é uma questão de dinheiro, e sim de boa vontade!

– A transformação só se dá de dentro para fora, pois quando se faz de fora para dentro se desgasta. Quando é de dentro para fora, ela se multiplica. Por isso é tão importante o envolvimento de todos para a construção de um mundo melhor para todos e para sempre – diz Tião.

Neste excepcional diálogo, que inclui pais, alunos e comunidade, todas as situações vividas pelas crianças, das mais rotineiras às mais raras, são encaradas como conteúdos educacionais importantes. Todos os espaços comunitários podem ser convertidos em espaços de aprendizagem, e todas as escolas podem se transformar em centros de cultura comunitária. Todas as pessoas que fazem parte da vida das crianças são consideradas educadoras, independentemente de idade ou função.

A regra geral é o respeito às diferenças e singularidades: cada ritmo, cada fazer, cada saber. O projeto, mais do que uma iniciativa social, tornou-se uma tecnologia educacional ao ser implantado em municípios, multiplicando seu alcance.

No CPCD, todos querem mesmo é um novo jeito de pensar. Para isso, criaram o verbo "paulofreirar", em alusão ao educador Paulo Freire; um verbo baseado no diálogo, no respeito à diferença, na solidariedade, no empenho para sair da pedagogia do oprimido para a pedagogia da esperança e, finalmente, chegar à pedagogia da autonomia.

Sim. Devemos buscar bons exemplos para conjugar bons verbos. E naquele momento, o nosso melhor verbo era "tiãorochar". Com o coração cheio de esperança, seguimos para Diamantina.

*

Nas terras de diamantes, fomos parados por Paulo César, um rapaz que viu que estávamos perdidos. Ele nos contou a história do apadrinhamento de árvores: crianças são incentivadas a plantar uma muda de árvore e amarrar um papelzinho com seu nome no pé; toda vez que a criança passar por sua árvore, deverá regá-la. Assim, aprenderá desde cedo a cuidar da natureza. Depois, talvez tocado pela nossa causa, PC se dispôs a nos guiar por toda a região. Levou-nos à Sociedade Protetora da Infância, que há cem anos foge do assistencialismo e aposta no "aprender a pescar": primeiro, jovens de baixa renda identificam seus reais desejos e habilidades. Então, aprendem trabalhos gráficos, de serralheria e carpintaria. Com 16 anos, muitos já conseguem emprego. Jean-François Favreau, que está à frente da instituição, é um francês que veio para ficar trinta dias no Brasil e já está há trinta anos fazendo este lindo trabalho em parceria com uma instituição da França, a Diamantine Ton Coeur (Diamantize seu Coração).

Refletimos muito sobre essa frase. Ela tem duas interpretações: você pode endurecer seu coração ou pode dar valor a ele. Algumas pessoas endurecem o coração e acabam se fechando para o mundo. Nós acreditamos que é preciso ter um coração precioso. É preciso diamantizar nosso coração.

A COMUNIDADE ERGUE OS QUE CAÍRAM

Os erros que cometemos no passado determinam o nosso futuro?

Tem uma frase que diz: "Embora ninguém possa voltar atrás e fazer um novo começo, qualquer um pode começar agora e fazer um novo fim".

Nunca fomos santos. Cometemos vários erros durante toda a nossa vida. Atitudes desenfreadas e julgamentos injustos. Contudo, não estamos aqui para falar de nosso passado, e sim do que vivemos depois que decidimos mudar nossa história.

O que são erros senão aprendizados?

Muitas pessoas acham que, para fazer o bem, é preciso ser totalmente puro e bom; por essa teoria, a pessoa deve nascer pura e boa.

Que nada! Todos nós estamos na vida para aprender. A vida é uma grande escola. Todos cometemos erros, por carência, por egoísmo, por amor, por não saber o que é certo ou errado. No entanto, se quisermos ou tivermos oportunidade, todos podemos fazer algo bom.

Dudu e eu não somos bonzinhos, nem queremos nos tornar santos. Apenas precisávamos nos transformar.

Às vezes ficamos presos aos erros do passado apenas por medo de que outras pessoas os descubram. Ficamos com medo de julgamentos ou das pessoas que amamos.

E isso apenas nos prende ainda mais ao erro.

Sim! Todos nós erramos, mas permanecer no erro é que é burrice. Quantas vezes perdi o sono, chorei, me culpei e me puni. Não precisava de um juiz: eu mesma fazia meu julgamento e me condenava. Esta atitude acaba nos impedindo de seguir por outros caminhos. Enquanto perdemos tempo nos culpando ou com medo que outras pessoas descubram as nossas falhas, não resolvemos o problema e ficamos paralisados. Ninguém é totalmente bom que nunca tenha errado, e ninguém é totalmente mau, que não possa mudar.

Agora estamos simplesmente buscando nos transformar e transformar o mundo a nossa volta.

Somos apenas caçadores. Não somos bons exemplos. Aliás, temos vários defeitos. Contudo, também não somos loucos!

*

Certa vez, no Rio Grande do Sul, terra do churrasco, fomos convidados para jantar na casa de uma família que havia visto nosso carro nas ruas. Chegando lá, Márcia, nossa anfitriã, nos perguntou, meio tímida:

– Estou super sem graça, eu não sabia o que fazer, não sei o que vocês comem. Mas aqui nossa tradição é churrasco. Vocês comem carne?

– Sim. Meu sonho é me tornar vegetariana, mas ainda não consegui me desvincular – respondi.

Ela, espantada, perguntou novamente:

– Já que vocês comem churrasco, tomam uma cerveja conosco?

– Claro! Por que não?

Ela, com um semblante bem mais relaxado e um sorriso no rosto, falou:

– Ufa! Achei que vocês fossem daquelas pessoas que não fazem nada disso.

Ops. Como assim? Para fazer o bem para o próximo, eu não posso comer carne, beber cerveja nem desejar uma roupa nova? Não posso sentir raiva, desgosto, tristeza? Isso não é condicionante para uma pessoa ajudar outra. Quero continuar me alimentando com aquilo que me dá prazer, tentando seguir meus sonhos, mas respeitando meu tempo.

Quero continuar tomando um vinho e brindando à vida. Quero continuar tendo acesso à tecnologia e conectando-me com as pessoas. Quero continuar indo ao shopping, onde espero encontrar consumidores mais conscientes. Quero continuar assistindo aos filmes com altíssima qualidade, porém que esses filmes não tenham violência e nem terror. Quero continuar sendo eu, com defeitos e qualidades, mas escolhendo meus caminhos. Só isso!

*

Outra vez, estava conversando com minha madrinha sobre um problema familiar e ela disse:

– Vocês são caçadores de bons exemplos. Precisam dar o exemplo, fazer algo para resolver este problema.

Somos caçadores, sim, mas humanos também. Tentamos, mas não vamos resolver todos os problemas do planeta. Procuramos influenciar pessoas para seguirem o caminho dos bons exemplos que estamos encontrando. Alguns dos bons exemplos que encontramos já cometeram grandes erros, outros ainda cometem pequenos deslizes. Claro. Todos estão em processo de aprendizagem.

Fizemos uma grande reflexão sobre isso. A humanidade das pessoas precisa ser mais divulgada para que outras se identifiquem. Todos os grandes mestres que passaram pela Terra e nos deixaram ensinamentos eram humanos.

*

Certa vez, uma pessoa nos relatou a reação de um grupo às nossas histórias – isso, depois que já tínhamos partido:

– Eles querem virar Madre Tereza e São Francisco de Assis?

Hipocrisia isso.

Daí perguntei:

– Uai, se estas pessoas são referência do bem, por que não seguir seus ensinamentos?

Estamos longe de ser como eles, mas podemos tentar seguir o que disseram.

Jesus dizia: "Ame a teu próximo e não faça aos outros o que não quer que façam contigo."

Gandhi disse: "Seja você a mudança que ver no mundo."

Madre Tereza disse: "Quem julga as pessoas não tem tempo para amá-las."

Jesus não disse: "Seja igual a mim!" Ele simplesmente disse: "Siga-me!"

As pessoas não são aquilo que fizeram ou deixaram de fazer no passado. O que nos importa é aquilo que chamamos de essência, algo que vem de dentro. Não acreditamos naquele provérbio que diz: "Pau que nasce torto nunca se endireita". Ou: "Tem que morrer e nascer de novo, porque esse aí não tem conserto, não". Não existe ninguém totalmente bom, nem totalmente mau neste mundo. Não existe perfeição. Acreditamos que todo ser humano tem o bem dentro do coração; é preciso, apenas, que desperte para seguir pelo caminho do bem.

É muito difícil sair de um círculo vicioso. E é por isso que temos que reconhecer os méritos de quem consegue trilhar outra estrada. Além de valorizar quem não entra no caminho ruim, precisamos valorizar aqueles que conseguem sair. Sair da criminalidade, da vaidade, da corrupção, do egoísmo, do excesso. Pode até demorar a consertar tudo o que fizemos de errado, mas iniciar a mudança é extremamente necessário. Caso contrário, ficaremos pela vida inteira julgando ou rotulando se é bom ou ruim. O que verdadeiramente importa é estarmos no caminho do bem.

*

Um belo dia, chegamos a uma cidade no interior do Mato Grosso que tem um nome lindo: Sorriso. A história que encontramos lá é de deixar qualquer ser humano feliz.

O que você pensaria de um homem acusado por ser traficante, usuário de drogas e cafetão?

Este homem foi preso e, dentro da penitenciária, uma pessoa lhe perguntou:
– Como você se chama? Ele disse o apelido.
O outro repetiu a pergunta. Ele disse outro apelido. O outro então se explicou melhor:
– Não. Assim é como lhe chamam. Eu quero saber o seu nome, eu quero saber quem você é! – E lhe deu um abraço.
Esse ato foi o suficiente para mudar uma vida.
Cléuvis se lembrou da infância. Recordou-se de que seu sonho era ter piolho, para que a mãe pudesse fazer um carinho em sua cabeça. Lembrou-se de que há muitos anos ele não sentia o toque amoroso de alguém. As pessoas que o procuravam sempre queriam algo em troca.

Ninguém nunca quis saber quem ele era, e, por causa daquela simples atitude de amor ao próximo, Cléuvis decidiu que usaria toda a sua inteligência, até então voltada para o mal, para fazer somente o bem. Assim nasceu, em 2000, a Associação Mãezinha do Céu, que hoje cuida de mais de 150 crianças no contraturno escolar.

Lindo, né?

A entidade surgiu do sonho de Cléuvis e sua esposa, um casal marcado por uma história de vida difícil e de extrema vulnerabilidade social. Envolveram-se com drogas, álcool e prostituição, fatores que desestruturaram a família e geraram muito sofrimento. Para evitar que crianças passassem pelas mesmas experiências terríveis, começaram a desenvolver atividades para os pequenos em um espaço de nove metros quadrados, diante da casa onde moravam. Viraram referência na comunidade.

Após um período, o casal adquiriu um terreno onde funcionava um lixão a céu aberto. Impossível imaginar que algo belo crescesse naquele local. No entanto, com o apoio da comunidade e muito trabalho e persistência, ergueram ali a sede da instituição. A princípio, somente Cléuvis construía a casa; com o tempo, vieram mais apoio e doações.

Cléuvis foi dependente químico, recuperou-se e, por meio das ações da entidade, orientou muitas crianças e adolescentes sobre a importância de ficar longe das drogas. Participar de eventos e reuniões nas escolas e igrejas o ajudava a se manter sóbrio e a lutar por um objetivo maior, a Mãezinha do Céu. Até hoje ele faz palestras sobre sua história.

A sede da entidade fica no bairro Jardim Amazônia, onde 3.500 moradores vivem expostos a uma alta vulnerabilidade socioeconômica. Cléuvis não poderia estar em um lugar mais necessitado de seu exemplo.

*

Chegamos à APAC em Itaúna, Minas Gerais, e quem nos recepcionou foi um homem que pegou centenas de anos de prisão. Sim, ele estava com as chaves nas mãos. E por que não fugiu ou soltou os outros presos? Porque lá não existem presos, e sim recuperandos. É assim que a APAC, sigla para Associação de Proteção e Assistência aos Condenados, criada em 1972, pelo advogado e jornalista Mário Ottoboni, e um grupo de amigos, se refere aos internos.

Vimos de perto que todos os recuperandos trabalham e estudam, preparando-se para a vida futura, como cidadãos úteis à sociedade da qual saíram desviados. As chaves do presídio, ou seja, do portão da entrada, das celas e dos alojamentos, são guardadas pelos próprios recuperandos. Não há policiais nem agentes carcerários no presídio.

As celas são limpas e organizadas, assim como os pátios. Nos refeitórios, garfos e facas de metais não oferecem risco, e sim dignidade. Oficinas com materiais que poderiam ser perigosos nas mãos de criminosos tornam-se instrumentos de arte nas mãos dos recuperandos. As paredes são pintadas, e os recuperandos estão dispostos a provar para a comunidade que irão se recuperar, ou que já estão se recuperando.

No dia de nossa visita, eles estavam preparando um estrogonofe. O aroma dava água na boca. Conhecemos todo o presídio, até a solitária. O recuperando que nos acompanhava contou que havia ficado em várias solitárias de outros presídios, e que muitas vezes tinha que fazer suas necessidades fisiológicas na mesma marmita em que lhe traziam o almoço. Mal conseguia ficar em pé na cela escura e sem ventilação. No entanto, quando ele abriu a porta pesada e barulhenta da solitária da APAC, vimos paredes em um tom de azul bem claro, com adesivos de borboletas e, ao fundo, uma mesa com uma cadeira para que o recuperando pudesse refletir sobre suas ações.

O método da APAC defende que condenados devem ser recuperados para voltar a viver na sociedade. Para isso, começa devolvendo-lhes a identidade: os internos são chamados pelo nome, e não por apelidos. A associação acredita no poder de alimentar o cordeiro que existe em nosso coração para que fique mais forte que nosso lobo interior. Estimula os recuperandos a resolver os problemas entre eles (85% fazem isso), e orientam as famílias – afinal, não adianta recuperar o indivíduo e, de volta em casa, saber que os parentes o receberam com drogas e bebida. Na APAC, a algema só voltará aos braços do recuperando se ele quiser. A cada três livros que lerem, menos um dia na pena.

O método funciona e deveria ser implantado em todas as cidades. Reduz de 85% para 9% o índice de reincidência nos presídios e custa três vezes menos que um sistema prisional comum. Em uma prisão convencional, 94% dos condenados não alimentam qualquer projeto de vida e 48% nutrem o desejo de suicídio. Na APAC, estes percentuais são reduzidos a 3,8% para aqueles que não têm projetos, e nenhum desejo de suicídio.

No entanto, a APAC ainda é praticamente desconhecida no Brasil. Para a mídia, mais interessa uma rebelião do que a recuperação de milhares de presos ou a redução da taxa de reincidência. Isso tem que mudar. Não se alcança a segurança social apenas com punição, mas sim com trabalhos de recuperação e respeito à dignidade da pessoa humana.

No final, fomos até a sala de artesanato, onde nos esperavam recuperandos que antes foram assaltantes, assassinos, traficantes. Quando abrimos a porta, centenas de homens cantavam e tocavam instrumentos musicais, abençoando nosso trabalho e nossa visita. Eu tremia. Meu coração estava disparado e muitas lágrimas caíam. O que eu sentia era uma emoção indescritível, nada a ver com medo. No final da apresentação, falei sem pensar:

– Vocês vão me matar assim.

Houve gargalhadas. É claro que, nas circunstâncias, não foi uma bela frase, mas um homem se levantou e disse:

– Fique tranquila que sua emoção não vai matar você. Aqui, a única coisa que matamos é o criminoso que existe dentro de nós. E fazemos isto para resgatar o homem.

Como diz Mário Ottoboni, o fundador da APAC: "Para quem ama nada termina, tudo começa."

E nós acreditamos no começo de uma nova vida para todos!

*

Todos nós, alguma vez, cometemos pequenos atos negativos ou ilícitos. Às vezes, por não conhecermos a lei. Outras vezes, porque não conseguimos sair de uma bola de neve. Condenamos um grande escândalo de corrupção e cometemos pequenas corrupções diariamente.

Todos nós precisamos nos policiar. Aceitar a condição humana e seus erros é o primeiro passo para seguir um caminho diferente. O que é verdade e o que é mentira? Só podemos ter certeza da verdade no que se refere a nós mesmos. No que se refere ao outro, sempre existirá outra versão.

*

O que você pensaria de um garoto de 11 anos que sai de casa, vai morar nas ruas, usa todos os tipos de droga, comete todos os tipos de delitos e acaba respondendo por 42 processos? E que, quando entra na adolescência, torna-se um dos maiores traficantes do país, com todo o dinheiro e poder imagináveis?

Pois bem! Aos 25 anos, este garoto "sem futuro" resolveu mudar de vida. Entrou em uma clínica, curou seu corpo físico e, principalmente, sua alma. Hoje, há trinta anos abstinente e afastado do narcotráfico, este homem, não mais um garoto, já ajudou muitas pessoas a sair do mundo das drogas.

Criada por ele há vinte anos, a Fazenda da Paz é a maior entidade terapêutica do Piauí. Com a palavra, Célio Luiz Barbosa: "Foi em uma comunidade em Pedro Leopoldo, Minas Gerais, depois de ter feito tudo de ruim, que eu descobri que tinha outra pessoa dentro de mim. Esta que está aqui, na sua frente!

Na Fazenda da Paz, não trabalhamos a droga; damos oportunidade do ser se desenvolver por completo!

Lá, as pessoas têm oportunidade de estudar, aprender um trabalho para o mercado e identificar o porquê de ter se encaminhado para a droga. Este dependente fica um ano morando conosco na fazenda, onde vivem minha esposa, meus filhos (cinco, seis e 15 anos) e mais duzentas pessoas. Só trabalhamos com pessoas que não têm condições de pagar. Estamos em constante aprendizado e buscamos melhores tecnologias para gerar o melhor tratamento. Só aqui em Teresina, já atendemos 15 mil pessoas! Colocamos no mercado de trabalho 6.800 pessoas!

Isso significa muita coisa, mas, se uma única vida tivesse sido salva, já teria valido a pena.

Tudo que eu fiz na minha vida foi grande: eu roubava era muito, eu assaltava era muito, eu matava era muito. Tudo que eu fiz foi grande! E Deus me deu a oportunidade de mudar isso. Então também tinha que ser um trabalho de ajuda grande. Eu sempre fui hiperativo. Durmo quatro horas por noite, que é o suficiente! Sou um transplantado de fígado e diabético, mas nada disso me atrapalha. Quando você consegue mudar a sua cabeça e, em vez de trabalhar pela destruição da vida, passa a lutar a favor dela, é com a mesma garra e coragem. Só transferi essa garra para o bem! Não tem limite, só vivendo para sentir!

A oportunidade que me deram na vida, no meu auge de loucura, foi muito importante! Foi coisa de Deus. Não sou padre nem pastor, não converto ninguém para nenhuma religião. Mas se não fosse Deus eu não estaria aqui! Estaria preso, morto ou sei lá o quê!

Eu consegui sair do mundo das drogas ileso e praticando o bem! São as oportunidades que aparecem na vida e tem que aproveitar!

Depois, a gente tem obrigação de compartilhar nossa sabedoria! Senão você morre e essa sabedoria vai para onde?"

*

É preciso educar o coração!

Estávamos parados em um semáforo em Curitiba, quando um motoqueiro parou ao nosso lado e disse:

– E vocês encontram bons exemplos?

– Sim! E muitos! – respondeu Dudu.

– Sou aposentado da polícia e falo que você não conhece o outro lado. Tenho dó de quem tem filho entre sete e 14 anos. É tudo bandido e não tem conserto, não. Tem que matar! Depois as mães fazem outros. Mas estes de hoje não têm jeito mais. Aliás, tem que matar tudo no ninho – retrucou o motoqueiro.

O semáforo abriu, e o motoqueiro foi embora, mas deixou conosco uma profunda tristeza. Não uma tristeza pelo mundo, mas pela vida daquele homem.

Sim, conhecemos os dois lados! Vimos muitos de nossos jovens envolvidos com drogas, assassinatos, prostituição, e muitos adultos também! No entanto, também encontramos gente tentando salvar estas pessoas.

É muito fácil pensar: "Morra todo mundo que não tem conserto!" Quem é pior, ou melhor? Aquele que comete crimes ou aquele que deseja a morte de um monte de gente? Os dois guardam ódio dentro do coração. Ódio gera ódio. Cadê o amor? O amor é capaz de fazer coisas incríveis. Vivenciamos isso diariamente.

Amar aquele que está fazendo tudo certinho em sua vida é muito fácil. Um dia, Jesus disse: "Amai os vossos inimigos." Eu achava uma insanidade. Como podemos amar alguém que nos fez mal? E um dia um amigo me disse:

– Não significa que você deve amar da mesma forma que ama seus pais, sua família ou seu namorado. Significa que você deve fazer o que o amor faz. Quando você ama, você respeita, tolera, incentiva, perdoa e, acima de tudo, você diz que ama. Isso faz toda a diferença na vida de qualquer pessoa. Significa: independentemente de qualquer coisa, estamos juntos!

Precisamos pelo menos fazer aquilo que o amor faz. Quando amamos alguém, respeitamos seu processo de evolução e tentamos ajudar. Não devemos nos igualar no ódio e sim exercitar o amor, em nossos pensamentos, em nossas atitudes e, sobretudo, no que desejamos em nosso coração. Todos nós, em maior ou menor grau, um dia erramos. Por isso, não podemos julgar. Podemos ser para o próximo um instrumento de evolução, da mesma forma que o outro pode nos ajudar a evoluir. Enfim, precisamos urgentemente educar o nosso coração!

Há muito tempo, li um texto que falava justamente sobre isso. Sobre valorizar o lado bom do ser humano:

> Há uma tribo africana que tem um costume muito bonito.
>
> Quando alguém faz algo prejudicial e errado, eles levam a pessoa para o centro da aldeia, e toda a tribo vem e a rodeia. Durante dois dias, eles vão dizer ao homem todas as coisas boas que ele já fez.
>
> A tribo acredita que cada ser humano vem ao mundo como um ser bom, cada um de nós deseja segurança, amor, paz e felicidade.
>
> Contudo, às vezes, na busca destas coisas, as pessoas cometem erros. A comunidade enxerga aqueles erros como um grito de socorro.
>
> A tribo se une, então, para erguê-lo, para reconectá-lo com sua verdadeira natureza, até que ele se lembre da verdade da qual ele tinha se desconectado temporariamente: Eu sou bom.
>
> *Sawabona Shikoba!*
>
> *Sawabona* é um cumprimento usado na África do Sul e quer dizer: eu te respeito, eu te valorizo, você é importante pra mim.
>
> Em resposta, as pessoas dizem *Shikoba*, que é: então, eu existo pra você.

O que é errado? Espantar pássaros ou espantar crianças? Outro dia, estávamos fotografando o Congresso Nacional, quando seis meninas, extremamente simples, começaram a correr pelo gramado, atirando o chinelo nos pássaros. A certa altura, veio uma mulher que entrou na água e resgatou um pássaro que havia caído lá. Depois começou a gritar com as meninas.

– Parem com isso! Não podem fazer isso! – As garotas, assustadas, começaram a correr, fugindo.

Aquela situação me incomodou. As meninas estavam sendo expulsas dali. Caminhei ao encontro delas, mas não para repreender: queria entender por que elas estavam jogando chinelos nos pássaros.

Quanto mais perto eu chegava, mais elas corriam. Eu, com a máquina fotográfica na mão, dizia que queria apenas mostrar algumas fotos. Todas fugiram; só uma ficou parada, segurando uma sombrinha. O sol estava muito quente.

Quando cheguei perto dela, perguntei seu nome. Virando a sombrinha para também me incluir na sombra, Mariazinha disse:

– Tia, vem para aqui debaixo, o sol está muito quente.

Meus olhos se encheram de lágrimas por aquele ato de gentileza. Ficamos conversando um tempão. Logo, outra garota voltou, sentou-se ao nosso lado e então perguntei:

– Por que vocês estavam espantando os pássaros?

Ela disse:

– Porque estava muito quente em casa, tia. A gente mora em um barraco de lona. Papai e mamãe foram catar material na rua e ficamos sozinhas. Como não tinha nada para fazer, viemos brincar aqui. A gente queria levar esses passarinhos pra brincar com a gente, mas não pode. Aí ficamos brincando de correr atrás deles aqui.

Aquelas crianças estavam espantando passarinhos porque não tinham nada com que brincar.

Agora eu pergunto: as pessoas ali presentes estavam espantando as meninas por quê?

Não seria mais digno proporcionar a elas outro tipo de brincadeira e, conversando, ensiná-las o que é certo e errado? Dudu e eu chegamos à conclusão que as duas atitudes estavam erradas, mas, sem dúvida nenhuma, a atitude mais cruel foi não dar oportunidades para aquelas crianças se divertirem de outra forma.

Para transformarmos nosso país, todos nós, brasileiros, devemos ser educadores e responsáveis pela educação de nossas crianças. Não é necessário espantar, é imprescindível educar. É preciso toda uma aldeia, lembra?

Por toda parte, levamos conosco uma bandeira do Brasil que diz exatamente isso: "Educação é Progresso!"

O Brasil tem solução, e ela está na educação.

PLANEJAMENTO (OU COMO A FALTA DELE FEZ DE NÓS PESSOAS MAIS FLEXÍVEIS)

Com a vida eu aprendi que não adianta planejar nada, porque no final tudo é inesperado mesmo.

Não planejamos nossa expedição. Ela foi formatada no caminho. Saímos com o carro que tínhamos. Colocamos na mala as mesmas roupas de todos os dias. E assim resolvemos ir atrás de uma felicidade que não se compra em shopping e não se paga com dinheiro. Queríamos fazer de nossa vida uma verdadeira história, e não viver a história do outro.

Um dia, Rucel, um grande amigo de Curitiba, nos convidou para almoçar com sua família e nos perguntou:

– O que vocês sentiram no primeiro dia? Eu disse:

– Euforia.

Hoje eu responderia diferente.

Naquele dia, sentimos uma mistura de emoções. E, refletindo melhor, todos os dias sentimos aquelas mesmas emoções do primeiro dia de estrada: euforia, alegria, decepção, saudade, tristeza e medo.

É um processo diário de construção e desconstrução de sentimentos e convicções. O que é certo? O que é errado? O que é necessário? O que é ideal?

Os primeiros estados foram os mais difíceis. Ainda não entendíamos como fazer. Não sabíamos como abordar as pessoas. Chegando a Manaus, recebemos a mensagem de um casal que nos encontrou na internet e nos convidou para dormir em sua casa.

Aceitamos. Eles nos esperavam com um delicioso jantar. No quarto destinado a nós, uma linda cama arrumada, toalhas limpas, sabonete, ursinhos e um coração com asas e a inscrição: "Você caiu do céu." O ar-condicionado estava ligado, para que, quando entrássemos, a temperatura estivesse em 18 graus. Eles nos contaram que tinham instalado o ar-condicionado especialmente para a nossa chegada! O café da manhã foi de hotel cinco estrelas. Havíamos deixado umas roupas na máquina de lavar e, quando voltamos da visita aos projetos, nossas peças estavam passadas e dobradas em cima da cama. Um carinho lindo.

O casal tinha o sonho de dar a volta ao mundo. Ligaram o computador e nos mostraram todo o planejamento. Ficamos boquiabertos com a planilha de custos, o roteiro, tudo de que iriam precisar... Era sensacional! Aí eles perguntaram:

– Agora é a vez de vocês. Como foi o planejamento?

Eu e Dudu nos olhamos, viramos uma folha que estava em cima da mesa e deixamos apenas a parte branca para cima. Dissemos:

– Está aí o nosso planejamento. Uma folha em branco. O mais importante de uma expedição é a data de início. O restante se adapta pelo caminho.

Não planejamos qual seria o melhor carro, a melhor acomodação, quanto iríamos gastar, se o dinheiro iria dar, por quais lugares iríamos passar, mas tínhamos o primordial: a folha em branco para as pessoas contarem suas histórias e o coração aberto para aceitar todos os desafios que viriam.

Vimos na cara deles a decepção, mas depois de um tempo rimos bastante. Uma família linda, cujo sobrenome é Anjos. Eles tornaram-se nossos irmãos, ou, como Iranir gosta de me chamar, mana! Não planeje seu projeto. Vá e faça. Se você pesquisar muito, corre o risco de desistir, acha que nunca vai conseguir ou que precisará de mais planejamento.

Detalhes? Faça os seus!

Em uma expedição como a nossa, sempre existem duas opções: você planeja e evita muito estresse e perda de tempo; ou não faz planejamento, gasta mais tempo, se estressa mais, mas pelo menos faz e retira do papel o sonho. Não existe uma receita de bolo.

Ninguém pode dizer que você não consegue, a não ser você mesmo. Quantas pessoas disseram que não conseguiríamos. Achávamos que tudo era possível. Por que não? Talvez houvesse certa dose de ingenuidade, mas, sinceramente, acreditamos que todos podem tudo.

*

Não viramos as costas e deixamos tudo para trás! Tínhamos responsabilidades e pendências. Não foi simplesmente dizer: "Tchau! Mudei de vida!"

Tem coisas que não se resolvem de um dia para o outro, nem de um ano para o outro. As responsabilidades continuam existindo; no entanto, a filosofia de vida mudou. Toda ruptura gera trauma. Existe um período de transição.

*

No começo, ficávamos em pensões e hotéis bem baratos, na faixa de vinte reais por pessoa. Após a primeira infestação de pulgas, decidi que precisávamos de um *motorhome*. Decepção total: era muito caro e não tínhamos dinheiro. Ficamos com uma barraca automotiva. Feita de lona, é afixada no teto do carro, bem fácil de montar e cabia no nosso bolso. Teríamos, enfim, a nossa roupa de cama e o nosso cheiro.

No mês seguinte, percebemos que nosso carro não tinha a força necessária para percorrer as estradas brasileiras. Trocamos por um Toyota Hilux SR, ano 2009.

A barraca ficava em cima da caçamba, e as malas eram enroladas em lona de caminhão, para evitar o excesso de poeira e a água das chuvas. Era um tormento. Para trocar de blusa eu tinha que desembrulhar a lona e sair puxando as malas.

Acionamos nossa rede de amigos para nos ajudar a encontrar outro Toyota Hilux, porém de um modelo um pouco mais espaçoso, o SW4; de preferência, com baixa quilometragem e com um valor que pudéssemos pagar. Ou seja: impossível!

Um dia, estávamos na Bahia e chovia muito. Vínhamos, porém, de uma estrada muito poeirenta. Quando abri a caçamba, as malas estavam uma lama só. Sentei-me no chão e comecei a chorar. Falei para o Dudu:

— Vamos comprar um carro agora na internet.

— Amor, é uma fria comprar carros assim, sem saber a procedência. Todos os nossos amigos estão tentando e não conseguiram. Não temos condições de trocar de carro — dizia Dudu, rindo.

Liguei o computador e coloquei no Google: Toyota SW4 usada. A primeira imagem era uma caminhonete preta, linda, com um adesivo: "Presente de Deus". Ano 2008, de Belo Horizonte, com pouquíssimos quilômetros rodados, valor acessível e garantia estendida de um ano. Comecei a gritar:

— Encontrei o nosso carro! Encontrei o nosso carro!

Dudu continuava a rir, e dizia que isso não existia. Liguei para minha irmã Eliana e meu cunhado Gustavo, que moram em Belo Horizonte, e pedi que ele fosse dar uma olhada. Gustavo foi, e na mesma hora nos ligou:

— Vem pra cá agora que o carro está até com cheiro de novo.

Fomos para Minas buscar nossa nova casa.

Chegando lá, dissemos ao dono do carro:

— Queremos muito este carro, viemos da Bahia correndo, mas só tem um detalhe: não temos dinheiro. Você espera vendermos o nosso carro para pagarmos?

Com um olhar de quem não estava acreditando no que ouvia, o vendedor disse:

— É inacreditável o que vou falar agora, mas fiquem tranquilos que o carro é de vocês.

Em uma semana, vendemos nosso carro e pegamos o novo.

Um marceneiro projetou e construiu armários sob medida que se encaixavam no porta-malas. Coube muita coisa. Nem acreditei. Quando separei a primeira muda de roupa para trocar depois do banho, me senti a mulher mais feliz do mundo. Não precisei tirar aquele tanto de mala. Como conseguimos viver tanto tempo sem armários? Eu ria sozinha.

Adesivamos o carro, colocamos novamente nossa barraca automotiva no teto e voltamos para a estrada.

*

Por falar em armários, as pessoas estranham muito o carro.

Estávamos em Blumenau, Santa Catarina, mostrando nosso carro para algumas crianças da Casa da Esperança, que realiza trabalhos lindos com meninas em situação de risco, quando de repente uma delas disse:

– Isso aí é uma cozinha?

– Sim. É a minha cozinha – respondi.

– Então tá, né? Se você diz, eu vou ter que acreditar. Rimos muito!

Outro dia, estávamos lanchando em uma rua em Londrina, Paraná, quando um rapaz pediu para fotografar nossos armários; na mesma hora, enviou a foto para alguém.

– É para a minha esposa. Ela sempre reclama que a cozinha dela é pequena. Vou mostrar para ela o que é uma cozinha realmente pequena. – Caímos na gargalhada.

*

O que são artigos de primeira necessidade? A resposta a essa pergunta hoje é muito diferente da que eu teria dado antigamente. Para mim, uma ducha forte e com água morna é artigo de luxo, hoje. Uma roupa cheirosinha. O perfume do amaciante no travesseiro, no dia em que você troca a roupa de cama. Uma cama montada, pronta, para a gente se jogar quando estiver cansado.

Luxo total.

Sentimos muito falta de ter uma estrutura fixa. De ter para onde voltar. De um banheiro limpo. Uma mesa de trabalho. Uma pia de cozinha. Quantas vezes você entrou na cozinha e agradeceu por ter uma simples pia? Nenhuma, aposto. Pois para nós é um luxo, já que lavamos nossas verduras, na maior parte das vezes, em banheiros de posto de combustível. Nem sempre é o mais higiênico dos lugares.

O fato é que, quando ligamos o botão da rotina, acabamos não valorizando o que temos.

Claro que não foi fácil viver assim, mas, quando chegávamos aos projetos, toda a falta de estrutura ficava pequena perto da imensidão dos sentimentos que nos invadia.

*

Nosso carro é recoberto de adesivos com as palavras "Caçadores de Bons Exemplos". Por isso, chama muito a atenção. Certo dia, aconteceram três fatos em Pernambuco envolvendo nossa "casa".

Primeiro, um senhor com apenas um dente na boca e um tabuleiro de cocada nas mãos saiu gritando e sorrindo:

– Tô com medo deste carro. Estão me caçando. Passadas algumas horas, um bêbado nos parou e disse:

– Só o nome Caçadores de Bons Exemplos já é bom. Nem preciso saber o que fazem.

Depois, deixamos o carro estacionado na rua e quando voltamos havia flores contornando o retrovisor. Ao longe, um menino sorridente, descalço e de bermuda mandava beijos; levava o que restou de um pequeno buquê, certamente colhido no canteiro da praça. Lindo! A gente nunca saberá o que provocou em uma pessoa, não é? Aquele garoto, por exemplo, mexeu extremamente comigo, e, no entanto, não consegui falar nada com ele; apenas retribuí o beijo a distância.

*

Paramos em um posto de combustível para dormir. Quando entrei no banheiro, pisei em algo viscoso. Liguei a luz: o lugar estava cheio de pererecas. Em outros tempos eu gritaria de nojo! Entrei no boxe para tomar banho e a água estava congelada. Em outros tempos eu gritaria: "Não é possível!" No entanto, apenas tomei um banho rapidinho, saí pulando as pererecas e pensando: "Ah, amanhã tomo banho direito!"

Meu banho sempre foi muito quente, mas na expedição tive que me acostumar com água fria. Poucos lugares tinham chuveiro elétrico; quando havia, era comum estar queimado. E tudo bem, dava meu jeito. Porém, banheiro sujo era difícil de encarar. Por diversas vezes, o banho demorava o tempo que eu conseguia segurar minha respiração: um minuto. Certa vez, no Piauí, o banheiro estava tão sujo, mas tão sujo, que o Dudu ficou na porta com os dois braços estendidos imitando um cabide humano. Eu não sabia se prendia a respiração ou ria daquela cena ridícula. Outras vezes, desistíamos do banho e usávamos apenas um lenço umedecido. Até aí tudo bem; o banho sempre tinha uma solução, mais ou menos confortável. Agora, quando o intestino desandava... Aí ficava difícil. Melhor nem lembrar!

*

Um dia, em Cuiabá, ficamos em um posto novinho. O banheiro era ótimo, e o feminino não era usado, pois todos os funcionários eram homens. A ducha era deliciosa. Enxuguei-me e, quando abaixei para vestir a calça jeans... Travei. Não conseguia me mexer. A dor era insuportável, minha voz não saía e eu continuava sem roupa.
Chamava baixinho:
– Dudu! Dudu!
Nada. Ele já estava na barraca novamente, arrumando as coisas para irmos embora.
Eu chorava de dor e ninguém aparecia. Passados quarenta minutos, Dudu bateu na porta perguntando se havia acontecido alguma coisa. Ele entrou e me vestiu.

*

Começamos nossa expedição com um uniforme bem inconveniente: camisa social e calça jeans. Prova do quanto foi difícil nos desvincularmos da vida que tínhamos anteriormente. Nada a ver usarmos camisa de tricoline na vida que estávamos levando. Enfim, para tudo existe um período de adaptação. Levou um tempo até aposentarmos as camisas sociais e passarmos a usar "uniforme": calça que se transforma em bermuda e um colete cáqui ou preto cheio de bolsos.
Em plena época de pacificação, subindo uma das comunidades do Rio, um senhor saiu gritando atrás de nós.
– Parem! Parem!
Nós nos viramos e perguntei:

– O que houve?

– Vocês estão parecendo gente do Bope. Olha para a roupa de vocês. Estão com calças e coletes pretos. De longe não dá para identificar que vocês são os Caçadores de Bons Exemplos. É arriscado subirem assim.

Ficamos assustados. Aquele senhor tinha razão: parecíamos polícia. Na mesma hora tiramos os coletes, dobramos e colocamos na mochila. Agradecemos a dica e continuamos subindo o morro, quando o mesmo homem começa a gritar novamente:

– Sua camisa é vermelha, e essa é a marca de um grupo de traficantes daqui.

Virei para o Dudu e disse:

– É melhor descermos e trocarmos de roupa, senão daqui a pouco vamos ficar pelados aqui.

Depois disso, raramente usei os coletes que eu tinha como uniforme.

Em outra comunidade, mais plana, achamos muito estranho o quebra-molas, praticamente um quebra-carros. Era muito alto. Quando chegamos ao projeto que iríamos visitar, perguntamos o porquê daquela altura. Nos contaram que não eram quebra-molas, e sim barricadas construídas pelos traficantes para dar a eles tempo de fugir quando a polícia chegasse.

Visitando um projeto em outra comunidade, sacamos nossas câmeras fotográficas e fomos imediatamente abordados por uma senhora:

– Meus filhos, guardem essas máquinas. Algumas pessoas aqui não gostam de ser filmadas, fotografadas e também não gostam de jornalistas. – A um sinal dela, olhamos para cima e vimos que, sobre as lajes, vários jovens apontavam para nós algo parecido com armas de fogo.

Eu disse:

– Mas nós não somos nada disso. Isso é para um registro pessoal.

Ela respondeu:

– Mas ninguém sabe disso por aqui.

Guardamos os equipamentos e entramos no projeto.

*

Quando chegamos ao Nordeste, mudamos totalmente o estilo inicial e passamos a usar camisetas e shorts coloridos, chinelo e coletes. Não existiu meio-termo. Fomos do formal ao look praia sem escalas. Não nos preocupávamos com combinação nenhuma!

Com o tempo, nossas roupas começaram a encardir e decidimos criar um uniforme. Ainda bem! Hoje, vendo as fotos antigas, agradeço imensamente. Começamos a usar calças fáceis de lavar e camisetas de malha preta, feitas de garrafa PET, muito práticas, fáceis de lavar e secar; aposentamos o ferro de passar. Que bobagem, né? No fundo, não importa a roupa que usamos, e sim o amor que temos no coração.

Em nossa antiga vida, tínhamos três guarda-roupas com seis portas cada um, ou seja, 18 portas! Que loucura! Hoje nosso guarda-roupa é uma caixa dentro do carro; deixamos também algumas peças no quartinho nos fundos da casa de minha mãe. No começo, não acreditei que conseguiria viver assim. Hoje percebo como é mais lúcido ter menos coisas. Não nos preocupamos com que cor de roupa vamos sair: afinal de contas, só temos camisas pretas. A decisão é mais rápida e sem traumas.

Certa vez, minha irmã Dilma disse:

– Nossa, você está em todas as fotos com o mesmo sapato!

– É claro. No carro, só tenho ele, um chinelo e um tênis. Não tem jeito de escolher.

Caímos na risada.

Dudu costuma brincar que meus brincos eram tão grandes que quase chegavam ao peito, depois foram para os ombros, depois um pouco mais para cima e foram diminuindo, diminuindo, até que de repente... Pluft! Desmaterializaram-se. Raramente uso brincos hoje em dia.

*

Coisas da falta de planejamento: estávamos arrumando os HDs nos quais armazenamos todas as nossas imagens quando sentimos falta dos vídeos feitos em Minas Gerais. Só encontramos as fotos. Como pode isso? Tínhamos três *backups*, achamos que era muito e reduzimos para dois. No entanto, sabe-se lá como, perdemos todos os vídeos de Minas. Entrei em desespero total. Era nosso arquivo pessoal. Desde então, temos uma caixa de HDs na casa da minha mãe e outra no carro. Como é difícil não ter experiência.

*

No Espírito Santo, um senhor puxou conversa:
– Vocês são vendedores de colchão?
– Como assim?
– Esse negócio em cima do carro não é um colchão?
Rindo, eu respondi:
– Não é colchão. É uma barraca. Já tinham nos confundido com tudo: Bope, Ibama, repositor de supermercado, mas com vendedor de colchão nunca.
Ele explicou que havia chegado um concorrente dele na cidade, e ele achou que fôssemos nós.

*

Em 2011, participamos do 1º. Encontro Campings World da Ilka e Douglas. Um encontro de pessoas que têm barraca automotiva; muitas que já haviam rodado o mundo. Aventureiros com muita experiência no campismo e nós, que nunca tínhamos acampado em toda nossa vida, ali no meio deles. Foi um aprendizado incrível para nossa expedição.
Fizemos amigos, como a Grace e o Robert da expedição Challenging Your Dreams (Desafiando Seus Sonhos).
Este casal nos ensinou que devemos tentar realizar todos os nossos sonhos sempre. Imagine se todos realmente tentassem realizar seus sonhos? O mundo seria um lugar muito melhor para se viver.

Você sempre vai querer planejar melhor.
Nunca haverá dinheiro suficiente,
e o momento ideal não existe.

> *Portanto, encontre a coragem,*
> *tome uma decisão,*
> *prepare o quanto puder*
> *e vá adaptando o resto pelo caminho.*
> *Será a melhor época de sua vida.*
>
> Grace e Robert

Encontramos também a Dani e o Carlos, um casal de médicos que rodou o Brasil durante 18 meses levando educação e saúde a locais de difícil acesso. Por idealismo, buscaram uma forma efetiva de ajudar mais pessoas com seus conhecimentos médicos. Algo que contribuísse para um mundo melhor.

Todos eles tinham se planejado. Nós não. Contudo, até que nos adaptamos bem. Cozinhamos tudo o que costumávamos comer quando morávamos em casa. Nada mudou em nossos hábitos alimentares, porém mudaram os utensílios. Tudo que tínhamos no carro era de plástico, porém... Eu não sentia prazer em comer. No encontro das barracas automotivas, uma amiga nos contou que havia dado a volta nas Américas de carro; ela tinha pratos, copos, taças e louças de vidro. Não é porque moramos em uma barraca que vamos deixar de comer aquilo de que gostamos, ou deixar os cuidados de nossa antiga casa. Afinal de contas, essa é nossa nova casa agora! Trocamos o plástico pelo vidro, e o sabor da comida se tornou outro.

Como cozinhamos fora do carro, sempre aparecem pessoas para conversar conosco na hora do jantar. Na maior parte das vezes é um jantar simples e acaba dando para todo mundo. Sem problemas. Ou quase sem problemas.

Estávamos acampados na Ponta do Seixas, em João Pessoa, Paraíba, o ponto mais oriental do Brasil e também o mais extremo do continente americano. Fiquei com vontade de comer uma costela com molho *barbecue*, igual à do restaurante OutBack. Não tínhamos dinheiro para ir a uma *steakhouse*, e decidi fazer o prato pela primeira vez em nosso pequeno forno.

Compramos o suficiente para nós dois e nos preparávamos para provar quando surge um casal, Edu e Geya, que estava acampado ao lado, em um *motorhome*. Não tinha comida para todos nós, e eu nem sabia se a costela tinha ficado boa.

Resumo: onde comem dois, comem três – Geya é vegetariana. No final, foi uma delícia. Altas horas da madrugada, Edu disse:

– Viajei cinco anos pelo mundo e sabem qual o lugar mais perigoso? O sofá na frente da TV. A sociedade está se autodestruindo, não está evoluindo. Não precisamos de mais leis e justiça, precisamos de mais bom senso. O que vocês fazem é genial, pois levam e divulgam esperança. Vocês são como médicos na guerra. Não conseguirão acabar com o confronto, porém amenizarão as dores de quem está vivendo nele.

*

Uma viagem de volta ao mundo pode levar oitenta dias, cinco anos ou a vida inteira. Um vida pode ter oitenta dias, cinco anos, cem anos ou apenas o suficiente para cumprir sua missão.

Planejamos tantas coisas que nunca saem do papel. Imaginar que existem cerca de 193 países no mundo para visitar, cinco oceanos para cruzar e mais de sete bilhões de pessoas por aí para conhecer é, no mínimo, inspirador. Pode ser por curiosidade, vontade de fugir, sonho de infância, interesse por alguma cultura ou até antropologia; o fato é que muitas pessoas se dispõem a largar tudo para cruzar o globo. No entanto, que sentido tem isso se não for para contribuir com o todo?

Será que não podemos contribuir de alguma forma? Acreditamos que sim!

DIFICULDADE FOI O QUE NÃO FALTOU, MAS TUDO BEM

♥

Contrariando todas as expectativas, nunca aconteceu nada de muito grave conosco. Visitamos as comunidades mais violentas do Brasil. Dormimos em uma barraca de lona em cima do carro, numa situação de absoluta vulnerabilidade. Em quatro anos de expedição, nosso pneu furou três vezes. Nas três, estávamos ao lado do borracheiro. Acreditem: nunca trocamos o pneu do carro. Talvez mais importante que a segurança é você se sentir seguro! Porém, que fique claro: nunca aconteceu nada de grave, mas dificuldades... Ah, estas foram muitas!

*

Havíamos finalizado o último projeto no Espírito Santo e resolvemos seguir viagem para a Bahia naquele mesmo dia. Estava escurecendo e decidimos dormir em uma praia na divisa dos estados: Costa Dourada, em Mucuri. Quando chegamos, estava uma escuridão danada. Os postes de iluminação, não sei por que, estavam apagados. Não conhecíamos ninguém, não encontramos o posto de combustível nem conseguimos achar pousada. Estávamos cansados e continuamos rodando até que o farol do carro iluminou uma placa que anunciava: "Pousada Fim do Mundo". Apertamos a campainha, batemos palmas e nada. Ninguém atendia. Dudu entrou no carro e buzinou.

Apareceu na porta um homem loiro, alto, magro, muito sério e com sotaque estrangeiro, dizendo que a pousada estava fechada.

Mostramos as fotos da barraca, explicamos o projeto e imploramos para que ele nos deixasse ficar no estacionamento, já que não conhecíamos nada ali.

Ele abriu o portão e, enquanto arrumávamos nossas coisas, disse, de supetão:

– Quer saber? Não precisam ficar aqui fora. Entrem e durmam no quarto. Só não tenho roupa de cama.

Nenhum problema! Pegamos nossos lençóis e travesseiros, e fomos correndo para o quarto. Estávamos loucos por um banho. A decoração era linda, com móveis rústicos e cores suaves, mas havia algo meio sombrio naquele lugar.

A cidade estava sem luz, mas naquele quarto algumas luzes acendiam, e o ventilador estava ligado. Fui ao banheiro e comecei a ouvir um barulhinho parecido com o manuseio de uma sacola plástica, quebrando o silêncio da noite. Tive arrepios.

De repente, batidas fortes na porta. Várias batidas. Então, ouvimos a voz do dono da pousada. Dudu abriu a porta. O dono da pousada disse:

– Vocês não devem ter comido nada. Acabei de fazer este pão. Comam.

Ele virou as costas e foi embora. Cães começaram a latir. Ouvia passos do lado de fora e algo pesado se arrastando no chão. Ligamos a TV para abafar aquele silêncio ensurdecedor e a notícia era:

"Um caso intriga a polícia de dois estados. Cinco jovens na casa dos vinte anos desapareceram misteriosamente no trajeto entre o Espírito Santo e o sul da Bahia. Helicópteros vão sobrevoar a região em busca de pistas. Já são quatro dias sem notícias, quatro dias de desespero para as famílias. Os jovens universitários foram vistos pela última vez em um posto de combustível no município de Mucuri, no sul da Bahia."

Mudamos de canal, e todas as emissoras falavam sobre o caso. Olhei para o Dudu e paralisei. O medo deixava meus olhos mais arregalados e meus ouvidos ainda mais aguçados. Ouvia até o vento nas folhas das árvores. Eu disse:

– Amor, estes garotos desapareceram aqui nesta região. Escute esses barulhos... São sacos plásticos e tem alguém carregando algo pesado. Pode ser uma foice. O dono da pousada parece estar escondendo algo, tanto que não queria que entrássemos, mas de repente mudou de ideia e trouxe até pão. Deve estar envenenado. Estamos correndo perigo! O que vamos fazer?

O barulho da sacolinha ficava ainda mais constante, e o medo cada vez mais forte. De repente, acabou a luz do quarto. Peguei o celular para ligar para a minha família e avisar do nosso paradeiro, mas não tinha sinal; a internet também não funcionava. Sair naquela escuridão seria mais perigoso ainda. Arrastamos os móveis até a porta, bloqueando-a. Veio-me à mente uma frase que, um dia antes, o Celso, de Itaúnas, Espírito Santo, havia dito: "Se o momento for desesperador, ou se tiver que acontecer algo, peça que seja brando". Eu pedia e rezava. Os barulhos lá fora continuavam. Eu chorava de medo.

Não sei como, mas em algum momento conseguimos dormir. De madrugada, a luz voltou. Pulei da cama para irmos embora. Na TV, o noticiário dizia: "O carro dos jovens desaparecidos foi encontrado capotado e parcialmente submerso no rio Mucuri, próximo às margens da BR-101. A polícia trabalha com a hipótese de acidente automobilístico."

O ventilador voltou a funcionar, e o barulho de sacolinha plástica recomeçou. Dudu, que continuava deitado, olhou para o teto e disse:

– Olha de onde vem o barulho que tanto atormentou você à noite. – E apontou para cima. Havia uma sacolinha amarrada em uma das vigas.

Caímos na gargalhada, mas o medo de sair pela porta continuava. Juntamos nossas coisas, retiramos os móveis que estavam bloqueando a porta, abrimos a porta devagar, olhamos para um lado e para o outro e corremos até o carro.

Encostados no carro, sentimo-nos seguros o suficiente para admirar o lugar maravilhoso à nossa volta, quase de frente para o mar. Nada estranho à vista. Em um quiosque, um casal sorridente, com xícaras nas mãos, nos convidando para um café. Norbert –

que havia nos recebido na noite anterior – e Manja nos esperavam para trocarmos experiências. Ficamos amigos, nos sentimos acolhidos e, claro, não contamos nada sobre a noite de medo fruto da nossa mente fértil. Saímos com vontade de voltar um dia àquele paraíso que não tem nada de fim do mundo.

*

Na estrada, ficamos refletindo sobre o medo que sentimos. As notícias ruins do noticiário se somam à nossa imaginação fértil e, se não nos policiarmos, disso resulta uma terrível paralisia diante do mundo. Sair de casa é perigoso. Cumprimentar estranhos é perigoso. Aceitar comida de estranhos é perigoso. Aceitar acolhida é perigoso. Viver é perigoso. Contudo, no fundo, no fundo, o perigo está mais nos pensamentos e na energia com que nos conectamos ao mundo do que na realidade.

*

Em Conservatória, no Rio de Janeiro, tivemos outra experiência com o medo. A cidade é muito pequena e mantém a tradição da serenata. Lá, conhecemos Marluce Magno, que foi executiva de uma grande multinacional. Em maio de 1999, resolveu largar tudo e mudar-se para Conservatória em busca de melhor qualidade de vida.

Integrou-se rapidamente à comunidade e ao movimento seresteiro, que funciona mais ou menos assim: todas as noites, nos finais de semana, homens e mulheres caminham pelas duas principais ruas da cidade entoando suas canções, clássicos da seresta.

Este hábito está muito enraizado nos idosos e distante dos mais moços. Marluce, preocupada em perpetuar a tradição da serenata, resolveu envolver os jovens da cidade. Eles são o alvo do projeto Conservatória, Meu Amor, que ela dirige. Nos fins de tarde, debaixo de árvores na praça, jovens estudantes do Ensino Fundamental e do Ensino Médio praticam canto, trovas e declamação. Tudo isso dentro do universo das canções de serenata, com seu cenário e seus símbolos: violão, menestrel, trenzinho... Quando estivemos lá, a turma contava com 27 alunos e a própria Marluce, com sua experiência de seresteira, atuava como instrutora.

Conhecemos o projeto e fomos rodar pela cidade, à procura de um posto de combustível onde pudéssemos pernoitar. Um carro parou ao nosso lado, e o motorista perguntou o que estávamos procurando. Quando eu disse, ele se apresentou como dono de um hotel e nos convidou a ficar lá. Recomendou que assistíssemos à serenata até o final e garantiu que o quarto estaria à nossa espera. Pegamos o cartão com o endereço e o rapaz foi embora. Observamos, encantados, que as casas não tinham numeração; eram identificadas por estrofes de músicas de que os moradores mais gostavam.

Então a serenata começou. As pessoas caminhavam devagar, cantando como em procissão. Fomos conduzidos ao saudosismo de uma época em que não éramos nascidos. Todos nas ruas eram amigos, mesmo sem nunca terem se visto.

Terminada a serenata, fomos ao endereço que estava no cartão. Chegando lá, o mesmo rapaz que havia nos abordado disse que, infelizmente, não tinha mais quartos. Tampouco nos deixou ficar no estacionamento, alegando que nosso carro era grande e atrapalharia as manobras dos outros hóspedes. Ficamos sem ação. Naquele horário, seria difícil encontrar um lugar seguro e estávamos cansados e suados.

– Há um estacionamento grande em um hotel aqui perto. Vocês podem ficar lá – orientou o rapaz. E lá fomos nós. Na verdade, o tal estacionamento era na rua; teríamos que quebrar uma das poucas regras que tínhamos: nunca dormir em locais abertos e sem segurança. O chão era coberto por brita, o que fazia muito barulho quando caminhávamos. No entanto, não tinha outro jeito: começamos a montar a barraca e deitamos.

O cansaço era maior do que o medo. Dormimos. Passadas algumas horas, começo a ouvir o ranger da brita. Acordo o Dudu:

– Tem alguém vindo para cá, escute. – Os passos se aproximavam da escada da barraca, e meus olhos ficavam cada vez mais abertos de medo. De repente, o barulho começou a distanciar e fomos nos acalmando. Olhávamos pela janela da barraca, mas, na escuridão, não enxergávamos nada. O barulho, indo e voltando, persistiu a noite inteira. Na manhã seguinte, ao abrir a barraca, descobrimos quem eram os bandidinhos: vários gatos deitados no chão de brita.

Rimos muito e respiramos aliviados depois de uma noite sem dormir.

*

Contudo, poucas experiências foram mais assustadoras do que a Rota do Medo.

No mapa rodoviário estava escrito que não é aconselhável dirigir à noite pela BR-116 no trecho Salgueiro-Cabrobó-Petrolina. Quisemos saber porquê. O frentista de um posto de combustível nos explicou:

– Aqui é a antiga Rota da Maconha, onde os agricultores plantavam a erva como meio de sobreviver à seca. É perigosa à noite. Tem também muito bode na pista, e vocês rodarão quilômetros sem ver ninguém.

Perguntamos onde ficava Conceição das Crioulas e os quilombolas, pois haviam nos indicado um projeto lá.

O frentista nos mostrou o caminho. Porém, informou-o errado. Trinta quilômetros depois, outro frentista nos deu nova informação errada. Em meio a estradas ruins e desertas, ausência de placas e muita irritação, o sol começou a se pôr no horizonte. Para piorar tudo, Dudu começou a ouvir um barulho diferente: o pneu parecia furado. Lembramos todas as orientações para não dirigirmos à noite, nem pararmos em lugares desertos. Pronto!

Bateu o medo total e falei:

– Mete o pé no acelerador para chegarmos rápido na rodovia. Depois vemos se é o pneu mesmo. Devemos encontrar alguém por lá.

Disparamos pela estrada de terra e, a poucos metros do asfalto, quase chegando à rodovia, surge um carro de polícia na nossa frente. Dele saíram três homens com escopetas apontadas para nosso carro. Gelei na hora. Peguei meu celular discretamente e mandei nossa localização para minha amiga-irmã Gigi, caso nos acontecesse alguma coisa.

Os homens foram chegando perto do carro e perguntando de onde vínhamos. Meu Deus! Só faltava essa. Como iríamos explicar a velocidade em que estávamos, vindo de não sei onde, sem conhecer ninguém na região.

Contamos nossa história. Dois dos homens abaixaram as armas, porém o outro mirava os pneus do carro. Explicamos que estávamos completamente perdidos procurando o projeto, porém, como a noite estava chegando, tínhamos desistido e íamos para a próxima cidade. Calmamente, um dos policiais disse:

– Querem que acompanhemos vocês até lá? Não será uma escolta, mas uma companhia.

Respiramos aliviados e dissemos que não era necessário. Já nos sentíamos seguros.

*

Houve um dia em que o Dudu estava com dor de garganta e eu com dor de barriga. Porém, tivemos outra dor, maior, no coração: procuramos três lugares para dormir e recebemos três nãos. Em um deles ouvi o gerente dizer:

– Fala para essa mulher que já conheço o projeto e não posso fazer nada por eles.

Isso nos machucou demais.

Ficamos quase três horas rodando de carro, tentando encontrar um lugar. Finalmente, o gerente de um posto de combustível nos acolheu. Santo posto Ipiranga em Porto Alegre! Só tinha um detalhe: o único lugar plano no posto, de forma que a barraca não ficasse inclinada, era ao lado de um filtro de diesel. Sempre que alguém abastecia, o filtro era acionado e fazia um barulho infernal. Quase não dormimos.

Depois de rodar trezentos quilômetros em 13 horas pelas estradas de Santa Catarina, uma placa anunciava: Praia do Sonho. Virei para o Dudu e disse:

– É lá que vamos dormir hoje.

Entramos e fomos direto para um camping, porém estava fechado. Batemos no portão e o dono veio dizendo:

– Desculpem, mas vocês não poderão ficar. Colocamos uns remédios contra umas baratas diferentes que apareceram por aqui.
Como estávamos cansados, pedimos informação de um hotel barato. Chegamos lá e pedimos o quarto, mas, quando o recepcionista abriu a porta, estava cheio de baratas. Saímos sem olhar pra trás, para que o sonho não se tornasse pesadelo.

*

Outra vez, estávamos em um camping muito bom no Rio de Janeiro, onde pessoas passam meses e até anos morando. Erguemos uma estrutura quase fixa com uma tenda branca sob a qual deixávamos a mesa e as cadeiras já montadas. Fizemos desse camping nosso ponto de apoio para o estado.
Chovia muito no Rio, e a grama crescia a cada dia.
No fim de semana, decidimos abrir o extensor da barraca, uma espécie de varanda, e fixá-lo na grama.
Anoiteceu e fomos dormir. Passado um tempo, Dudu me diz:
– Amor, ligue a lanterna. Parece que tem um bicho andando em mim.
Era uma formiga. Nós nos livramos dela e voltamos a dormir.
Daí a pouco acordei com a sensação de algo andando em meu corpo. Liguei a lanterna novamente e percebi que eram formigas. Direcionei o feixe de luz para o meu lado e vi milhares delas entre o colchão e a lona da barraca. Do lado do Dudu também. Acordei-o e mostrei a invasão de formigas. Ele disse:
– Relaxa, amor, elas não vão nos carregar. – Virou para o lado e continuou a dormir.
Não acreditei no que estava ouvindo. Tirei minhas meias e fui expulsando as formigas. Quando só haviam restado algumas, voltei a dormir, só para acordar em seguida com mais formigas em meu corpo. Sacudi novamente o Dudu, agora gritando:
– Me ajuda. Tem muita formiga aqui dentro.
Ele acordou, levantou e foi ao banheiro. Quando voltou, deitou-se novamente e disse:
– Vamos dormir, amor, não tem o que fazer a esta hora.

Passei a noite retirando as formigas. Quando o cansaço foi maior que meu desespero, adormeci. Com as formigas.

Pela manhã, quando a luz do sol iluminou a barraca amarela, percebi que ela estava rajada de preto. Elas estavam em toda parte, até sob o capô do carro. Levantei devagar, abri o carro, peguei a câmera e filmei tudo.

Quando Dudu acordou, falei:

– Bom, você disse que as formigas não iriam nos carregar, mas, pelo que estou vendo aqui, elas já estão fazendo ligação direta.

Na hora ele levantou e correu para me ajudar a espantar os insetos. Ficamos o dia todo nisso. Nesse dia, literalmente, a vontade era chutar o pau da barraca.

*

Tem dia em que dá vontade de largar tudo! Ops... Já fizemos isso!

Tem dia em que dá vontade de sair pelo mundo! Ops... Já fizemos isso!

Tem dia que dá vontade de... de... de...

Tem dia em que dá vontade de chutar o pau da barraca. Ops! Se fizermos isso, derrubamos a nossa casa.

Enfim... Todo mundo surta um dia, e isso é normal.

Não existe felicidade contínua: existem apenas momentos felizes.

Que todos nós saibamos aproveitar cada minuto feliz que a vida tem para nos proporcionar. E o resto? E os momentos tristes? Vão passar.

*

Ao longo de todos estes anos, nunca brincamos com a nossa segurança. Por razões óbvias, evitamos viajar à noite, jamais percorremos longas distâncias em um único dia para não nos cansarmos de estrada (já que nossa vida é na estrada, não podemos nos cansar dela), e evitamos viajar quando está chovendo, com receio de acidentes. Porém, houve um dia em que quebramos as regras e chegamos a São Paulo à noite. Nenhum posto de combustível nos deu guarida e já era muito tarde para pedir abrigo às pessoas que conhecíamos. Rodamos duas horas e nada. Pegamos o *Guia 4Rodas* e ligamos para vários hotéis, todos muito caros. Estávamos exaustos. Decidimos entrar no primeiro hotel que aparecesse.

Estávamos no centro e logo surgiu uma placa de hotel. Luzes discretas, fachada simples, mas bem cuidada. "É aqui mesmo", pensamos. De cara, estranhamos a recepção com grades, mas perguntamos o preço; daria para pagarmos. A recepcionista nos pediu os documentos para fazer o *check-in*, porém não nos devolveu, argumentando que seriam entregues na saída. Quis saber que quarto preferíamos. Eu disse:

– O que tiver o melhor sinal de internet.

Começou então uma estranha conversa. A internet pegava melhor nos andares altos, mas a moça insistia para ficarmos nos quartos de baixo. Ela não explicava o porquê, e optamos pelo lugar com melhor sinal. Cansados, tomamos um banho, caímos na cama e dormimos. Daí a pouco, no entanto, despertei assustada com um grito. Acordei o Dudu, que não tinha escutado. Não conseguimos dormir mais – mesmo porque logo os gritos recomeçaram.

Uma voz de garoto pedia:

– Para! Para! Para! Eu não quero mais, chega!

Outra voz, de homem, dizia:

– Você não gosta? Então aguenta!

Ouvíamos o choro de quem definitivamente não estava aguentando. Eu estava revoltada. Pela conversa, era certo que era um garoto de programa, mas ele estava pedindo para parar. Por que o outro homem não parava? Havia mais gente, pelo menos quatro pessoas. Diziam coisas horrorosas; não gosto nem de lembrar.

Eu estava pensando em descer até a recepção para denunciar a agressão quando começaram a esmurrar a nossa porta, dizendo "Sai daí! Vambora! Vambora! Cadê o bagulho?" – Paralisamos. Era nítido que aquelas pessoas estavam totalmente fora de si. Felizmente, os rapazes do quarto ao lado abriram a porta: "Olha nóis aqui!" Ufa, era com eles. Respiramos aliviados e pensamos: "Eles vão embora e vamos ver como o rapaz está."

– E aí, garotinha? Tá gostando da festinha? Se quiser pode vir conosco – falou um dos homens.

– Só vou ao banheiro e continuo com vocês – respondeu o garoto.

Ops! Ele estava sofrendo e queria continuar com aquela turma louca? Meu Deus! E os pais daquele garoto? Com certeza não sabem o que ele está passando! Eu chorava; queria "salvar" aquele rapaz, mas no fundo ele não queria que isso acontecesse. Às 5:00, decidimos ir embora.

Perguntei para a atendente se era um motel, embora não houvesse aqueles luminosos típicos, e ela disse:

– Senhora, aqui é um hotel rotativo. As pessoas passam períodos aqui à noite.

– Ou seja, um hotel disfarçado de motel, né? – perguntei. Ela não queria que ficássemos nos andares de cima porque lá se instalavam os grupos e os garotos de programa; era o "setor" dos aparelhos sadomasoquistas.

Contei o que tínhamos ouvido e ela disse:

– Fique tranquila! Sei de quem vocês estão falando. Esse garoto é cliente fiel nosso e garanto que ele saiu daqui feliz da vida. Deve ter passado um apertinho, mas nada demais. Isso acontece muito por aqui.

Desde então, sempre que entramos em algum hotel, pergunto se é rotativo.

*

No Jalapão, Tocantins, comecei a me sentir mal. Quando eu ia me queixar para o Dudu, percebi que ele estava com febre. Para cuidar dele, me mantive forte. Porém, no outro dia, eu estava pior. Ele, para me ajudar, disse que estava melhor. E assim os dias se passaram, um se fazendo mais forte que o outro para cuidar do mais debilitado. Não procuramos médico, por acharmos que era só uma gripe, talvez um mal-estar por causa do calor. A vontade de ajudar o outro fez com que não percebêssemos quão mal estávamos.

Uma semana depois, ficamos com o corpo todo empolado e decidimos procurar um hospital. Chegando lá o médico disse:

– Não se preocupem, vocês estavam com dengue, mas já está passando. Quando empola é porque está acabando.

– Não acredito! Trabalhamos juntos, dormimos juntos, comemos juntos, vamos ao banheiro juntos... Até adoecer, adoecemos juntos? – falei para o médico.

Terá sido o mesmo mosquito? Afinal, passamos 24 horas juntos todos os dias! Só pode ter sido!

*

Mesmo em situações de aperto, não perdíamos o humor (quer dizer, de vez em quando perdíamos, mas não era comum). Estávamos seguindo pela BR-116 e decidimos ficar em Aparecida, São Paulo, depois que, surpresos, descobrimos que era possível pernoitar no estacionamento da Basílica. Como ainda faltavam algumas horas para anoitecer, fomos conhecer o Santuário Nacional de Nossa Senhora da Conceição Aparecida, um dos maiores templos religiosos do país. A energia do lugar e a fé dos devotos que passam por ali são realmente impressionantes.

Perto das 18:00, fomos explorar o estacionamento no alto da colina, onde ficaríamos. Então começou a chover, e armamos a barraca o mais rápido possível. Não tínhamos tomado banho, mas a chuva era tão forte que decidimos entrar na barraca e esperar passar. E ela não passava. Um aguaceiro! A vontade de ir ao banheiro começou a apertar, mas eu me recusava a descer e fazer xixi no asfalto. Acho terrível o cheiro de urina nos espaços públicos; eu não iria contribuir para isso. A vontade apertava cada vez mais.

Estávamos muito suados, mas não havia como descer para tomar banho. E a chuva cada vez mais forte.

Passaram horas, e nada. De repente começa uma ventania gigante. Os caminhões que estavam ao nosso lado saíram, e o vento castigava a nossa barraca. Parecia que íamos sair voando. Fechei os olhos e rezei: "Nossa Senhora Aparecida, estamos em sua casa.

Ajude-nos a dormir, já que não tem como sairmos da barraca de jeito nenhum."

Como uma cacetada na cabeça, zzz... Dormimos. Amanheceu: nós de bexiga cheia, barriga vazia e fedorentos.

Saímos, desmontamos a barraca rapidinho e fomos correndo procurar um banheiro após 12 horas de concentração. Ufa!

*

Estávamos em São Paulo, estacionando o carro em uma vaga muito pequena. Decidi sair e ajudar o Dudu a manobrar. Fiquei atrás do carro, sinalizando:

– Para a direita... Esquerda... Volta o volante. – A certa altura, porém, me posicionei diante do poste, para orientá-lo, e era um ponto cego: Dudu não me via. Foi dando ré, ré, até que comecei a esmurrar o carro, porque ele estava me esmagando contra o poste! É verdade que já ficamos nos lugares mais violentos e nunca nos aconteceu nada, mas quase fui assassinada pelo meu próprio marido! Esta foi a segunda tentativa de homicídio inconsciente. A primeira vez, estávamos no Rally dos Sertões e era dia dos pais. Paramos para fazer um vídeo para meu pai e para minha irmã Eliana, que fazia aniversário no mesmo dia. Estava um fim de tarde lindo, o sol se pondo com cores lindas, e decidi sair do carro e fotografar o asfalto e os pneus do carro àquela luz.

Dudu não estava me vendo e deixou o carro descer. Saí rolando no asfalto para ele não me atropelar. Ainda bem que fiquei viva para contar as histórias!

O NOSSO SONHO ENCONTRA OUTROS SONHOS

♥

Já com alguns meses de estrada, começamos a pensar em um jeito de divulgar o que estávamos fazendo. Nosso raciocínio foi o seguinte: vendemos o que tínhamos, doamos roupas e móveis, mas, de certa forma, continuávamos egoístas. Não era justo conhecer tantas histórias lindas e inspiradoras e guardá-las só para nós. Sentimos necessidade de espalhá-las para a maior quantidade possível de pessoas. Nossa ideia foi criar uma revista para cada estado brasileiro e distribuí-la gratuitamente. Pensávamos que conseguiríamos empresas que bancariam o custo de gráfica. Amigos jornalistas escreveriam os textos. Tudo perfeito.

Até que a realidade se impôs: procuramos empresas e recebemos muitos nãos. O que mais ouvimos foi: "Nossa, que projeto lindo, mas neste momento não temos verba."

Eu não me conformava. Disse para o Dudu:

– Temos o nosso próprio sim. Vamos divulgar o máximo possível os projetos que estamos conhecendo.

Falamos com amigos e familiares, e conseguimos um terço do valor da gráfica. Foi lindo! Pessoas que nunca haviam investido em *marketing* para suas empresas estavam ali nos ajudando a divulgar o bem! Os outros dois terços, tiramos do dinheiro da venda do nosso apartamento, que tínhamos reservado para a viagem. Porém, 15 dias antes do prazo para enviar o material para impressão, os jornalistas voluntários que iam nos ajudar disseram que não haviam escrito nada ainda, e que, pior, não poderiam nos ajudar. Estavam ocupados, e o material que mandávamos não era o suficiente para redigirem os textos.

Não dava tempo para arrumar outros voluntários e não poderíamos gastar mais dinheiro para pagar outros jornalistas. E nossos amigos que pagariam parte da gráfica? O que diríamos a eles?

Sempre fui muito turrona. O que prometo para uma pessoa eu cumpro. Custe o que custar. Comigo é no "fio do bigode", como se diz por aí. Avisei ao Dudu que nós dois escreveríamos os textos.

Naquele momento, olhei para o alto e disse:

– Olha aqui, eu não sei de onde veio essa ideia, mas nós estamos executando-a. Agora Se vira e nos ajude. Por favor! Por amor!

Fizemos uma oração, sentei em uma mesa e comecei a escrever. Em dez dias estava tudo pronto, e o material entrou na gráfica.

A revista ficou pronta! Linda! Fui invadida por um sentimento muito forte de superação. As lágrimas não paravam mais. Ali, decidimos: os dez mil exemplares que iríamos distribuir gratuitamente em Minas Gerais seriam os únicos. A partir daquele momento, investiríamos toda a nossa energia em divulgar os bons exemplos somente nas redes sociais.

*

Havia bons exemplos que já tinham bastante cartaz, mas acreditamos que sempre se pode falar bem de quem faz o bem. Como os jogadores de futebol Raí e Leonardo. Eles compartilhavam um sonho: contribuir para a educação de crianças e jovens de comunidades socialmente vulneráveis, oferecendo a eles mais oportunidades e melhores horizontes na vida. Investiram dinheiro, sim, mas investiram principalmente energia para realizar seus sonhos e ideais. Em 1998, este sonho se transformou em realidade com a criação da Fundação Gol de Letra, que hoje tem duas sedes, em São Paulo, na Vila Albertina, e no Rio de Janeiro, no Caju. Nelas, cerca de 1.300 crianças e jovens têm acesso à arte, cultura, comunicação, esporte, lazer, cidadania e educação para o trabalho.

Depois de conhecer toda a história e o projeto, perguntamos à nossa anfitriã, Raquel, se seria possível conversar com os fundadores. Apesar de estar ocupado demais, Raí nos recebeu com muito carinho e nos ensinou que os jovens querem, acima de tudo, ser amados. Para eles, ganhar uma competição é menos importante do que receber o carinho das pessoas que estão ali, torcendo por eles. Emocionados, seguimos nosso caminho. Passados trinta minutos, meu celular tocou e uma voz disse:

– Oi, Iara, tudo bem?
– Tudo ótimo. Quem está falando?
– É o Raí – respondeu a voz.

Quase deixei cair o telefone. O Raí ligando para os Caçadores?

– Estou ligando para oferecer minha casa, se precisarem de um lugar para tomar um banho e dormir. Não estarei lá, mas já avisei que vocês podem entrar – continuou ele.

Aí eu quase enfartei. Sem saber o que dizer, gaguejando, disparei:

– Muito obrigada pelo carinho, Raí, mas já estamos a caminho de outra cidade. Fica para outra ocasião.

Nós nos despedimos e desliguei o telefone.

– Eu não estou acreditando no que ouvi. Você dispensou um banho quente e uma cama cheirosa na casa do Raí? – falou Dudu.

– Caramba, fiquei tão feliz com o convite que nem precisamos ir. Já valeu o fato de ele ter ligado para nos incentivar.

Continuamos pela rodovia, rindo de nossa timidez.

*

Também em São Paulo, no dia em que o Dudu quase me esmagou no poste, conhecemos a Turma do Bem, outro projeto que tem bastante divulgação, mas merece mais! Foi fundada por Fábio Bibancos, um dentista muito competente que, depois de escrever um livro e apresentá-lo em escolas públicas, percebeu que a conversa com aquelas crianças não deveria ser, ao menos naquele momento, sobre prevenção – e sim sobre ação. Elas precisavam de ajuda, e ajuda prática, e logo.

A instituição viabiliza tratamento odontológico gratuito a jovens de famílias de baixa renda. Uma rede de dentistas voluntários do Brasil, e de mais nove países da América Latina e Europa, o que dá mais de 15 mil Dentistas do Bem, já beneficiou cerca de 43 mil pessoas.

*

Uma tarde, chegamos a Teresópolis, Rio de Janeiro, e nos informaram sobre um camping. Há poucos no Brasil, e, na maioria das vezes, dormíamos em postos de combustível. A possibilidade de ficar em um camping, com alguma infraestrutura, nos deixou eufóricos. Fomos direto para lá.

Encontramos um lugar bonito, com boas instalações e... Completamente vazio. Achamos estranho, até que lemos na internet sobre os deslizamentos na região.

Então começou a chover muito, um verdadeiro temporal que nos deixou ilhados por dois dias. Não tínhamos sequer como fechar a barraca. Foi quando percebemos que o camping estava ao lado de um morro. Juntamos tudo em tempo recorde e, ensopados, partimos para o centro da cidade. Lá nos indicaram um projeto localizado em Canoas, área rural de Teresópolis, no Parque Nacional da Serra dos Órgãos.

Rodamos muito até achar o Espaço Compartilharte, que utiliza a Pedagogia do Amor para articular os saberes e fazeres da comunidade local às contribuições de grandes mestres e teóricos da humanidade. Trabalha para levar justiça social e sustentabilidade ambiental às comunidades onde atua. Vale a pena transcrever os princípios da Pedagogia do Amor:

- Transmutação: concebe-se a educação como instrumento de transformação pessoal e social;
- Didática amorosa: educador e educando são sujeitos da construção do conhecimento;
- Simplicidade e praticidade: são a forma física de toda a aprendizagem.

> *"Cada um tem uma maneira de ver a vida, de conviver com as dificuldades e com as conquistas. Ensinar é mostrar que é possível. Aprender é tornar possível a si mesmo."*

Entre um projeto e outro, um sonho e outro, enfrentávamos (com algum humor), os nossos pequenos obstáculos de cada dia. Estávamos em Pernambuco e havia muito tempo que não lavávamos as roupas. Ao ritmo de uma cidade por dia, ficaria difícil secar.

Paramos em um camping que não tinha tanque, mas resolvi lavar assim mesmo, no banheiro. Saí toda feliz! Que beleza! Se tem uma coisa de que sentimos falta é cheiro de roupa lavada.

Estendi no varal e fomos dormir.

O que aconteceu? Choveu a noite inteira e o vento arremessou todas as roupas no chão.

Resultado: não deu tempo de secar e continuamos com as roupas com cheiro de cachorro molhado.

*

No Rio de Janeiro encontramos Alice, que nos contou toda a história do projeto Realice (Renata e Alice), uma expedição que buscou boas iniciativas sociais e de sustentabilidade em quatro países asiáticos. A viagem durou 113 dias. Deveria ter durado mais 787, mas as duas amigas decidiram interromper a jornada diante das dificuldades, que eram grandes.

De volta ao Brasil, Alice Freitas se tornou coordenadora executiva da Rede Asta; Renata Brandão, coordenadora de produção da Conspiração Filmes, preside o Instituto Realice.

A Rede Asta é um projeto incrível. Com o slogan Bom,
Bonito e do Bem, transforma o consumo em ferramenta de inclusão social e econômica. Trata-se da primeira rede de venda direta de itens artesanais feitos por 24 grupos produtivos comunitários do Brasil, gerando renda e trabalho em comunidades ou locais de baixo poder aquisitivo do Rio de Janeiro.

A Rede Asta luta para incluir a mulher no setor produtivo; estimula grupos produtivos comunitários a virarem negócios sustentáveis; constrói pontes criativas entre os produtos e o mercado; e promove distribuição mais justa de riquezas.

Quando estávamos indo embora, Alice, com toda a bagagem de convivência em viagem, nos disse:

– É muito difícil viver em viagem com outra pessoa. Eu e minha melhor amiga não suportamos. Imagina um casal! Dou mais três meses para vocês: ou a expedição acaba ou acaba o casamento.

Rimos muito. Desde então, a cada três meses, Dudu e eu comemoramos mais três meses de casamento e de expedição concluídos.

*

Estava passando na TV uma novela que tinha uma "máquina da felicidade". Aí um rapaz na rua gritou:

– Ei, vocês entraram na máquina da felicidade? Sempre vejo vocês com um sorrisão!

Outra vez, um amigo disse:

– Tem pessoas que acreditam que vocês são um casal de comercial de margarina. Afinal de contas, sempre estão sorrindo nas fotos.

No entanto, temos muitos problemas e dificuldades, sim. Diariamente experimentamos emoções incríveis. Apesar de vivermos às voltas com histórias lindas de superação, por trás delas sempre tem uma dor, uma tragédia social.

Lidamos com o melhor e o pior do ser humano diariamente. A convivência dentro de um carro, 24 horas por dia, marido e esposa, é extremamente difícil, mas também é de muito aprendizado. A cumplicidade cresce, a paixão acaba, a paciência aumenta, o amor se solidifica. Tem horas em que dá vontade de largar tudo, mas quando olho para o lado e vejo que ali está meu grande companheiro de jornada, tudo fica mais leve.

Na grande maioria dos dias, o Dudu fazia o café da manhã, a salada no almoço ou a sopa no jantar. A coisa mais linda do mundo. Um dia, sem mais nem menos, ele pegou uma florzinha no jardim da rua e trouxe para mim. Esta ação valeu mais que mil orquídeas. Isso é amor. É cuidado. É carinho.

Buquês de flores, presentes caros... Isso é fácil. É só ir à loja e comprar; agora, cuidar da pessoa que está ao seu lado? Humm. Isso é difícil!

Fico imaginando como ele me suporta quando acordo angustiada. Desconfortável com meu corpo, com minha sexualidade, com minha necessidade de carinho. Com TPM, TPA, TPB, TPC, o alfabeto inteiro. Se nem eu me aguento uma vez por mês, imagina ele? E, ainda assim, há muito tempo não ligamos o som do carro, já que conversamos muito. Diálogo também é amor.

Claro que, às vezes, dá vontade de mandar o Dudu ir dormir no sofá, mas, como não tenho um, precisamos nos acertar dentro do carro mesmo, né? Claro que ele também tem vontade de me deixar no meio da estrada, já que 99% do tempo quem dirige o carro é ele. Contudo, inventamos certa capacidade de calar quando o outro está nervoso, e depois tudo se ajeita.

Às vezes o silêncio é a mais poderosa solução dos problemas.

Tentamos cultivar a paz, sempre.

*

Por falar em cultura de paz ou cultura de guerra, certa vez acompanhei uma amiga a uma loja de jogos de computador. Ela queria comprar um presente de dia das crianças. Fiquei em choque com a quantidade avassaladora de jogos violentos nas prateleiras.

Vamos dar menos presentes e mais presença. E, se for dar presente, que seja da cultura de paz! Não vamos poluir a vida de nossas crianças com tanto consumismo e com jogos que alimentam a violência. Sejamos mais conscientes no presente para termos adultos pacificadores no futuro.

Estávamos em Cuiabá, Mato Grosso, conhecendo a Associação dos Familiares Vítimas de Violência (AFVV), quando Heitor Reis, cujo filho foi assassinado em 2008, nos fez uma pergunta que embutia uma reflexão:

– Vocês já pararam para pensar em todas as guerras que já estudamos na escola? Porém, na grade curricular, não estudamos sobre os grandes homens da paz. Precisamos falar mais sobre paz, é preciso uma cultura de paz!

E que vença sempre a cultura de paz entre os casais, entre os amigos, entre os povos.

*

Em Campo Grande, Mato Grosso do Sul, paramos no farol e percebemos duas garotas olhando para o carro e sorrindo. De repente fizeram coraçãozinho com as mãos. Ficamos rindo e elas vieram à janela do carro, dizendo para continuarmos nosso trabalho, que era muito bonito.

Perguntei sobre elas e descobrimos que, na verdade, são elas que fazem um trabalho lindo, não nós. Carol e Bárbara trabalham no SOS Pantanal, uma organização que, desde 2009, promove o diálogo para um pantanal sustentável.

*

Estar na estrada é sempre mágico, e percorrer as estradas do Mato Grosso do Sul é ainda mais lindo!

Reclamar de quê? De que vendemos nosso apartamento de cobertura cinco estrelas e hoje moramos em uma barraca? Que nada, hoje temos um teto com bilhões de estrelas. E mais: araras-azuis, araras-vermelhas, araras-canindé e tucanos passam a todo momento pelos céus deste pantanal maravilhoso.

Em Corumbá, conhecemos o Ângelo, do Instituto Homem Pantaneiro, que abriga projetos aplicados à conservação da natureza do pantanal e educação da população local. O pantanal mato-grossense, não custa lembrar, é uma das maiores planícies inundáveis do planeta e principal santuário de vida selvagem do Brasil.

Ainda em Corumbá, ficamos abrigados no Moinho Cultural, criado por Márcia Rolon, uma bailarina decidida a tirar do balé o estigma de arte para gente com dinheiro no bolso. Márcia criou um projeto cultural gratuito, no qual as crianças aprendem dança e música.

Subindo o rio Paraguai, a cerca de duas horas de barco de Corumbá, encontramos a Escola Jatobazinho, que atende 47 crianças em período integral, no sistema de internato, de segunda a sábado. Para funcionar, conta com o apoio do Instituto Acaia, desde 2008 presente na região. Ali, a meta é conciliar desenvolvimento social com sustentabilidade ambiental. Chegar à escola no início da aula e ser presenteado com a alegria daquelas crianças ribeirinhas foi mais um presente para nós. Conhecemos a rotina delas e suas atividades. Presenciamos o amor dos educadores, monitores, da assistente social e de todos os funcionários, que poderiam estar em outra atividade, perto de suas famílias, mas escolheram dedicar suas vidas àquelas crianças. Além da escola, há atividades para as famílias, como oficinas de artesanatos e alfabetização de adultos. Tudo muito bem articulado e profissionalizado.

*

No pantanal mato-grossense, encontramos iniciativas ambientais incríveis, que nos devolveram a esperança na nossa capacidade de preservar as belezas naturais do país.

Às vezes, chegar até o projeto é que era o problema. Um dia, estávamos subindo o rio e parecia que ia chover. Relâmpagos e trovões cortavam o céu. Navegaríamos durante horas e, sim, ficamos com medo. Um jovem chegou para nos levar até o projeto que queríamos conhecer. Entramos no barquinho com motor, uma "voadeira", como chamam, e lá fomos nós, voando rio acima.

O vento estava forte, e começou a chover muito. Às vezes, o rio parecia o mar, com ondas e tudo. Os pingos, misturados com o vento, cortavam nosso rosto. Não podíamos conversar por causa do barulho, e isso trouxe um longo momento de reflexão sobre o risco que corríamos caso o barco virasse. Era um risco considerável: Dudu não sabe nadar, e antes de entrarmos no barco já havia me falado sobre seu medo de cair no rio, infestado de jacarés e piranhas. Seu olhar era de desespero.

Quando finalmente a chuva passou, relaxei de tal forma que cheguei a cochilar. Minha cabeça tombava para o lado. Acordava com medo de desequilibrar no barco e me lembrava de nosso amigo Toninho, dos Escoteiros de Divinópolis, que vivia repetindo o lema do grupo: sempre alerta!

Um pássaro grande passou na nossa frente com um peixe no bico. Mágico! O som dos pássaros nas árvores, até os jacarés... Tudo era muito lindo.

Chegamos à tardinha e decidimos conhecer a estrutura do lugar. Por causa do calor, vestíamos short e camiseta, e os pernilongos nos atacaram. Nunca vimos uma coisa daquelas! Eram nuvens que nos acompanhavam. Dudu começou a se debater. Puft! Plac! Ploc! Pá! Pu! Clac! A forma como ele batia as mãos no peito, ombro e pernas me fez lembrar de um projeto que encontramos na Capital Federal. No Recanto das Emas, Ricardo e Patrícia educavam jovens por meio da música. Porém, como dispunham de poucos instrumentos, tiveram a ideia de utilizar o corpo humano como instrumento musical. Em 2001, nasceu o projeto Batucadeiros, uma oficina de percussão corporal que vem transformando a realidade dos jovens. Voltando ao pantanal, me dei conta de que os sons que saíam do corpo do Dudu eram interessantes, mas não tinham ritmo nenhum. Comecei a rir sozinha.

Os pernilongos também estavam me atacando, mas eu pensava nas minhas aulas de ioga e fingia que nada estava acontecendo. Até que Dudu ficou bravo:

– Seu nariz está parecendo um quibe. Reage!

Pegamos uma planta tipo vassourinha, para nos abanarmos, mas de nada adiantou.

Às vezes, ele ia na frente, e eu via seus braços pretos de pernilongos, que pareciam pregados na pele. Em outros momentos, eu é que tomava a dianteira. Num destes momentos, Dudu começou a rir. Eu não estava achando a menor graça e perguntei o que era:

– Tem três pernilongos na sua perna que se espatifaram de tanto picar. Estão mortos e o sangue escorrendo. Foi suicídio isso, só pode. – Rachamos de rir.

À noite, o rosto do Dudu era puro calombo e todo vermelho. Ainda bem que não havia espelho. No outro dia, parecia que eu estava com catapora. Nossos braços, pernas e testa estavam igual a um ralador de queijo de tanta picada! Tomamos o café da manhã e seguimos viagem.

*

Depois de tantos problemas, enfim fomos acolhidos em um lugar sensacional, com todo conforto: o Refúgio Ecológico Caiman, onde conhecemos o projeto Onçafari, o projeto Arara Azul e o projeto Papagaio Verdadeiro.

O Onçafari promove o ecoturismo por meio da observação da onça-pintada. A onça se alimenta do gado e por isso é caçada pelos fazendeiros, mas Mario Haberfeld, um dos idealizadores do projeto, acredita que, viva, ela pode gerar renda para a região, da mesma maneira que já ocorre nos safáris sul-africanos. Da África, ele trouxe técnicas para habituar estes animais selvagens à observação humana, em seu *habitat* natural.

Também nos encantamos com o Projeto Arara-Azul, criado pela bióloga Neiva Guedes para tirar esta linda ave da lista de animais ameaçados de extinção.

A cada chegada, e a cada partida, nos sentíamos mais e mais entusiasmados com a ideia de que tanta gente tinha sonhos grandes, grandes como o nosso sonho de caçar bons exemplos. Afinal, não estávamos sozinhos.

O UNIVERSO CONSPIRA

Sempre houve algo mágico na nossa jornada, e vale a pena partilhar algumas destas experiências!

No Rio de Janeiro, conhecemos Dorly, um jovem de coração puro e mente brilhante que nos contou a história da Benfeitoria. Trata-se de uma plataforma de realização colaborativa de projetos transformadores – a primeira do mundo, segundo ele, a não cobrar comissão. Um jeito novo e poderoso de viabilizar ideias e sonhos que não sairiam do papel por falta de recursos, pela incerteza quanto à acolhida que teriam ou, ainda, que seriam menos pujantes se realizados individualmente. Por meio da Benfeitoria, qualquer pessoa pode buscar micropatrocínios para seus projetos e torná-los reais. Valem iniciativas pessoais, sociais ou profissionais, de qualquer tema ou tamanho, desde que gerem algum impacto positivo. A ideia é transformar interesse coletivo em realidade; pessoas de bem em benfeitoras.

Crowdfunding + *crowdsourcing* + modelo *free*!

As palavras são complicadas, mas a dinâmica de arrecadação da Benfeitoria é a evolução de nossa boa e velha vaquinha!

Dorly marcou para conversarmos na Confeitaria Colombo, no centro do Rio. Estávamos à mesa, à espera dele, quando fomos abordados por uma garota com um cupom para preenchermos e concorrermos a uma hospedagem em um hotel muito chique.

Preenchemos e... Ganhamos! Poderíamos nos hospedar de graça por três dias em qualquer lugar do Brasil. Certo. Guardamos os papéis e continuamos nosso caminho.

Seis meses se passaram e chegamos a São Luís, no Maranhão. Por aqueles dias, nosso cartão havia sido clonado e não tínhamos dinheiro para nada. Foi quando passamos pelo hotel da promoção na Colombo. Na hora, paramos e entramos. A recepcionista avisou que não podia fazer nada, já que precisávamos marcar com 1 mês de antecedência.

Pedimos para falar com o gerente e explicamos a situação:

– Moramos no carro, estamos muito cansados, nosso cartão foi clonado e não temos dinheiro nem para dar gorjeta ao segurança do posto de combustível à noite. Por favor! Por amor! Aceite este cupom. Não temos como agendar com trinta dias de antecedência. Precisamos hoje.

Gentilmente ele aceitou e começamos a pegar nossas coisas no carro. Sim, pois a promoção não dava direito ao café da manhã. Levamos para o nosso quarto a cafeteira, torradeira, xícaras, frutas, tudo o que era necessário para nos alimentar no fim de semana. Imaginem só: um hotel chiquérrimo e nós retirando um tanto de sacolas do carro! Decidimos levar as coisas aos poucos para não chamar a atenção de ninguém.

Nós nos acomodamos e fomos trabalhar no *lobby*.

Estávamos sentados no sofá, com os computadores no colo, quando passa o pessoal do RPM, a banda que tanto sucesso fez nos anos 1980. Olhamos e continuamos trabalhando.

Meu irmão, Agnaldo, é muito fã do Paulo Ricardo. Sugeri ao Dudu que déssemos uma de tietes, tirando uma foto para mandar para ele. E lá fomos nós! Pedimos desculpas pelo incômodo, fizemos a foto e ficamos conversando um tempão com o Paulo P.A. Pagni e com o Renato, o produtor. Foi quando o Paulo Ricardo olhou para nossa camiseta e perguntou o que era. Explicamos nosso projeto e ele disse:

– Quero ver vocês, hoje, no meu show.

Rimos e contamos que estávamos ali por sorte. Não tínhamos dinheiro para nada naquele fim de semana. Ele respondeu:

– Vão sim, e ficarão no camarote! Um dia vou ter orgulho de dizer que conheci vocês.

Uau! Em um fim de semana em que não tínhamos dinheiro para nada, ficamos em um hotel de luxo, assistimos a um show bárbaro, e ainda ficamos amigos de nossos ídolos. Só gratidão mesmo!

*

No último dia no Tocantins, rumo ao norte, acordamos com o canto da seriema debaixo da barraca e um nascer do sol lindo no rio Araguaia. Pegamos uma estrada de terra e chegamos a uma bifurcação. Confusos, pedimos ajuda a um senhor de moto que surgiu do nada.

– Vocês vão achar outro pé de galinha (bifurcação), aí na frente. Esperem um pouco. – Ele desceu da moto, pôs a mão na cintura e arrancou um facão. Rachamos de medo! O homem continuou:

– Vou desenhar para vocês. – E começou a riscar o chão para nos ensinar o caminho. Ufa! Seguimos.

Decidimos não ir por Conceição do Araguaia tanto que as pessoas falaram que era muito perigoso. Resolvemos ir direto para Marabá, via Araguaína. Paramos para abastecer, e o frentista nos informou que os índios estavam fazendo barreira na estrada. Segundo ele, tinham matado uma família que tentou passar. Vixi! Na balsa, uma mulher nos deu o mesmo aviso: "Vocês vão pro Parazão, né?! Cuidado."

Em um posto de gasolina, perguntamos qual o melhor caminho. O frentista disse:

– Tem um atalho que sai onde mataram aquele povo, e tem uns paus pretos lá. – Era Eldorado dos Carajás.*

Por sorte, encontramos uma ambulância que ia por um atalho de cem quilômetros de estrada de terra. Pedimos encarecidamente para segui-la e, embora o motorista não tenha feito cara boa, acabou deixando. A enfermeira que o acompanhava sugeriu que fossemos com

---

* Em 17 de abril de 1996, 19 trabalhadores rurais foram mortos em um confront com a Polícia Militar do Pará, numa estrada em Eldorado dos Carajás. Os trabalhadores participavam de um protesto contra a lentidão das desapropriações de terras na área. Conhecido como "o massacre de Eldorado dos Carajás", o episódio fez com que o então presidente da república, Fernando Henrique Cardoso, recriasse o Ministério da Reforma Agrária.

eles até Parauapebas, em vez de Marabá, pois já estava escurecendo. Também nos indicou um bom exemplo lá: o Instituto Samurai Zen.

Achamos mais seguro segui-los até a cidade e no outro dia partir para Marabá.

*

Muitas cidades sem estrutura nenhuma de ruas. Para onde vai o dinheiro destas prefeituras? A África é aqui.

*

Treze horas de viagem. Ufa! Treze horas de agonia! Chegamos muito sujos e suados.

Graças a Deus que seguimos com a ambulância. Se estivéssemos sozinhos teríamos morrido de medo, pois pegamos estrada à noite. Os anjos colocaram este pessoal em nosso caminho para que nosso trajeto fosse mais tranquilo psicologicamente.

No outro dia, fomos visitar o projeto que a enfermeira havia nos indicado. Conhecemos Adaias e sua esposa, Edvane, que fizeram um anexo em sua casa para atender crianças e adolescentes em situação de risco social.

A casa era pequena e o anexo menor ainda, porém a vontade daquele casal, de transformar a vida daquelas crianças, era maior que tudo. Lá, elas tinham aulas de caratê, balé e ginástica. Adaias é professor e faixa preta de caratê; Edvane responde pelo balé e pela academia de ginástica. Graças a eles, as crianças treinam e competem em pé de igualdade com os maiores lutadores do Brasil. Para isso, viajam bastante! As despesas de viagem dos atletas são pagas por amigos e comerciantes locais, porém o dia a dia do Instituto Samurai Zen sai do próprio bolso do casal, que atende (incrivelmente!) mais de oitocentas pessoas.

Que sensacional este projeto! Acho que foi o universo que conspirou para sairmos tanto de nosso trajeto – eram quase duzentos quilômetros de distância! Afinal, não teríamos passado nem perto de Paraupebas se não fosse o medo de pegar a estrada, à noite, para Marabá.

*

    Seguimos viagem e, na saída de Goianésia do Pará, na rodovia PA-150, fomos parados por policiais. O medo que sentimos no dia anterior voltou.

    Havíamos sido alertados de que esta rodovia era muito perigosa por causa dos buracos, da falta de acostamento, de assaltantes e de alguns policiais corruptos. Porém, a Cabo Gleidy, que nos parou, nos recebeu assim:

    – Como está a viagem? Estão precisando de alguma coisa? Se precisarem de banheiro, de água, de qualquer coisa, podem contar conosco.

    Uau! Que tapa com luvas de pelica nas informações negativas que recebemos! Rodamos por toda a rodovia e fomos recebidos muito bem por policiais, índios, moradores e por todos que encontramos pelo caminho.

*

    Entre Tocantins e Pará, vivemos dez dias muito intensos! Foram 3.146 quilômetros rodados, sendo 1.432 de estrada de terra e buracos, e mais 1.714 de asfalto muito ruim. Minha coluna começou a doer e fiquei enjoada. A sensação era de que meu coração migrara para a barriga, e meu cérebro para o pé. A última estrada, a Transamazônica, era a campeã de buracos, com dez quilômetros asfaltados e o restante, terra. Muitas pontezinhas de madeira sem estrutura para veículos passarem. Nosso carro ficou todo empoeirado – por dentro! As panelas ficaram todas sujas. Todas as nossas canecas, os copos e pratos se quebraram. Achei um parafuso no meu pé. Seria de onde? O carro sacudiu tanto que saiu tudo do lugar.

    O frigobar parou de funcionar e o *cooler* automotivo, nossa segunda opção para ter água gelada e manter os alimentos, também pifou. Uma peça do farol ficou pendurada na frente do carro. Entrou poeira dentro da lente da máquina fotográfica, e um cisco manchou todas as fotos.

    O armário empenou. As portas do armário de roupas não fechavam mais.

Fomos até Altamira e voltamos, chegando a Tucuruí. Dali, pegaríamos uma estrada melhor para Belém.

Estávamos exaustos e com fome. Fui pegar alguma coisa para comer e, quando abri o armário, ele se desfez inteiro; todos os parafusos se soltaram. Diz o Dudu que o armário estava tão tenso, mas tão tenso, que na hora em que chegou à cidade ele relaxou e ficou com "parafusos a menos". Ainda bem que foi só isso. Continuamos inteiros, ou pelo menos quase. Esperamos que os parafusos perdidos não sejam de nossa cabeça.

Nunca perdemos o ânimo para rir dos nossos pequenos dramas de cada dia! No banho, quando ensaboava meu corpo, saía um caldo grosso de poeira. Quando sequei meu rosto com a toalha, minha fisionomia ficou gravada em pó. Um retrato! Mesmo assim estávamos felizes.

O melhor de tudo isso foi que, mesmo fazendo praticamente um *rally*, conseguimos identificar projetos lindos, como o Xingu Vivo, a Casa da Divina Providência, o Viver, Produzir e Preservar Transamazônica, e assim acumulamos muitas histórias do bem para contar.

*

Sabe aquela expressão "do Oiapoque ao Chuí"?

Tratava-se de uma referência a dois extremos territoriais do país, no norte e no sul, respectivamente. No entanto, ao pé da letra, não corresponde mais exatamente à realidade. Uma expedição realizada em Roraima, em 1998, comprovou que o Monte Caburaí (no município de Uiramutã, em Roraima), e não o rio Oiapoque (no Amapá) é o verdadeiro extremo norte do Brasil. Da mesma forma, quando se chega ao Rio Grande do Sul, há quem diga que Barra do Chuí (no município de Santa Vitória do Palmar) é o extremo sul do país.

O nome Oiapoque tem origem tupi e significa "casa dos Wajãpis" ou "casa dos guerreiros". Se estamos em busca dos heróis de nosso país, é claro que tínhamos que chegar até lá. Nosso destino ficava a quase seiscentos quilômetros de Macapá, a capital do estado do Amapá, divididos mais ou menos assim: quatrocentos quilômetros de asfalto; 110 quilômetros de estrada de terra; cinquenta quilômetros de asfalto. Abastecemos em Macapá e nos alertaram de que não existiam muitos postos de combustível no trajeto; quando havia, não aceitavam cartão, apenas dinheiro.

Apesar de não andarmos com dinheiro no carro, cabe muito combustível no tanque do nosso carro. Fomos tranquilos. Tanque cheio, pé na estrada! Em busca de bons exemplos nos extremos do Brasil! Em busca de bons exemplos por todo o Brasil! Uhu!

Nossa alegria acabou quando percebemos que grande parte do trecho asfaltado da estrada era, na verdade, uma colcha esburacada, especialmente difícil de percorrer na temporada chuvosa. Para piorar a situação, estávamos a 120 quilômetros de Oiapoque e a luz do tanque de combustível acendeu.

– Quantos quilômetros um carro percorre com o combustível reserva? – perguntei.

O semblante do Dudu se transformou. O silêncio pairou dentro do carro, e só ouvíamos o ruído do motor a diesel quebrando a quietude ensurdecedora da floresta. Continuamos por dez, vinte, trinta, quarenta, cinquenta quilômetros e nada de ver posto algum. Não cruzamos com qualquer carro. A estrada estava totalmente deserta!

Cinquenta quilômetros depois, Dudu disse:

– Vamos entrar em alguma dessas vicinais. Talvez cheguemos a alguma tribo indígena e eles tenham combustível.

Em seguida, ele mesmo desistiu da ideia: se não encontrássemos ajuda nas vicinais, não haveria combustível para voltar à estrada. Enquanto isso, o ponteiro continuava colado no painel. Olhei para cima, coloquei as mãos no teto do carro, onde tem um adesivo escrito "Jesus Cristo e os anjos guardiões estão conosco nesta viagem do bem!", e falei alto:

– Não sei de onde tiramos essa ideia maluca de caçar bons exemplos, então, agora, ajuda aí! Por favor! Por amor!

Continuamos nossas orações em silêncio. Então, de repente, surgiu uma placa indicando que estávamos próximos à cidade. Comecei a gritar:

– Estamos chegando! Estamos chegando!

Avistamos um posto de combustível, e Dudu virou o volante para entrar. O carro parou pouco antes de chegar à bomba. A frentista, espichando no limite a mangueira para alcançar a tampa do reservatório, perguntou:

– Pode completar?

Começamos a chorar.

*

Destino? Coincidência? Presente?

No extremo sul tivemos outra experiência parecida. Antes de chegarmos ao Chuí, último destino de nossa expedição, fomos conhecer um projeto em Santa Vitória do Palmar. Chegando lá, demos literalmente com a cara na porta. O projeto estava fechado. Ligamos, e as fundadoras não quiseram nos atender. Colocaram empecilhos e desculpas.

Ficamos extremamente tristes, pois era nosso grande desejo cadastrar um projeto no extremo sul do país. Perguntamos para as pessoas, e nada.

Durante todo o percurso pelo país, Dudu usou um colar com um pingente do mapa do Brasil. Pois naquele dia, em Santa Vitória do Palmar, andando pelas ruas, ansioso por encontrar um projeto, ele percebeu que havia perdido o pingente. Ficou desolado e disse:

– Rodamos o Brasil inteiro para eu perder justamente aqui, na última cidade?

– Deve ser porque acabamos esta primeira etapa do Brasil, e o pingente era um símbolo. Talvez devamos começar uma segunda etapa. Pense que ele o acompanhou durante todo o percurso, e este elo foi desfeito no lugar certo – respondi.

Entramos na internet, contrariados. Até então, não havíamos pesquisado nenhum projeto na rede: todos tinham partido de indicações de moradores de cada cidade. Não poderia ser no fim de nossa expedição!

Digitamos o nome da cidade e apareceu na tela um *card*: um desenho com uma estrada, corações, nuvens e a frase: "Precisamos de voluntários!"

Ops! Reconhecemos o desenho: é nosso; foi feito especialmente para os Caçadores pela Carol, do Estúdio 812, uma voluntária que conhecemos em São Paulo, mas, por coincidência, descobrimos ser de Divinópolis, nossa cidade! O desenho ilustrava informações sobre uma ONG da cidade. Estranhamos e entramos no perfil da ONG João-de-Barro, no Facebook, para entender.

Encontramos esta descrição: "O ser singular de cada membro não nos define. Não somos um só, somos muitos, somos múltiplos e plurais, somos muitos rostos e ainda muitos outros, somos um pouco de cada um de vocês e vocês são um pouco de cada um de nós. Juntos realizamos. Juntos podemos. Juntos construímos nosso ninho, como o joão-de-barro, com muito trabalho, dedicação e principalmente alegria e união. A solidariedade presente nas relações interpessoais inspira a ação deste grupo voltado para a melhoria da vida comunitária e preparação de jovens que possam efetivamente se tornar cidadãos."

Na hora pegamos o número de telefone e ligamos para a fundadora, que prontamente nos presenteou com sua história.

E era um projeto lindo! A ONG João-de-Barro atende crianças e adolescentes em contraturno escolar. Ela nos contou que estava precisando de mais voluntários e uma amiga, que era nossa seguidora, copiou o desenho dizendo que não íamos nos importar; ela tinha pensado assim: "Talvez os Caçadores nos tragam sorte!" Rimos muito e perguntamos como tudo começou. Ela nos contou sobre o dia em que viu um joão-de-barro construindo seu ninho tendo como única ferramenta seu pequeno bico.

– Se um passarinho pequenino, com todas as limitações, constrói uma casa tão resistente, imagina o que nós, seres humanos, podemos construir juntos?

*

Sim, com certeza podemos construir casas, *cards*, relações e um mundo bem melhor! Sempre juntos!

LUXO

Um dia, estávamos almoçando debaixo de uma árvore e um casal de moradores de rua se aproximou.

– Você me dá o que sobrar de seu almoço? – nos disse um deles. Na hora, pensei: "Por que o que sobrar?" Não ia sobrar, já que fazemos sempre o suficiente para nós dois. Dei o que a gente tinha de comida, mas a mulher não aceitou.

– Pode comer primeiro, eu só quero a sua sobra.

Senti um nó na garganta, coloquei a comida em uma vasilha, entreguei para a mulher.

– Eu estou bem. Você merece muito mais do que sobras. Com as mãos unidas na altura do peito, ela disse:

– Você não é obrigada a fazer isso. Eu não sou obrigada a lhe agradecer. Por isso, não vou dizer "Muito obrigada", mas quero olhar dentro de seus olhos e dizer: gratidão!

Ela aceitou a comida, virou as costas e saiu andando pelas ruas de Macapá, Amapá.

*

Foi quando ouvimos uma música linda vinda das palafitas, casas sobre plataformas sustentadas por estacas de madeira sobre a água dos rios. Chegando mais perto, descobrimos a primeira orquestra quilombola do Brasil, a Orquestra Quilombola do Curiaú, que foi montada, em 2006, pelo maestro Elias, para transformar jovens por meio da música, levando o grupo para apresentações em pontes, comunidades ribeirinhas e áreas praticamente intransitáveis. Contudo, o objetivo é muito mais ambicioso, e está dando certo.

– Não queremos apenas formar músicos, mas desenvolver a criatividade, a sensibilidade e a integração dos alunos – diz o maestro, que tem um sonho: estimular cidadãos capazes e socializados.

*

Macapá é a única capital do Brasil cortada pela linha do Equador. Assim, parte da cidade fica no Hemisfério Norte e parte no Sul. Estávamos no Meio do Mundo, no Marco Zero, e precisávamos ir para Santarém.

O caminho mais curto previa um trajeto em balsa, mas sairia caríssimo. Os moradores nos orientaram a descer de carro até Almerim, cruzando a floresta, e depois pegar a balsa por lá. Foram 236 quilômetros de estrada de terra com muitos buracos. E o cara disse que a estrada estava boa. Imagina se estivesse ruim? Acho que a interpretação local é assim: a estrada está boa quando é transitável e o viajante chega ao seu destino. Não importa como. E ruim quando não passa ninguém. Só pode!

Já que estávamos no coração da floresta, resolvi fazer fotos do reflexo do carro nas poças d'água. Em uma delas, parece que o carro estava batendo asas. O Dudu sempre ficava tenso quando eu pedia para parar o carro, mas ao ver as fotos ficava feliz. Foi uma experiência incrível pela floresta amazônica.

Anoiteceu e dormimos em uma comunidade. Pela manhã, depois do banho, encontrei uma centopeia na toalha. Será que havíamos dormido com ela dentro da barraca?

Paramos para almoçar e colocamos um sonzinho de fundo, delicioso. Fiquei dançando na estrada, já que não passava ninguém, mesmo. Dirigíamos horas sem cruzar com nenhum carro. Estrada linda em meio à natureza. A caminho de Laranjal do Jari, uma nuvem de borboletas amarelas seguiu nosso carro. Lindo! Um presente para compensar a estrada horrível! Mais adiante, paramos em outra comunidade.

Era aniversário do Dudu. Armamos nossos pertences em um posto e fomos fazer um jantar comemorativo. Não conseguimos abrir a torneira do banheiro e cozinhamos só com a água mineral que tínhamos. Quando terminamos, abrimos o banheiro e lavamos os pratos e panelas no chuveiro. O cheiro de esgoto era terrível. Achei uma barata e um barbeiro. Quando fui pegar o celular em cima da mesa, havia outra barata em cima dele.

Foi uma comemoração com convidados bem diferentes dos que estávamos acostumados a receber!

*

Vimos borboletas azuis, miquinhos atravessando a pista, capivaras e muito bichos que não soubemos distinguir. Encaramos muita lama e quase atolamos várias vezes. Em um trecho, a largura da estrada diminuiu; fomos mais devagar e avistamos dois carros parados, um deles atolado. Tentamos ajudar, sem sucesso. Tínhamos quatro possibilidades: esperar; tentar passar, podendo derrapar e bater; tentar passar, com possibilidade de cair na ladeira; ou conseguir passar. Dudu tentou passar ao lado, porém nosso carro derrapou e quase bateu. O jeito foi esperar até um caminhão retirar o carro.

Dudu ficou nervoso porque eu estava rindo e queria tirar foto do carro na lama. Valia a foto: o carro ficou todo enlameado!

Passamos por uma ponte e depois dela havia uma placa: "Parabéns, você conseguiu. A curva da morte não te pegou".

Que recepção, hein?

*

Chegamos em Almerim.

Dormimos no mirante e à noite requentamos e incrementamos o macarrão do dia anterior. É muito difícil lavar as coisas de cozinha no banheiro. Havia uma aranha enorme à espreita. Olhei para o lado e quando voltei o olhar para o lugar onde ela estava... Pluft! Havia sumido. Não sei o que é pior. Ver a aranha gigante ou perdê-la de vista.

Naquela noite choveu muito e tive medo de, no dia seguinte, pegar a balsa para descer até Santarém. Mas, ao amanhecer, resolvemos encarar. Disseram que precisávamos chegar cedo. Havia acordado às 4:00 para pegar lugar na balsa; ela só chegou às 6:00 para partir às 8:00. Entramos, estacionamos o carro e fomos para a parte de cima do barco.

Um rapaz nos questionou:

– Vocês reservaram camarote? – Camarotes são pequenos quartos no barco. A resposta era não. Não tínhamos dinheiro. Então o funcionário quis saber onde estavam as nossas redes.

Redes? Olhei para o Dudu. Dudu olhou para mim. Caímos na gargalhada. Não tínhamos pensado nisso. Não tínhamos rede. Como íamos passar a noite?

Explicamos nosso projeto para o rapaz, que tinha o apelido de Mestre, e pedimos para ficar em nossa barraca, já que o carro estava no barco.

– Não posso deixar vocês ficarem no carro, mas vou emprestar duas redes. – Ele nos trouxe as redes, lindas. Elas nos salvaram na noite fria.

Os demais passageiros tinham redes muito chiques. Cada uma tinha um detalhe diferente: bico de crochê, renda, oncinha, xadrez. Nunca tinha visto aquilo – tantas redes grudadas uma na outra.

*

Santarém, Pará, é banhada pelo rio Tapajós, um dos principais afluentes da margem direita do Amazonas. No verão, com a redução do volume de água, essa extensa avenida fluvial revela 132 quilômetros de praias de águas translúcidas e areias branquinhas. Em frente à orla de Santarém, a foz é palco de outro memorável espetáculo: o encontro dos rios Tapajós e Amazonas, quando as águas azul-esverdeadas do primeiro juntam-se às de cor barrenta do maior rio do mundo, e correm paralelas sem se misturar ao longo de muitos quilômetros.

Fantástico! Maravilhoso! Show! Lindo! Não estamos falando do lugar. Sim, a Amazônia é linda, mesmo. No entanto, o que estamos tentando descrever é o Saúde e Alegria, que trabalha com educação, saúde, comunicação e diversão nas comunidades ribeirinhas. É até difícil descrever este projeto, seus colaboradores e o grande mocorongo Eugênio. Adoramos conhecer tudo e todos! As dificuldades não abalam a seriedade deste trabalho, que tem vários braços: Rede Mocoronga, Abaré-Saúde Fluvial, Mapeamento Participativo, Artesanato na Floresta, Ecoturismo Comunitário e Circo Mocorongo, todos sob o guarda-chuva do Saúde e Alegria.

Nos anos 1980, o então jovem estudante de infectologia Eugênio Scannavino Neto decidiu largar tudo, inclusive uma carreira promissora em São Paulo, rumo ao Norte do país. No Pará, constatou que o povo mocorongo (como são chamados os nativos de Santarém e redondezas) era vítima de várias doenças simplesmente por falta de informação sobre cuidados básicos de saúde. No começo, Eugênio ensinava às pessoas destes povoados a combater a desnutrição e a diarreia, uma das responsáveis pelos altos índices de mortalidade infantil da Amazônia paraense. "Como alguém pode morrer por algo tão simples?", perguntava-se ele.

Nas aulas, dava dicas simples de higiene pessoal, gravidez, doenças sexualmente transmissíveis, saúde bucal e condições sanitárias, explicando como usar o cloro para tratar a água, preparar soro caseiro, tratar o lixo e o esgoto e construir pisos de cimento para impermeabilizar as fossas sanitárias. Ainda nos anos 1980, Eugênio, em parceria com seu irmão, Caetano, e com a arte-educadora Márcia Gama, ampliou o número de pessoas beneficiadas por suas dicas práticas de saúde e educação.

De lá para cá, o projeto agregou muitos empreendedores sociais da região, e foi além dos atendimentos médicos, tornando-se referência como instituição fomentadora de desenvolvimento sustentável. Hoje, o Saúde e Alegria atua diretamente em quatro municípios da região oeste do Pará, beneficiando cerca de trinta mil pessoas!

De volta ao barco, acomodamos nossas redes para seguirmos para a próxima cidade. Então, percebi que tinha esquecido meu *tablet* em cima da mesa de Eugênio. Liguei para ele, desesperada, já que o barco estava quase partindo. Rápido como um pássaro, chegou Eugênio dentro do carro, balançando o braço para fora da janela e sacudindo o *tablet*.

Não sabia se ria da cena ou se corria na direção dele. Agradeci às gargalhadas e entrei no barco, que já estava aquecendo os motores para a partida.

*

Na parte da manhã tínhamos saído para comprar redes, depois de devolver as emprestadas. A atendente da loja havia nos mostrado redes maravilhosas, com barrados incríveis e tamanhos gigantes: poderíamos nos enrolar inteiros! Eram muito caras. Optamos por duas redes de nylon camufladas, bem mais em conta.

Conseguimos um espacinho para instalá-las e tive dúvidas sobre se aguentariam nosso peso. Consultei nosso vizinho, que disse:

– Aguentar, aguenta, mas elas escorregam muito e são vocês que não vão aguentá-las por causa do frio.

Foi aí que descobrimos o porquê do preço.

Cada pessoa dorme em sua rede individual e em posição alternada: a cabeça precisa estar ao lado dos pés da rede vizinha. Fiquei virando a noite inteira na rede, insone, e quase caí. Li um livro inteiro.

Dormi mal porque estava muito apertado e eu não conseguia nem me virar na rede. Uma senhora ao lado do Dudu batia o bumbum nele, que batia em mim, que batia na rede ao lado e todas as redes balançavam. Muito engraçado... Fui ficando enfezada!

Uma criança caiu da rede e chorou muito! Apareceu um cachorro debaixo da rede vizinha. Deixei meu travesseiro cair no chão e ele foi arrastado pelo cachorro.

Pela manhã, como se não bastasse, o cara da rede ao lado pôs para tocar no celular, na maior altura, umas músicas com letras bem pornográficas. Respeito zero! Ouvir música é muito bom, mas precisamos respeitar o direito do outro. Não podia ter colocado um fone de ouvido?

*

Chegamos em Parintins, a capital mundial do folclore, e as primeiras indicações foram os projetos sociais dos bois mais famosos do mundo: a Universidade do Folclore do Boi Garantido e a Escola de Artes do Boi Caprichoso. Contudo, também nos indicaram o Viva Som, que trabalha com deficientes auditivos, e o Alfabetiarte, que, como anuncia o nome, prega uma alfabetização baseada na arte.

*

No outro dia pegamos outra balsa. Pelo caminho, as pessoas jogavam bolachas no rio para as crianças ribeirinhas, que remavam ao lado do barco disputando as guloseimas. Ao nosso lado, olhando a cena, quatro crianças debochavam da situação. Não sabíamos o que era mais triste: os ribeirinhos, ou as crianças na balsa ridicularizando as outras. Fiquei bem abalada e chorei demais. É muita humilhação: crianças entre cinco e dez anos remando para pegar um pacote de biscoito. E as crianças na balsa gritando e mandando-as pescar.

O que dizer, então, da atitude dos adultos que acham normal jogar pacotes de salgadinhos e de bolachas no rio, tratando outras crianças daquela forma?

*

Continuamos descendo o rio Amazonas até Manaus. À noite fez frio e nossa rede não aquecia, o que me fez acordar a noite inteira. Cedinho, resolvi tomar banho; na noite anterior não fora possível, pois a água do banheiro tinha acabado. Ironia do destino, em pleno rio. Estávamos muito suados por causa do calor do dia.

O barco estava lotado, todas as redes coladas umas nas outras, o que tornava impossível passar sem acordar as pessoas. Mesmo assim, decidi sair. Arrastava-me pelo chão, passando entre o bumbum dos passageiros e as malas que ficavam sob cada rede. Esta sensação de rastejar também mexeu muito comigo.

No banheiro, o cheiro era insuportável: imagine mais de cem pessoas utilizando um vaso sanitário sem água. Em um gesto de desespero, abri a torneira do chuveiro, que se encontrava em um estado bem precário. Escorria um fio d'água. Tirei minha roupa e deixei as gotas caírem sobre minha cabeça. Tentava ensaboar o corpo, mas não conseguia. Diante daquela sujeira, da precariedade de tudo e da noite insone desatei a chorar, pensando: "O que eu fiz da minha vida? Para que isso? Seria muito mais fácil se continuássemos a vida que levávamos antes!" Tudo o que tínhamos ouvido voltou com força total à minha mente: "Vocês acham que vão mudar o mundo?" Lembrei as minhas roupas, os sapatos, as bolsas, as festas. Sempre fui extremamente vaidosa. Meu guarda-roupa era imenso. E tudo o que temos hoje está dentro do carro e em um quartinho nos fundos da casa de minha mãe. Só podíamos estar loucos mesmo!

Naquele momento, sem respirar direito por causa do mau cheiro, entrei em pânico. As lágrimas que escorriam dos meus olhos eram mais numerosas do que as gotas que desciam do chuveiro. Virei a cabeça para o outro lado da parede e procurei alguma entrada de ar. Precisava respirar.

Foi quando avistei uma fenda. Por ela, vi o nascer do sol entre as árvores da Floresta Amazônica. Um espetáculo incrível da natureza. Naquele lugar extremamente simples, sujo e malcheiroso, diante daquela imagem, posso dizer que vivi uma mistura de emoções e uma transformação indescritível de sentimentos.

Que imagem linda! Que pintura divina! Nenhum dinheiro no mundo pode comprar aquela imagem.

Nenhum quadro, por mais valioso que seja, do pintor mais famoso do mundo, seria mais bonito que aquela cena.

*

Esta é a prova de que luxo é saber encontrar e valorizar a beleza que existe em todos os lugares. Por pior que seja a situação, sempre haverá uma luz. Este foi um dos ensinamentos mais belos que já recebi em toda a minha vida.

SERÁ QUE O DINHEIRO VAI DAR?

Esta era a pergunta que mais ouvíamos.

E a resposta era fácil: Não! Nosso dinheiro acabou em janeiro de 2013. Nunca fomos ricos. Vendemos o que tínhamos e o que nos restou foi o carro. No entanto, moramos nele, não poderíamos vendê-lo faltando três anos para terminar a expedição. Por mais que não tenhamos muita estrutura no carro, ele é o nosso porto seguro.

Pensamos: "Vamos financiar o carro, pagar as mensalidades e no fim do ano o vendemos. Pelo menos viveremos mais 12 meses na estrada."

Nunca contamos a ninguém sobre o financiamento bancário que nos permitiu continuar a expedição. Nossa família seria capaz de nos buscar para nos internar, achando que tínhamos ficado loucos de vez!

Sem apoio e sem patrocínio, nosso plano era vender o carro no final do ano para quitar a dívida e continuar nossa expedição em 2014 e 2015.

Durante dois anos e meio, nos negamos a dar entrevistas para televisão por acreditar que quem deveria aparecer era os projetos e não nós. E sempre oferecíamos as informações sobre eles gratuitamente. Até então, nunca havíamos catalogado quantos projetos visitamos, quantos quilômetros rodamos; isso não nos interessava. O importante era apenas divulgar os projetos, e não os números.

Um dia, uma pessoa que era muito ligada a estatísticas sugeriu que fizéssemos este levantamento, até por curiosidade. Fizemos e nos surpreendemos, mas apenas seguimos adiante.

Passados uns dias, Vera Souto, produtora do *Fantástico*, da Rede Globo, ligou para nós. Na época, tínhamos conhecido setecentos projetos e falamos que não queríamos aparecer, mas que ela poderia ter acesso a todo o nosso material e divulgar as iniciativas que tínhamos visitado. Ela disse:

– Que bacana! Muito obrigada por compartilhar conosco os projetos. Porém, de setecentas histórias, vamos escolher no máximo três; já se contarmos a história de vocês, estaremos falando automaticamente dos setecentos projetos.

Ela tinha razão. Caíram por terra todos os meus argumentos. Aceitamos participar da reportagem e a matéria ficou simplesmente maravilhosa! Literalmente fantástica!

Assistimos ao programa em um posto de combustível que tem uma loja de conveniência com TV. Havia muitos desconhecidos, e todos choraram conosco. Recebemos incríveis 16 mil e-mails em cinco minutos e milhares de mensagens nas redes sociais. As pessoas nos diziam que nossa história era tudo o que precisavam ouvir. Que tínhamos devolvido a elas a crença no ser humano. Foi muito carinho. Muitas mensagens maravilhosas! Sempre quisemos provocar as pessoas, mas nunca imaginávamos emocionar tanto! O telefone não parou de tocar. No dia seguinte, um rapaz de Niterói ligou às 8:00 dizendo que não tinha conseguido dormir. Precisava falar conosco para nos contar que se sentiu motivado a ajudar quem precisa! Várias pessoas paravam a gente no trânsito, buzinando, fazendo "joinha", coraçãozinho, dizendo "Não parem! Continuem!". Lindo demais esse carinho.

A TV nos ajudou a espalhar sementinhas do bem. Sinceramente, acreditamos que um mundo melhor se faz por meio da divulgação do bem. Não conseguimos mudar o planeta, mas tenho certeza de que conseguimos mudar o mundo de centenas de milhares de pessoas. Sim: as boas atitudes são a maioria! E todo ser humano tem esse sentimento dentro dele; basta alguém despertar.

Foi isso que aconteceu: a matéria despertou o lado luminoso de muita gente! Quantas pessoas agirão em favor do próximo depois de conhecer a nossa história? Talvez nunca saibamos. Porém, tenho certeza de que elas nunca mais serão as mesmas. Um incômodo do bem foi gerado. Hoje, amanhã ou daqui a dez anos elas irão se lembrar de que há por aí um tanto de Maria, Tião, Carol, Rubens, Joaquim, Adalberto, Patrícia, René, José, Eugênio... E que, se tantas pessoas fazem, elas também poderão fazer algo. Afinal de contas, todo mundo pode mudar o mundo, né?

> *"Você nunca sabe que resultados virão da sua ação. Mas, se você não fizer nada, não existirão resultados."*
>
> GANDHI

Seremos sempre gratos a Vera Souto, que nos encontrou, ao Lúcio Alves, que captou imagens emocionantes, ao Raerbeson Carvalho, pelo áudio perfeito, ao Joelson Martins, pela edição deliciosa, e ao Marcelo Canellas que, com sua sensibilidade, fez uma matéria linda que captou a emoção que nos mantém na estrada. Muito, muito obrigada por vocês existirem! Ah, e muito obrigada por fazeros outros mudarem de opinião. Ninguém conseguia entender nosso projeto. Depois dessa reportagem, todos viram nossa emoção diária e começaram a entender.

*

Depois da reportagem, aconteceu algo mágico: recebemos milhares de mensagens de pessoas querendo doar dinheiro para nosso projeto. O *Fantástico* tornou pública a informação de que iríamos vender o carro para continuar a expedição. E nós não sabíamos o que fazer. Pessoas querendo ajudar, mas nós não sabíamos nem o que responder. Ninguém sonhava com a dívida que tínhamos.

Em tese, estávamos com a faca e o queijo na mão. Tínhamos uma dívida e um monte de gente querendo nos doar dinheiro. Contudo, será que deveríamos aceitar?

Depois de muito choro, eu disse para o Dudu:

– Esse dinheiro vai resolver o nosso problema material, mas não vai mudar o mundo de ninguém. As pessoas continuarão passando ao lado dos projetos perto de suas casas sem ajudar. Ninguém sabe de nossa dívida mesmo, e a venda do carro já está definida. Sem traumas, então. Vamos aproveitar esta oportunidade para criar vínculos entre as pessoas. Vamos pedir a quem quiser nos ajudar que entregue o dinheiro para projetos perto de suas casas. Vamos pedir que ajudem ao próximo que está próximo e não ao próximo que está longe.

Foi o que fizemos. Postamos nas redes sociais que não aceitaríamos doações em dinheiro; quem quisesse nos ajudar deveria destinar esta ajuda a projetos em suas cidades.

Aí foi outra loucura total. As pessoas não acreditavam que não iríamos "aproveitar" essa oportunidade para arrecadar dinheiro. Recebemos milhares de mensagens de pessoas nos chamando de orgulhosos e irresponsáveis. Houve quem nos ligasse tentando nos convencer. Tinha gente que dizia "Como assim? Vocês não querem o meu dinheiro?". Então, nos lembramos de um projeto que encontramos em São Paulo e justificamos nossa atitude com esta história.

*

Em 2011, conhecemos Ute, uma mulher que, 33 anos atrás, abriu a porta de sua casa para uma criança que estava pedindo esmola e que lhe perguntou:

– O que você tem para me dar?

Ute pensou: "As pessoas sempre dão dinheiro e essa criança está pedindo outra coisa. Tenho muito mais que dinheiro, para dar. Tenho o conhecimento para educar e transformar esta comunidade." No dia seguinte ela começou a trabalhar com as crianças e hoje atende mais de cinco mil famílias na periferia de São Paulo com a Associação Comunitária Monte Azul.

Nós nos sentimos como aquela criança. Queremos muito mais que dinheiro das pessoas. Queremos aquilo que elas têm de melhor, e não é o que está na conta bancária. Pode ser um abraço, um beijo, um carinho, um café, um acolhimento e, principalmente, o trabalho ao qual elas escolheram dedicar sua vida. Queremos aquilo que as pessoas sabem e gostam de fazer: o seu trabalho.

Desde então, sempre que alguém nos oferecia dinheiro, era esta pergunta que fazíamos: "O que você tem de melhor para nos dar? Com certeza, será algo muito mais valioso do que somente o seu dinheiro!"

E, assim, continuamos sem dinheiro, endividados, no vermelho, mas com o coração cheio de alegria quando chegavam mensagens de pessoas que estavam se mobilizando para ajudar o próximo que realmente estava próximo. Pessoas que nunca ajudaram alguém e agora estavam ajudando. Pessoas que se inspiraram nas histórias e iniciaram projetos. Pessoas que se tornaram caçadores de bons exemplos.

*

Seguimos nosso caminho, até que em um dia estávamos parados com o carro na rua, lanchando, quando recebemos uma ligação da produção do programa *Caldeirão do Huck*, da Rede Globo, nos convidando para participar do quadro "Agora ou Nunca".

Achei que era um trote, mas mesmo assim passei todas as informações para o Rafael, o produtor do programa, e disse:

– Podemos participar, sim, mas em vez de nos pagar o valor do prêmio, queremos que vocês destinem o dinheiro para ajudar os projetos que conhecemos.

Passados alguns minutos, ele nos liga novamente e diz:

– Vocês são mais malucos do que imaginamos. Podem vir até o Rio de Janeiro conversar conosco pessoalmente? Eu poderia ir até vocês, mas outras pessoas da equipe querem ouvir essa história.

Marcamos o dia e eles enviaram as passagens aéreas. Chegamos ao Projac e fomos para a sala de reuniões. Eu tremia mais que vara verde, como falamos em Minas Gerais. Estava muito nervosa. Conversamos bastante com Clarissa, Fernando, Raphael Marques, Raphael Prado e com a Cris. No final, eles disseram que o quadro tinha um formato que não dava para mudar. Teríamos que receber o dinheiro se superássemos o desafio. Eram trinta mil reais e teríamos que estar no programa no dia 28 de outubro.

Minha garganta secou, meu coração disparou e, quando olhei para o Dudu, lágrimas começaram a descer por nosso rosto como uma cachoeira em época de chuva. Todos se preocuparam e perguntaram por que chorávamos. Expliquei:

– Ninguém sabe, nem a nossa família, mas temos uma dívida de 36 mil reais e 28 de outubro é o dia do meu aniversário. Vocês estão nos dando o maior presente de aniversário que eu poderia imaginar.

Foi mágica a energia dentro daquela sala.

*

Continuamos nossa viagem em busca do bem e, no dia 28 de outubro, pegamos o avião para o Rio de Janeiro. A gravação aconteceu quatro dias depois. Foi um momento incrivelmente maravilhoso! Dudu estava atrás do palco, esperando para entrar. Primeiro passaram a reportagem emocionante do Marcelo Canellas. Depois a porta se abriu, e o Dudu entrou chorando como uma criança de emoção. Não aguentei! Foi sensacional sentir toda a energia da plateia ali de pé, batendo palmas e chorando conosco. As palavras de carinho do Luciano Huck foram como um combustível para continuarmos neste caminho. Foi um dia único em nossa vida! Nas provas, o Dudu quase nos matou do coração. Na última tentativa de lançar uma bolinha dentro de um tubo, ele conseguiu. Ganhamos o prêmio que simbolizava um presente do universo. No final, depois de muito choro de alegria e muita emoção, ainda tivemos outra surpresa: ganhamos um VW Delivery, que poderia gerar recursos para a expedição.

Uma das produtoras nos contou que não conseguia dormir pensando que, mesmo que ganhássemos o prêmio, ainda faltariam seis mil reais para quitarmos a dívida e ainda teríamos que vender o carro. Por isso decidiram nos presentear com o VW!

O *Caldeirão do Huck* foi um grande apoiador da continuação de nosso projeto. Gratidão eterna ao Luciano Huck, por ter nos proporcionado um momento tão especial e por realmente ser simplesmente incrível.

*

Como comecei a trabalhar muito cedo e logo me tornei independente, aceitar a ajuda das pessoas sempre foi difícil. Tanta gente precisa mais do que eu. E sempre me virei bem.

Certo dia, estávamos no Espírito Santo sem carro, que tinha ido para a revisão e um amigo nos ofereceu carona. Eu disse que não precisava, que estava tudo bem. Ele respondeu:

– Precisa sim. Por favor, deixe que eu exerça a minha caridade. Nunca mais me esqueci desta frase. Quantas vezes não nos abrimos para aceitar o que o outro tem naquele momento. Mais do que nos ajudar, o outro também se sentirá muito bem.

*

Em Cuiabá, Mato Grosso, a luz do combustível do carro acendeu. Preocupados, resolvemos estacionar e refletir. Naquele dia, não tínhamos dinheiro para abastecer, exceto por um saquinho pardo, cheio de moedas, que estava ao lado do câmbio (não sei por que estava ali, mas nunca mais me esquecerei daquele saquinho). De repente, uma moto bem velha, caindo aos pedaços, veio em alta velocidade e parou em frente ao nosso carro. Um senhor magrinho de semblante sofrido, retirou o capacete e veio até minha janela. Chorando, ele colocou sua mão esquerda no meu ombro e disse:

– Meus filhos, eu sabia que um dia iria encontrar vocês. Eu sou pobre, moro em um barraco, tenho meu trabalho e o que ganho dá para comer e pagar minhas despesas. Quando vi a história de vocês na TV eu virei para minha "véia" e disse: "Tá vendo, nós não podemos reclamar de nossa vida, não. Esse casal escolheu morar em uma barraca para mudar o mundo e nós moramos em um barraco desse mundo que eles querem mudar. Eles largaram tudo para nos ajudar, sem ao menos saber que existimos. Um dia vou encontrá-los e neste dia, se Deus quiser, eu vou ajudá-los". E ainda bem, minha filha, que foi hoje, que eu recebi meu salário. – Dudu e eu começamos a chorar e ele, também aos prantos, nos estendeu uma nota de cem reais e disse:

– Sou pobre e sei que é pouco, mas é para vocês abastecerem o carro e rodarem mais alguns quilômetros sem parar.

Com o coração disparado de emoção, respirei fundo e disse:

– Não podemos aceitar, porque este dinheiro o senhor precisa doar para um projeto perto de sua casa.

Ele disse que não conhecia nenhum. Até que se lembrou de uma casa de idosos e eu disse:

– É isso. Vá até lá hoje e doe este dinheiro para eles. O senhor vai ver que sensação linda!

Ele segurou o dinheiro e falou:

– Tenho setenta anos e nunca vivi isso na minha vida. Nunca mais vou me esquecer. Prometo que vou até lá, mas vocês precisam me prometer que não vão parar com este trabalho.

Mal sabia ele que estávamos ali parados justamente por falta de combustível. No entanto, olhando dentro dos olhos dele, eu disse com firmeza:

– Fique tranquilo! Nós não vamos parar.

– Então, vão com Deus! – Montou em sua moto e foi embora.

Ficamos desnorteados dentro do carro, chorando alto. Sugeri ao Dudu que procurássemos um posto de combustível. Além do diesel, nosso galão de água também tinha acabado.

– Mas com que dinheiro vamos pagar? – quis saber o Dudu. Olhamos para o saquinho pardo com as moedas e fomos.

Assim que paramos o carro e começamos a encher o galão com água, um frentista nos perguntou como estava o tanque de combustível. Nós não queríamos conversar, ainda estávamos muito abalados emocionalmente. Apenas dissemos: "Está tudo bem, não vamos abastecer!"

Ele bateu no ombro do Dudu e falou:

– Não estou perguntando se vocês vão abastecer, estou perguntando como está o tanque de combustível, porque eu vou abastecer para vocês. Sei que não aceitam dinheiro e este é o meu trabalho, é como eu posso colaborar para vocês não pararem.

Exatamente as mesmas palavras que o senhor havia nos dito meia hora antes. Choramos ainda mais e nosso coração se encheu de gratidão. Aceitamos. Não sabemos o nome daquele senhor que queria nos doar o dinheiro nem o nome do frentista, mas aquele dia nunca mais sairá de nossa mente!

*

Outro dia, precisávamos trocar os pneus do carro, mas era muito caro. Ficamos fazendo o rodízio até o limite da vida útil dos pneus, mas não dava mais. Até o estepe já havíamos colocado para rodar. Um borracheiro nos alertou:

– Está perigoso andar com estes pneus!

Ficamos preocupados e postamos nas redes sociais um pedido de ajuda solicitando um desconto em alguma loja de pneus. Estávamos no Rio Grande do Sul.

Foi aí que apareceu Aline, de Indaiatuba, São Paulo, dizendo que não era para nos preocuparmos: ela compraria "sapatos novos" para nós! Ela nos deu os pneus. Muitas pessoas agradecem apenas quando acontece algo de ruim. Nós preferimos agradecer a ela por ter permitido que nada de ruim acontecesse em nosso caminho. Salvar a vida de pessoas, às vezes, é evitar acidentes.

*

Em outra ocasião, paramos para abastecer o carro em Guarapuava, Paraná, e, em 15 minutos, vivemos uma imensidão de sentimentos. De repente, chega uma mulher e diz:

– Estava indo para casa quando vi o carro de vocês e voltei. Quero muito colaborar com cinquenta reais para vocês abastecerem. Aceitem, é de coração e é o que posso fazer.

Dois minutos depois, chega outra senhora, aponta a mão para uma jovem e diz:

– Preciso agradecer pelo trabalho que vocês fazem, mudando a cabeça destes jovens.

Por fim, um carro para ao nosso lado e o motorista diz:

– Trabalho no Bob's e quando vi o carro de vocês pensei que deveria ajudar, mas não sabia como. Então preparei um lanche rapidinho, peguei meu carro e saí pelas ruas tentando encontrá-los. Espero que não tenham almoçado ainda.

Meu Deus! Obrigada por nos enviar anjos sem asas, que se fizeram combustível para nosso carro, combustível para nosso corpo e, principalmente, combustível para nossa alma!

*

Quase sempre, podemos escolher entre reclamar e agradecer.

Dudu e eu, quase sempre, escolhemos agradecer.

Em Curitiba, a luz de reserva do combustível da caminhonete acendeu, mas deixamos para abastecer depois. Fomos direto para o endereço onde daríamos uma entrevista ao vivo para um canal de TV.

Resolvemos estacionar em uma ladeira próxima e esperar um pouco, já que havíamos chegado bem antes do horário. Meia hora depois, resolvemos ir. Vrum, vrum. O carro não ligava. Pronto. Havia acabado o diesel. O Dudu, nervoso, foi buscar combustível no posto. Abasteceu, e nada!

Ligamos para a produção do jornal e eles foram até nós.

Ao mostrar a nossa barraca, escorreguei, o iPad caiu e quebrou! O calor do meio-dia estava intenso. Tentei pegar água, mas nossa geladeira não funcionou. Estava queimada. Nosso encontro foi no meio da rua mesmo, mas não falamos dos problemas que estávamos enfrentando.

Fomos muito bem recebidos, a entrevista foi linda e permanecemos com o sorriso no rosto.

A conversa acabou e nada do carro pegar. Ligamos para o seguro e estava vencido. Ligamos para um guincho e era muito caro. Havia uma árvore florida ao lado do carro. Sentamos e começamos a rir da situação. Tudo acontecendo em um dia só. Não é possível!

Enfim, procuramos na internet e ligamos para o primeiro SOS da lista. O mecânico chegou e arrumou o carro. Perguntamos quanto devíamos e ele disse:

– Nada. Acabei de ver vocês na TV e passei a admirar o trabalho que fazem. Meu trabalho é o que tenho de melhor!

Postamos nosso agradecimento na internet e na mesma hora um monte de gente se dispôs a arrumar o iPad. Chegamos a uma loja para arrumar o frigobar e, contando a história, o rapaz disse:

– Eu também quero fazer parte desta corrente do bem. O conserto será a minha contribuição.

Por pior que possa parecer o seu dia, sempre haverá uma recompensa.

*

Outra vez, o inversor de energia da nossa geladeira pegou fogo e queimou. Deixamos para fazer o orçamento em uma loja. Daí a pouco nos ligaram para dizer que o inversor não tinha conserto; seria preciso comprar um novo, mas era muito caro. Estávamos indo embora de Joinville quando José nos ligou e disse que queria nos ver e tirar uma foto. Ele nos encontrou no caminho e disse:

– Me deixem ajudar vocês. Não é muito, mas quero contribuir de alguma forma. – José não sabia, mas o que ele achava que não era muito, para nós era tudo. O suficiente para comprar um novo inversor e combustível para rodarmos quinhentos quilômetros.

*

Na Chapada Diamantina, conhecemos Lilian Pacheco e o projeto Grãos de Luz e Griô, uma fantástica pedagogia que resgata os saberes dos ancestrais.

O projeto Grãos de Luz e Griô foi construído pela história de vida de muitas pessoas e entidades, seus afetos, conhecimentos, conflitos e sonhos de um mundo melhor.

Em 1993, lideranças femininas da comunidade de Lençóis, Bahia, decidiram distribuir uma sopa comunitária para as crianças de famílias de baixa renda do Alto da Estrela, bairro periférico da cidade. Na mesma época, Manoel Alcântara desenvolvia um projeto de horta comunitária com crianças e adolescentes da comunidade. Em uma de suas visitas regulares a Lençóis, Jane Pellaux, brasileira, residente na Suíça, propôs a integração destas e outras iniciativas; ela e amigos da Suíça dariam suporte. Queriam criar um projeto de educação para crianças e adolescentes.

Assim nasceu o Grãos de Luz, agregando oficinas de artesanato e reforço escolar. Mais tarde, a iniciativa foi apoiada pela argentina Jimena Paratcha, ex-moradora de Lençóis, que passara a residir na Inglaterra, e por Jimmy Page, guitarrista do Led Zeppelin. A expressão "grãos de luz" lembra os mitos de chamamento do diamante aos garimpeiros da região. Além disso, no imaginário social é muito frequente a criança ser associada a uma semente. A palavra luz, por sua vez, remete à sabedoria.

A Pedagogia Griô congrega práticas e saberes de tradição oral, instigando-os a dialogar com o saber formal nas escolas. Idosos, estudantes, educadores e lideranças exploram sua identidade e sua ancestralidade, encontrando novos significados para a vida. Uma sensacional iniciativa de transformação!

*

Decidimos dormir em Mucugê, Bahia, porém chegamos tarde à cidade. Eu não estava passando bem e não conhecíamos ninguém. Procuramos uma pousada para descansar. Encontramos a Monte Azul e contamos nossa história para os proprietários Gotz e Elis.

Fomos maravilhosamente bem recebidos na pousada e, sem falar quanto nos cobrariam, os dois disseram:

– Vão para o quarto e descansem. Daqui a pouco chamamos vocês para o jantar.

Subimos, tomamos um banho e, passada uma hora, Gotz bateu em nossa porta para descermos. Elis havia feito um banquete! Sopa de abóbora, arroz integral, peixe grelhado, salada e suco de umbu.

– Quanto carinho, que lindo! Mas a mesa tem apenas dois lugares. Onde vocês se sentarão? – perguntei.

O jantar era apenas para nós dois. Mais uma vez, nos emocionamos. No dia seguinte, na hora de pagar a conta, disseram-nos que o pagamento seria a nossa amizade. Não aceitaram dinheiro.

*

Histórias assim se repetiram muitas vezes, deixando nosso coração apertado e alimentando nossa esperança na corrente do bem que, silenciosamente, se formava em torno de nós e de nossa expedição.

Contudo, só começamos a aceitar estes cuidados depois que conhecemos Sérgio, um médico no Rio de Janeiro que fechou seu consultório para juntar-se aos Médicos Sem Fronteiras, uma organização internacional independente que leva ajuda às pessoas que mais precisam. O MSF conta, hoje, com aproximadamente 22 mil profissionais de diferentes áreas, espalhados por 65 países, atuando diariamente em meio a desastres naturais, fome, conflitos, epidemias e combate a doenças.

Contando esta história para nossa amiga Helenice, em Curitiba, ouvimos dela:

– Vocês precisam aceitar ajuda financeira. Vejam os Médicos Sem Fronteiras. Se eles não tivessem financiamento, nunca atingiriam seus objetivos. Lembrem-se sempre de que vocês estão cumprindo uma missão, e que "missões se fazem com os pés dos que vão, com a mente daqueles que enviam energias positivas e com as mãos daqueles que contribuem".

Não sei se o que fazemos é uma missão. A única certeza que temos é esta: queremos todos ao nosso lado, utilizando nossos pés para caminharmos sempre juntos.

Em 2011, vimos um papel-semente – aquele que você enterra e germina – e decidimos fazer nossos cartões de visita com este tipo de papel. Ligamos para a Seed Paper e compramos mil cartões. A encomenda ficou tão linda que acabou rapidinho. Aí ligamos para o Sérgio e falamos:

– Cara, não temos dinheiro, mas nosso lema é: "Vamos juntos plantar esta semente do bem no coração das pessoas". Tem tudo a ver nosso cartão de visita ser de papel-semente.

– Onde vocês estiverem, em qualquer lugar do Brasil, eu os enviarei para vocês.

E assim fez, durante estes quatro anos. Detalhe: a primeira vez que nos vimos pessoalmente foi em 2015. Quando a amizade é sincera, a distância física é apenas um detalhe.

*

Recebemos ajudas de todas as maneiras na estrada. Combustível, um abraço, banheiro limpo, mensagens de incentivo, cartão de papel-semente, amor, jantares, almoços, presentes, hospedagem, palavras carinhosas, dinheiro (sim, depois de muito tempo aprendemos a aceitar, por descobrirmos que, às vezes, o dinheiro é a única coisa que pode resolver alguns problemas), cama arrumada, alimento, sabonetes, um cafezinho, ajuda profissional, remédios, voluntariado e pão quentinho.

"O dinheiro faz homens ricos.
O conhecimento faz homens sábios.
A solidariedade faz grandes homens!"

BARACK OBAMA

O BRASIL QUE NOS ADOTOU

♥

As ruas de Rio das Ostras, Rio de Janeiro, fervilhavam de tanta gente. Rodamos vários quarteirões até que achamos uma vaga. Era na porta do restaurante Bartrô, um lugar muito charmoso, onde, obviamente, nem cogitamos entrar.

Estávamos descendo do carro quando Tânia e Pedro, proprietários do restaurante, vieram até a porta e puxaram conversa sobre as bandeiras dos estados que estampam nosso carro. Tânia nos convidou para ficarmos em um dos quartos do *flat* atrás do restaurante. Aceitamos.

Quando fomos nos deitar, percebemos que havia um adesivo na mesa com a palavra: "Adote". Nada é por acaso: era um projeto lindo iniciado por eles e por um grupo de pessoas de Rio das Ostras – um grupo de apoio à adoção.

Tânia e Pedro nos contaram também sobre o Quintal de Ana, que logo depois visitamos em Niterói, Rio de Janeiro. O nome acolhedor designa um grupo multidisciplinar – há famílias, pretendentes a pais adotivos, profissionais da infância e juventude – que debate as particularidades desta "forma amorosa de filiação". Foi criado por Sávio Bittencourt, promotor de Justiça, e Maria Bárbara, pais de Ana Laura – a "Ana" do quintal.

Após vencerem muitos preconceitos, superarem obstáculos, momentos de desânimo e também alegrias incontáveis, os dois criaram o Movimento Nacional de Apoio à Adoção, como contribuição para um novo jeito de olhar o assunto. O movimento é um sucesso e já congrega mais de 120 grupos de apoio – como o de Tânia e Pedro.

Na maioria das vezes, os Grupos de Apoio à Adoção são iniciativas de pais adotivos que trabalham, voluntariamente, para prevenir o abandono, preparar adotantes e apoiar pais adotivos na organização da nova família. Também lutam para conscientizar a sociedade sobre a legitimidade da família adotiva e, principalmente, para estimular a adoção de crianças que fogem ao perfil mais procurado por quem quer adotar – mais velhas ou com necessidades especiais, por exemplo. Aprendemos ali que "adoção não é dar uma criança para pais que não podem ter filhos, e sim dar uma família para cada criança".

*

Parece que os projetos de adoção que encontramos pelo Brasil também nos adotaram.

Antes mesmo de chegarmos a Bento Gonçalves, Rio Grande do Sul, Eduardo Farina nos enviou uma mensagem para que ficássemos no hotel de sua família. E ele tinha um projeto: o DNA da Alma.

Existem hoje cerca de 5.500 crianças em condições de serem adotadas e quase trinta mil famílias na lista de espera. Por que esta conta não fecha? Como enfrentar a dificuldade de encaminhamento de crianças maiores para adoção?

Uma psicóloga e uma assistente social, com um grupo de amigos, incluindo Eduardo, vêm tentando mudar esta equação em Farroupilha, Rio Grande do Sul. Para desfazer preconceitos, criaram um espaço acolhedor onde se reúnem, com as pessoas envolvidas no processo, em busca de soluções: profissionais da área, pais e famílias adotivas, pretendentes à adoção e interessados sobre o assunto. Assim foi criado o Grupo de Apoio à Adoção DNA da Alma.

Estávamos na BR-324, seguindo de Salvador para Feira de Santana, tão entretidos na conversa que nem percebemos que estávamos sendo "seguidos".

Chegando a Feira de Santana, paramos para retornar algumas ligações perdidas no celular. Um carro preto parou ao nosso lado e um jovem alto e forte abriu os vidros escuros para perguntar de que estávamos precisando.

– De um bom exemplo. Quem é um bom exemplo para você aqui? – disse o Dudu.

– Bom exemplo eu não sei. Mas vi que vocês ficam nas casas das pessoas. Que tal tomarmos um café e vocês dormirem lá? – ofereceu o jovem.

Topamos e seguimos Felipe até a casa dele.

Uma amiga, que estava ao telefone comigo, perguntou o que estávamos fazendo e eu contei a história. Ela gritou:

– Vocês são loucos? Não sabem quem é esse cara. Ele pode estar levando vocês para uma emboscada!

– Uai. Ele chamou, nós vamos! Sempre foi assim. Todo convite, nós aceitamos e nunca aconteceu nada – respondi. Chegando lá, uma família generosa nos esperava com a mesa posta. Sentamos e Felipe contou que estava nos seguindo desde Salvador. Que passava o nosso carro, nós passávamos por ele, ele nos passava. Nesse vai e vem, ele ligou para a namorada e pediu que ela pesquisasse na internet o que significava nosso projeto.

Quando veio a resposta, decidiu nos seguir e nos convidar para ficar na casa dele. Ganhamos um grande amigo.

No outro dia, indagando sobre os projetos na cidade, uma pessoa nos indicou um amigo do Felipe. Ele ficou surpreso. Sim, Felipe não sabia que o amigo fazia aquele trabalho lindo.

Felipe continua na nossa vida. Outro dia, ele nos contou que estava em São Paulo e um taxista se queixava do quanto o mundo está ruim. Nosso amigo disse que não era verdade. Que tem um monte de gente fazendo o bem. O taxista respondeu:

– Que nada. Veja os telejornais. É só tragédia.

– Tenho um casal de amigos que está viajando o mundo e encontrou um monte de bons exemplos no Brasil! – retrucou Felipe.

– Mentira. Isso não existe. – retrucou o taxista.

Felipe fez questão de pegar o celular e mostrar nosso site.

– Existe sim, olha aqui.

*

Em Brasília, conhecemos Luciana e seu projeto, a unidade Junior Achievement do Distrito Federal. Fundada em 1919, nos Estados Unidos, é a maior e mais antiga organização de educação prática em negócios, economia e empreendedorismo do mundo. Opera em 120 países, com sedes em todos os estados e no DF. Luciana nos "adotou" para um jantar. Recepcionou-nos com seus cinco filhos e achamos sensacional que, quando chegamos, eles desligaram a TV e ficaram conversando conosco à mesa, o tempo todo.

Quando estávamos saindo, Bianca, de 15 anos, e Luíza, de dez, filhas da Luciana, pediram que esperássemos um minutinho. Ofegantes, elas se debruçaram na janela do carro e nos deram um sabonete com um bilhete escrito à mão: "Hoje, quando vimos vocês, lembramos de um sabonete. Comparação esquisita, mas o sabonete limpa as impurezas do mundo, e é exatamente isso que vocês vêm fazendo. Limpam o mundo mostrando a todos que ainda existem pessoas maravilhosas e com ações maravilhosas! Foi um prazer poder conhecê-los!"

O jantar foi maravilhoso, mas a despedida foi ainda mais linda.

*

Estávamos na estrada, e o motorista e o passageiro de um carro começaram a abanar o braço, pedindo para pararmos. Cena comum, e sempre interessante para nós!

Era Sílvio, que disse ter se emocionado muito ao ver a reportagem do *Fantástico*, em setembro de 2013. Desde então, ele criara um dispositivo que apitava diariamente no seu celular: "Caçadores de Bons Exemplos", para que ele se lembrasse de nós e se motivasse a fazer boas ações.

Ele nos mostrou o celular. Realmente tinha este lembrete.

PATA OU GALINHA?

O que a mão direita dá, a mão esquerda não precisa ficar sabendo?

Estávamos em Maceió, Alagoas, e um senhor de oitenta anos nos disse:

– Prometam para mim que vocês serão galinhas! – Quisemos saber o que queria dizer com aquilo.

– Vou começar fazendo uma pergunta simples. Vocês sabem onde posso encontrar um ovo de pata? É isso mesmo, pata, e não precisam ficar preocupados se não souberem a resposta, pois muita gente também não sabe. O que muita gente também não sabe é que o ovo da pata é muito rico em proteínas e vitaminas, além de ser mais bonito e muito maior que o da galinha.

Então, se ovo da pata tem todos estes benefícios, por que o ovo da galinha é o mais consumido e o mais famoso? Porque a galinha, quando bota um ovo, faz um tremendo barulho, balança as asas, cisca para todo lado, cacareja. Enquanto a pata, coitada, fica caladinha, não se mexe, fica com aquela cara de... Pata.

As notícias ruins são galinhas e quem faz o bem são as patas. As pessoas que fazem o bem não divulgam, e todo mundo acaba acreditando que só acontecem coisas ruins. A maioria das pessoas patrocina o mal apenas por falarem de coisas ruins. Me prometam, por favor, que irão gritar e cacarejar para todo mundo que tem muita gente fazendo o bem. Divulguem, usem carro de som, anúncio em jornal, *banners*, cartazes, faixas, panfletos, animadores nas ruas, sinal de fumaça, passem e-mails, qualquer coisa, mas me prometam que serão galinhas do bem!

*

Conhecemos muitas pessoas que fazem o bem, mas não falam do que fazem, justificando sua atitude com uma passagem bíblica: "...não saiba a tua mão esquerda o que faz a tua direita..." Acreditamos que a interpretação desta passagem é um pouquinho diferente: não se pode esperar nada em troca, então, a mão esquerda não pode esperar nada daquilo que a direita doou.

Contudo, a mão esquerda saber, ou comentar o bem que a direita fez... Isso, para nós, hoje, é uma obrigação.

Enquanto as boas ações ficam escondidas, as péssimas ganham destaque. O ser humano acaba patrocinando as ações negativas quando as divulga ou dá voz a elas. Na outra ponta, comentar o bem que se faz é extremamente necessário.

Nossos jovens banalizaram atitudes ruins, como o uso de drogas, a sexualidade desenfreada, a violência. Falar das atitudes do bem é cada vez mais importante. Vamos exercitar o nosso cocoricó!

*

Certa vez, na Chapada dos Veadeiros, um rapaz nos disse que o universo devolve multiplicado por dez o bem que fazemos. Ops! Esta é uma troca desleal. Se fazemos o bem, recebemos o bem de volta, porém não é mais nem menos, é simplesmente o necessário para vivermos. Não devemos esperar nada em troca. Simples assim.

*

Estávamos em Minas Gerais, em uma mesa de restaurante conversando com amigos. Comecei a reparar que já havíamos falado sobre corrupção, assassinato, estupro, roubo, a trama das novelas... E nem uma palavra sobre pessoas que estão tentando construir um mundo melhor.

– E aí, galera? Já falamos de um monte de problemas do mundo, agora vamos falar das soluções. Alguém conhece uma ação positiva para contrapor ao que falamos até agora? – puxei o assunto.

Cri...cri...cri.... E o silêncio pairou no ar.

Aí comecei a falar de todas as coisas boas que estávamos encontrando na estrada. Algumas pessoas bocejaram, outras levantaram e outras ficaram ali por educação, mesmo.

– Amor, você está desmanchando o grupo. As pessoas não querem ouvir estas histórias agora – falou Dudu, baixinho.

– Mas, se elas estão dispostas a falar dos problemas, também devem estar dispostas a discutir soluções. Não tenho medo do que vão falar, ou se vamos perder a amizade. Deixar de falar sobre o bem é patrocinar notícias ruins! – retruquei.

*

Certa vez, recebemos esta mensagem de Áurea Maria:

"A vida nos apresenta todos os dias muitos motivos para chorar e sorrir. Cabe a nós escolher qual deles irá nos tocar mais. Antes de conhecer o projeto de vocês, eu sempre dava mais importância aos acontecimentos ruins. Agora, aprendi a valorizar mais as histórias de paz e amor ao próximo. Não que as histórias ruins não mereçam nosso respeito, até porque podem acontecer com todos nós, mas a vida fica mais bonita, o fardo fica mais leve e sorrir se torna mais fácil quando olhamos com esperança para o mundo."

E também recebemos outra mensagem assim: "Poderia ter menos publicidade no carro". Mas me digam: onde o cidadão viu publicidade em nosso carro? Tudo bem que ele é todo cheio de desenhos de paisagens e fica sempre muito sujo, mas dizer que tem propaganda... Não entendi. Não tem propaganda simplesmente porque não temos patrocínio.

E a pessoa ainda assinou assim: Nome: Sei lá.

E-mail: seila@anonimo.com.

Publiquei no Facebook e tivemos a seguinte resposta do Kim Leal: "Opa! Claro que o carro de vocês tem publicidade, e como tem! Vejam bem, está escrito ali, em tamanho grande: CAÇADORES DE

BONS EXEMPLOS. Vocês estão divulgando a ideia de praticarmos bons exemplos; na verdade, vocês estão patrocinando essa ideia, o que é louvável! Escutei uma entrevista de vocês na rádio CBN e fiquei encantado: vocês estão fazendo um trabalho que todo jornal de qualidade deveria fazer. O único problema é que bons exemplos não dão Ibope. É como o Papa Francisco disse: 'Uma árvore que cai faz mais ruído que um bosque que cresce'. Continuem com esse belo trabalho! Fiquem com Deus e que a saúde nunca lhes falte!"

*

Certa vez perguntei a um grande jornalista por que dão tanta ênfase a notícias ruins. Noventa por cento das pessoas com quem conversamos se dizem cansadas de ouvi-las. Por que não mudam o foco dos telejornais e divulgam tragédias e boas ações, meio a meio?

– Muitas pessoas gostam de ver notícias ruins para acharem que suas vidas estão boas – disse ele.

Eu me recusei a acreditar nisso. Fiz a mesma pergunta para outro jornalista, e ele respondeu:

– Fazemos essas reportagens porque é mais fácil. A notícia ruim é fato que aconteceu; mas a notícia boa, precisa de investigação a fundo para ver se a história é real. Por exemplo, se dissessem: "Marido mata a esposa", pronto, aconteceu. Agora, "Marido e esposa largam tudo para ir à busca de bons exemplos". Precisamos entender se tem alguma coisa por trás disso.

Mais uma vez me recusei a acreditar. Um terceiro jornalista trouxe esta argumentação:

– O controle remoto está nas mãos do telespectador. No dia em que notícia ruim parar de dar Ibope, o foco dos jornais mudará.

As pessoas querem assistir a isso, por mais que digam que não gostam. Houve uma época que um jornal de uma emissora estava falando muito sobre o crime organizado e suas facções. Diziam várias vezes o nome de cada uma. Até que um telespectador reclamou: "Vocês não percebem que estão patrocinando essas organizações? Até hoje, ninguém conhecia estes nomes e hoje são famosas por todo o Brasil."

A partir de então, nunca mais a emissora falou nomes das facções criminosas. Ou seja: a reclamação fez com que repensassem. O poder está nas mãos de quem assiste a TV. Nenhuma empresa irá investir em um horário que não dê Ibope.

As emissoras dependem financeiramente dos anunciantes. Os anunciantes só investem se houver telespectadores ligados naquele horário. Então, só existe sensacionalismo porque as pessoas estão assistindo.

Não se esqueçam: o controle remoto está em nossas mãos! Vamos nos conectar com notícias boas. Já existem várias pessoas fazendo isso. Gente como Renê Silva, fundador do Voz das Comunidades e morador do Complexo do Alemão, no Rio de Janeiro, que criou um jornal para noticiar soluções para os problemas da comunidade. Ou como o Boca de Rua, de Porto Alegre, escrito por moradores de rua com informações que ajudam a este público.

*

Como queremos que as pessoas se mobilizem para ajudar ao próximo se a todo o momento somos atacados por relatos de tragédias? As notícias ruins têm um efeito paralisante. Achamos que nada poderá mudar a realidade. Elas acabam fazendo parte da rotina das pessoas; tornam-se banais.

A propósito, um amigo, Edgard Gouveia, nos contou a história do gato e do cachorro:

"Imaginem um gato perseguido por um cachorro com cara de muito bravo. O gato chega a um corredor fechado e só poderá escapar do cachorro se conseguir escalar o muro. Porém, o muro é escorregadio e o gato não consegue subir. Ele se vê cara a cara com o cão. Sem saber o que fazer, finge-se de morto. Vai que o cachorro desiste dele. Contudo, o cachorro continua ali. O gato continua vendo seu algoz e pensa: 'Não vou brigar. Já que ele é mais forte e eu vou morrer mesmo, melhor ficar quieto para não sentir dor'."

É mais ou menos assim que as pessoas estão se sentindo.

O cachorro, metáfora para a violência, está na porta de casa. Como queremos que as pessoas deixem a (falsa) segurança em suas casas para ajudar as comunidades mais carentes se elas acreditam que lá irão encontrar o perigo? Como mostrar para as pessoas que existem muito mais pessoas fazendo o bem? Como afastar o cachorro, que parece assustador, para que o gatinho se sinta seguro?

Precisamos urgentemente mudar nosso olhar.

Precisamos urgentemente parar de dar destaque aos crimes e começar a valorizar quem está construindo um mundo melhor.

Precisamos urgentemente acreditar que todo mundo pode mudar o mundo para melhor.

*

Em Fortaleza, Ceará, encontramos a Agência da Boa Notícia. Que delícia foi conversar com Luís Eduardo sobre sua visão de mundo, sobre suas convicções de vida e sobre seus sonhos, que se alinham inteiramente com o nosso ideal! Imaginem um mundo no qual as notícias cheguem, sim, até nós, porém com soluções e reflexões, valorizando o que há de bom. Boas notícias!

Em 2006, um grupo de amigos sentiu a necessidade de paz e a vontade de dar e receber boas notícias. Aos poucos, juntos, foram amadurecendo a ideia, para criar algo que fosse além de uma campanha ou um movimento – algo permanente. Chegaram à conclusão de que a paz é uma conquista diária, que cresce com água, sol e adubo, como as árvores centenárias. No entanto, nada disso poderia ocorrer sem um solo fértil.

O *site* da Agência é uma fonte e um multiplicador de boas notícias, com sugestões de pauta, dicas de filmes e livros, artigos sobre paz e *links* para entidades que, direta ou indiretamente, desenvolvem atividades que trazem bem-estar social. Além do *site*, promovem o Prêmio Gandhi de Comunicação, cursos e seminários sobre a cultura de paz.

E, já que o assunto é paz, ficamos muito tocados por uma frase do educador indiano Sathya Sai Baba, que conhecemos por meio do projeto Estação Luz, também de Fortaleza, que faz filmes com temáticas do bem. A frase é a seguinte:

*"As pessoas procuram-me dizendo: 'Eu quero paz'.
Digo-lhes que removam o Eu, que são seus egos.
Removam o Quero, que são os seus desejos.
O que resta é a Paz!"*

Em Brasília, Distrito Federal, paramos em frente a uma banca de jornal e comecei a reparar nas capas de revistas e jornais. As manchetes falavam de espionagem, traição, sexo, vingança, corrupção, até uma morte a tesouradas havia! Fiquei arrasada com aquela sensação de massacre das notícias boas.

No mesmo dia, porém, nosso coração se aqueceu quando conhecemos a TV Supren, cujo *slogan* é: "Não há ideologia superior à solidariedade". A Supren é parte de um projeto, a União Planetária, ou apenas UP, que usa a comunicação para transformar valores e paradigmas da sociedade brasileira. Sabe de quem são as ideias que divulgam? De seres que se dedicaram à fraternidade universal e à paz entre os povos, como Jesus, Gandhi e Dalai-Lama. Vinte e quatro horas por dia!

*

E tem um monte de gente empenhada em levar boas notícias! Alguns exemplos: o site Só Notícia Boa e o Coletivo Imagina querem instigar o melhor das pessoas; o Hypeness, um site que amamos, foi criado para divulgar conteúdos inovadores em áreas como arte, design, negócios, cultura, entretenimento e tecnologia, para os criativos pensarem cada vez mais "fora da caixa". Mais do que apenas bom ou interessante, este trabalho de comunicação dos bons exemplos é necessário! A palavra é como uma semente. Boa ou ruim. Depende de cada semeador. Vamos semear notícias boas!

*

Às vezes me pergunto: será que estamos sonhando demais? Será que estamos vivendo nas nuvens? Acreditamos verdadeiramente que podemos viver em um mundo colaborativo. Por que é tão difícil as pessoas acreditarem também?

Um dia, estávamos no Ceará, alheios a uma tragédia que teve repercussão nacional, quando uma pessoa nos ligou com a voz bem triste:

– Tudo bem? – perguntou ela.
– Tudo! Mas que voz é essa? – respondi.
– Você não sabe?
– Não.
– Mas é comoção nacional!
– Ok, mas não sei o que está acontecendo. Me conte.
– Em que mundo você vive?
– No mundo de bons exemplos! – Neste momento a ligação caiu.

Vemos, todos os dias, situações que também deveriam provocar comoção nacional, mas não provocam: crianças morrendo fuziladas, famílias sem teto e com fome, falta de escolas, falta de atendimento médico. Porém, fatos isolados comovem mais o brasileiro do que a própria realidade. Precisamos nos comover, sim, com tragédias, mas também precisamos nos comover todos os dias com tudo de ruim que acontece em nosso país. E, principalmente, precisamos valorizar as pessoas que estão tentando mudar esta realidade. Para isso, precisamos apenas que as informações sobre o que elas fazem cheguem ao máximo de pessoas possível. Simples assim!

O mundo em que vivemos é um mundo de apoio, de colaboração e de mobilização social! Isto é filosofia de vida.

*

O "efeito manada" me preocupa muito. "Comportamento de manada" é uma expressão usada para descrever situações em que indivíduos em grupo reagem todos da mesma forma. Quando as pessoas começam a falar sobre algum boato ou algum fato ruim, compartilhando-o sem senso crítico, sinto medo disso.

Hoje, quando ocorrem atos de extrema violência, muitas pessoas nem se incomodam mais e replicam as notícias de uma forma avassaladora. "Pai mata filho", "Namorada esfaqueia amante", "Violência cresce", "Médico abusa sexualmente de paciente"... Algumas pessoas vão passando de canal em canal para ver isso. E ainda chamam de entretenimento. Se entretenimento significa distração, isto realmente distrai a pessoa, que fica cada vez mais alienada.

Contudo, está longe de ser divertimento. Ficou tão normal que não choca mais. Esta alienação é o que mais nos perturba. Gente que vive em bolhas sem se importar com o que se passa à sua volta. Gente que assiste aos noticiários de tragédias, de guerras, de fome, de falta de educação, e simplesmente esquece em seguida.

Agora, quando se fala de alguém que fez o bem ou algo altruísta, todo mundo se espanta: "Ah, será que é verdade? O que tem por trás? Ah, está fazendo isso para aparecer! O que querem ganhar com isso?"

E quando realmente algum projeto recebe algum tipo de patrocínio, as pessoas falam: "Tá vendo? Faz o bem, mas é só para ganhar dinheiro!"

Quando um jogador de futebol ganha milhões em patrocínio ninguém fala nada. Afinal, são ídolos.

Os valores se inverteram.

O que os bons exemplos que encontramos estão fazendo é normal. É real. É humano. Não é sobrenatural. Não é extraordinário. É simples! Não é fácil, claro que não, mas é possível.

Ainda queremos ver a banalização das informações do bem! Sinceramente, acreditamos que, se começarmos a falar mais do bem, as pessoas não terão coragem de fazer o mal. Ou pelo menos pensarão duas vezes. Esperamos que um dia seja normal ser solidário, gentil e ter pensamentos de crescimento coletivo.

VOCÊS NÃO TRABALHAM?

Está aí outra pergunta que ouvimos o tempo todo.

Hoje trabalhamos muito mais horas do que antes, porém a diferença é que não trabalhamos pelo dinheiro, e sim por um ideal.

Muitas pessoas nos dizem:

– Que vida boa, sempre viajando! E nós respondemos:

– Sim. É uma vida boa, mas não pela viagem, e sim por estarmos convivendo com pessoas tão especiais. Pessoas que buscam as soluções e não os problemas do mundo!

Abandonamos o conforto de nossa casa e o convívio com a família. Enfrentamos perigos nas estradas. Vivemos 24 horas por dia juntos, dentro de um carro, colocando em risco o nosso relacionamento. Vendemos tudo o que tínhamos e não nutrimos expectativas de um futuro tranquilo e confortável. Todos os dias, nós nos deparamos com as maiores mazelas do ser humano. E mesmo assim nossa vida é boa, de verdade!

Nossa viagem não é para conhecer lugares, é para conhecer pessoas que pararam de olhar para o próprio umbigo e pensam no próximo.

Nossa viagem não é para turismo; por incrível que pareça, em muitas cidades pelas quais passamos não chegamos a conhecer nenhum ponto turístico.

Nosso foco é o ser humano que está construindo um futuro melhor para os filhos de nosso país.

*

Certa vez, estávamos no Ceará havia mais de um mês e meu irmão, Agnaldo, me ligou:

– Onde vocês estão? – perguntou ele.

– No Ceará.

– Mas até hoje? Então vocês já foram a Jeri, a Canoa Quebrada, ao Beach Park?

– Não fomos, não.

– O que vocês estão fazendo aí, então?

– Nossa prioridade não é conhecer os lugares turísticos. Aqui tem projetos incríveis. Os cearenses são criativos para solucionar os problemas. Conseguem fazer projetos diferentes e transformadores.

*

Viajamos pelo Brasil, conhecemos muitas pessoas, mas, no fundo, a verdadeira e grande viagem foi para dentro de nós mesmos. Não temos sábados, domingos, feriados, horário de almoço; perdemos totalmente a noção de tempo. Um dia, chegamos a um projeto e estava fechado. Saímos perguntando se o projeto não funcionava, até que uma senhora nos respondeu:

– Queridos, hoje é domingo!

Ficamos muito sem graça e fomos embora.

Em São Mateus, Espírito Santo, chegamos na hora do almoço e todos estavam saindo para comer. Contudo, Lena fez questão de nos atender e apresentar o Centro Cultural Araçá, que oferece atividades em diferentes modalidades intelectuais, artísticas e culturais para crianças e adolescentes. Os educandos podem escolher entre 25 oficinas que, apesar da proposta não formal de educação, oferecem a eles a chance de descobrir suas aptidões e, no futuro, encontrar seu lugar no mercado de trabalho.

Na despedida, pedimos mil desculpas por ter atrapalhado o almoço. Lena respondeu:

– Não se preocupem. Já estou alimentada por esse momento – Foi muito bom ouvir isso, porque nós também somos alimentados pelas emoções que experimentamos nos projetos. É por isso que nos esquecemos das horas.

*

Outra vez, em uma palestra no Rio Grande do Sul, que ultrapassou o horário de almoço, uma pessoa nos disse:
– O alimento faz bem para meu corpo, e ouvir vocês, hoje, fez bem para minha alma.

*

Estávamos na casa do tio Roberto, em Brasília, postando em nosso *site* os projetos que havíamos visitado.
Foi quando ele nos questionou:
– O que é ser livre? Vendo vocês aqui há horas, sentados, trabalhando, me vem à cabeça que a liberdade de vocês é uma liberdade que aprisiona. Lembrei-me de um pássaro que voa para onde quer e não perde sua responsabilidade de alimentar seus filhotes. Lembrei-me de um prisioneiro que, ao sair da prisão, se sente livre simplesmente pelo fato de não estar trancado. Vocês não se apegam aos bens materiais, mas continuam com responsabilidades materiais. Vocês não têm um trabalho fixo, mas estão trabalhando há horas, divulgando os projetos. Ter tempo é ter liberdade! O que é ser livre para vocês?
Refletimos muito sobre todas as pessoas que falam que gostariam de ter uma vida como a nossa. Somos livres, mas temos muitas responsabilidades geradas por esta liberdade. É um trabalho sério e com consequências.
Aí nos lembramos de Ayrton Barreto, que conhecemos no Movimento Emaús Amor e Justiça, em Fortaleza, uma ONG que briga para derrotar a miséria. Ayrton começou nossa conversa com a seguinte frase:
"Aquele que pouco tem... Tem tudo! Aquele que nada tem... Tem a Liberdade!"

*

Fomos abastecer em Sergipe e um frentista nos perguntou sobre o projeto. Explicamos, mas ele não entendia de jeito nenhum.

– Mas vocês vendem o quê? Vivem de quê? Mas vocês ganham o quê? Eu, hein? Vender o que eu tenho e depois ter que começar tudo de novo? Eu não! Não sou doido igual a vocês, não! – desabafou.

Rimos muito.

Na Paraíba, um policial nos parou e perguntou sobre o projeto. Contamos, e ele concluiu:

– Boa sorte então para vocês, já que "enricar" vocês não vão, mesmo!

*

Outras pessoas falam:

– Que máximo, vocês não têm rotina!

De certa forma, temos uma rotina, sim. Todos os dias fazemos as mesmas coisas: pesquisar, dirigir, visitar projetos, armar barraca, postar, preparar nosso alimento. Só mudam os cenários.

A maioria das pessoas se queixa da rotina, mas ela é imprescindível para a saúde emocional. É muito difícil você não saber para onde voltará ou onde vai trabalhar. Sem falar que todos os sentimentos ficam mais intensos na estrada. Inclusive os sentimentos ruins.

Quando estamos cansados, estamos muito cansados. Quando estamos tristes, estamos muito tristes. Quando estamos nervosos, estamos muito nervosos. Tiramos forças não sei de onde para nos mantermos conectados à energia do bem. Por incrível que pareça, não ter a rotina que costumamos conhecer deixa a vida bem mais difícil.

*

As reflexões fazem parte da nossa vida e estão sempre presentes nos nossos dias. Uma vez, refletimos sobre o sentido do *happy hour.* Como pode alguém ficar esperando um horário para ser feliz? Devemos tentar ser felizes em todos os lugares e em todos os horários! Se você passa a semana inteira esperando a sexta-feira chegar... Se na sexta-feira você passa o dia todo olhando o relógio até o expediente terminar... Se no domingo à noite você fica deprimido porque a semana está começando... E se você acredita que uma hora feliz não pode ser no seu trabalho, nem na sua casa... Você precisa rever sua vida. Algo está errado. Certa vez, um amigo nos perguntou se não ficávamos aguardando ansiosamente as nossas férias... Uai, mas a vida não pode ter diferença entre trabalho e férias. Tudo é vida! Tem uma frase famosa atribuída a Confúcio que diz: "Trabalhe com o que você ama e não terá que trabalhar um único dia de sua vida!"

*

Fomos bem recebidos em Piranhas, Alagoas, uma linda cidade no sertão, às margens do rio São Francisco. Quando estávamos saindo, um rapaz nos abordou. O nome dele era Marcelo, e tinha ficado a noite toda pesquisando a nossa história depois de ter visto o carro pelas ruas. Nesta pesquisa, tinha encontrado um texto que, segundo ele, nos definia: éramos peregrinos na viagem da vida. Este trechinho do texto, que é lindo, nos emocionou:

> "Qual a sua posição perante a vida? Você é Turista ou Peregrino? (...) O turista, [de acordo com o psicólogo Yves de La Taille], viaja por recreação, busca apenas o prazer, não dá atenção à situação social do local que visita e muito menos às pessoas que lá estão apenas para servi-lo. Raramente traz de volta uma experiência de vida. (...) Já o peregrino viaja porque tem um querer, busca alguma coisa, uma identidade. Escreve um diário e traz da sua viagem uma experiência. (...) O peregrino não busca o prazer, mas a alegria! Enquanto o turista espera, o peregrino quer."

O objetivo inicial de nossa expedição era mudar o nosso mundo, ou seja, o mundo do casal. Queríamos conviver com as pessoas que pararam de olhar para o próprio umbigo e passaram a pensar no coletivo. Nossa vivência revelou-se riquíssima, e precisávamos partilhá-la para mudar o mundo de outras pessoas também.

Um dia meu pai me ligou nos questionando. Ele é uma pessoa pacata, mas naquele momento sua voz estava bem alterada pela preocupação:
– Vocês acham que vão mudar o mundo? É claro que não!
– Pai, já consegui mudar dois mundos: o meu e o do Dudu. Não vamos mudar o planeta, mas o mundo de algumas pessoas, quem sabe? – argumentei.
Meu pai gosta muito de programas sensacionalistas, mas hoje já consegue valorizar reportagens de projetos sociais e do bem. Isso é uma vitória para nós.

*

Para este porvir de mudanças, criamos quatro objetivos e decidimos divulgá-los nas redes sociais. São eles:

1. Mudar o olhar

Mostrar que em todos os lugares existem pessoas em busca de soluções e não somente de problemas. Mostrar que existem muito mais ações positivas do que ações negativas no mundo. Todos precisamos saber quem são os assassinos e os ladrões, mas, além disso, também precisamos saber quem está construindo um mundo melhor. Olhar o lado luminoso do ser humano (formando assim outros caçadores).

2. Inspirar

Quantas vezes ouvimos dizer:
– Queria tanto ajudar alguém, mas não sei como!
– Quando eu ganhar na Mega-Sena, eu faço!
– Quando eu tiver tempo, eu quero fazer!
– Quando eu tiver dinheiro, eu vou fazer!
Chega de desculpas. Se quiser fazer, há histórias inspiradoras em nosso *site*. Conhecemos milhares de pessoas que fazem sem ter nada disso. Simplesmente tiveram atitude. Abriram suas portas, começaram atendendo a uma criança e o projeto foi crescendo.

Sensibilizar outras pessoas a fazerem o mesmo que os bons exemplos que encontramos estão fazendo, formando, assim, multiplicadores de ações positivas.

3. Conectar

Definitivamente, há pessoas que não querem ou não podem fazer. Não chegou a hora, o momento delas. Certo, mas podem ajudar quem já está fazendo. Por isso divulgamos os contatos de todos os projetos que conhecemos! Se quiser ajudar, no nosso *site* você encontrará todos os 1.150 contatos dos projetos que visitamos e poderá, assim, fazer parte desta rede de ajuda.

4. Valorizar

Estávamos na Bahia, saindo de um projeto incrível em uma comunidade muito violenta, quando uma das fundadoras, depois de nos abraçar, começou a chorar muito. Eu perguntei o porquê do choro e ela disse:

– Vim aqui, hoje, para fechar as portas. Preciso brigar com os traficantes para as crianças estarem aqui. Preciso brigar com minha família para estar aqui. Não tenho apoio financeiro de ninguém e cansei. Aí estava aqui, juntando minhas coisas, quando aparece um casal de loucos batendo na porta e dizendo que em todo Brasil tem gente como eu, tentando fazer algo. Eu não tenho coragem de falar para vocês que vou parar. Estas lágrimas que escorrem pelo meu rosto estão selando uma promessa que faço a vocês agora. Até o fim de minha vida vocês podem voltar aqui, que estarei de portas abertas, fazendo a minha parte para construir um país melhor.

Uau! Ali definimos o nosso quarto objetivo: motivar os bons exemplos que encontramos a continuar no caminho do bem.

> *"O que eu faço é uma gota no meio de um oceano.*
> *Mas sem ela o oceano será menor."*
>
> Madre Teresa de Calcutá

Nosso trabalho é simples e queremos que ele se multiplique. Por isso, criamos um aplicativo para celular que funciona assim: basta a pessoa visitar um projeto, fotografar e postar que ele entrará no mapa virtual do Brasil. Queremos iluminar o mapa do nosso país com todos os bons exemplos brasileiros.

Uma atitude simples, mas que atingirá os quatro objetivos que definimos como nosso trabalho: mudar o olhar, inspirar, conectar, motivar.

Não queremos que os Caçadores de Bons Exemplos sejam apenas um casal. Queremos que todos se apoderem da causa e digam: *"Eu sou Caçador de Bons Exemplos!"*

NÃO FAÇAM COMO NÓS, MAS FAÇAM O QUE PUDEREM

Não queremos que todas as pessoas façam como nós e larguem tudo para trás. Não. Isso realmente é bem difícil. Além do mais, para funcionar bem a engrenagem precisa de gente em todos os campos. Se todos fossem médicos, quem construiria as casas? Contudo, gostaríamos que todos se tornassem caçadores de bons exemplos no seu dia a dia, na sua comunidade.

Fomos convidados para almoçar na casa de um amigo em Curitiba. Lá, um dentista muito bem-sucedido nos disse:

– Se eu tivesse dinheiro, faria como vocês.

O detalhe é que todos estavam se divertindo em um churrasco, enquanto nós estávamos postando 25 projetos sociais que havíamos visitado e ainda não constavam do nosso *site*.

A questão não é ter ou não ter dinheiro. Nós não temos.

Não tenho tempo! Será? A questão não é ter tempo. Quanto tempo você passa em frente à TV assistindo a programas que apenas deixam você triste?

Não sei o que fazer! A questão não é não saber o que fazer. Será que não sabe mesmo? Vá até a internet e procure possibilidades. Até quando iremos adiar a transformação no mundo? Até quando seremos apenas telespectadores? Precisamos ser protagonistas de algumas histórias também.

O que fazer? Como ajudar?

Estávamos no Pão do Pobres, em Porto Alegre, Rio Grande do Sul, que atende 1.200 crianças e adolescentes em seis projetos socioeducativos. Lá ouvimos a história de uma senhora que queria muito ser voluntária. Um dia, ela decidiu se cadastrar. Na fila havia várias pessoas.

– Quero ser voluntária em fisioterapia – disse a primeira.
– Quero ensinar capoeira – falou a segunda.
– Quero dar aulas de balé – comentou a terceira. Quando chegou a vez de se apresentar, a senhora disse:
– Eu não sei fazer nada disso que os outros disseram, mas eu sei lavar pratos!

Às vezes, as pessoas acham que só podem colaborar se for para fazer algo grandioso. Porém, o amor pode estar em pequenos e simples gestos. Lavar os pratos é tão necessário quanto doar dinheiro ou ensinar algo que saiba fazer extremamente bem.

Você quer ajudar? Comece! Não importa o que irá fazer, o que realmente importa é começar!

*

Marcelo e Maria Luiza, de Londrina, Paraná, não têm filhos biológicos, mas formaram uma família linda chamada Galera de Deus – Escola de Valores. Eles formam apenas um casal que decidiu fazer algo para mudar o mundo. Não querem se tornar instituição. Começaram distribuindo alimentos em comunidades locais. Quando conheceram as famílias, perceberam que os problemas eram bem maiores. Para combater a evasão escolar, passaram a doar mochilas, calçados e material escolar para crianças e jovens, contribuindo, assim, para que não abandonassem os estudos. Atendem às crianças do projeto (cerca de cem) e também de escolas públicas (cerca de trezentas). Oferecem aulas de reforço, oficinas de costura e informática, contadores de histórias, passeios e brincadeiras. Fornecem refeições para as famílias. São movidos por uma imensa vontade de trabalhar pelo próximo e por um mundo melhor!

Dona Jacira, em Campo Mourão, Paraná, tem um lar que leva seu nome. Já cuidou de centenas de crianças e também gosta de definir seu grupo como "uma grande família". Ela disse:

– Apesar de ter cara de índio, não sou chefe. Aqui não tem chefe. Não somos uma instituição, assim não perdemos nossa identidade.

Exemplos de ações individuais ou de pequenos grupos germinam neste enorme Brasil.

Em Torrões, Alagoas, conhecemos os Amigos do Bem, uma corrente de solidariedade que começou em São Paulo, onde Alcione de Albanesi e um grupo de amigos, sensibilizados com a fome no sertão, começaram a arrecadar alimentos, roupas e brinquedos para distribuírem em Alagoas, no Natal.

Durante dez anos levaram as doações, mas o cenário de miséria que encontravam ano a ano despertou-lhes o desejo de patrocinarem uma transformação maior.

Começaram a construir casas de alvenaria no lugar das moradias de taipa. Depois perceberam que, além de alimento e moradia, a comunidade precisava de educação. Fizeram a escola e a quadra de esportes. Inauguraram cursos profissionalizantes. Hoje, há outras Cidades do Bem pelo Brasil!

Este projeto, nascido do assistencialismo e direcionado para a transformação de vidas, é um oásis no meio do sertão.

*

Devemos olhar para todos os problemas de uma forma positiva. A seca piora a cada ano? Verdade. Porém, também existem muitas pessoas maravilhosas que estão criando tecnologias sociais para conviver com a escassez de água. Não devemos reclamar da natureza e sim pensar em formas de nos adaptar a ela sem sofrimento! Simples? Não! No entanto, com certeza é muito gratificante!

Em São José da Tapera, sertão de Alagoas, José Roberto tinha um grande desafio: melhorar a vida de uma comunidade extremamente pobre por meio da agricultura. Contudo, como plantar no sertão? Os membros da comunidade não tinham água para o banho e passavam fome.

A única coisa que havia ali era sol. Daí surgiu a ideia de fazer uma plantação hidropônica. Hidropônica no sertão? Sim. Captando água com energia solar, José Roberto fez uma plantação hidropônica no sertão.

Surgiu, então, outro problema: as pessoas poderiam consumir tudo o que desse, pois tinham fome. Aí veio a ideia de plantar... Pimentas. Assim nasceu o H2Sol, que exporta pimentas para o mundo todo e gera renda para a comunidade.

*

Mesmo recém-formada em arquitetura, e sem dinheiro, Patrícia deu asas ao sonho de montar uma entidade para ajudar as pessoas. Canalizou suas habilidades para criar o projeto Casa da Criança, que transforma a estrutura física de entidades já existentes por meio de reformas e decoração. Ficam lindas, e as crianças adoram estar nelas!

*

Existem muitas formas de exercer a solidariedade. O assistencialismo faz o bem em eventos pontuais. Projetos sociais fazem o bem constantemente. Negócios sociais constroem um mundo melhor, dando um novo sentido ao trabalho!

*

Os projetos sociais integram o chamado terceiro setor. Ao ouvir esta expressão ao longo da expedição, Dudu e eu começamos a nos perguntar: como separar a vida em setores? Primeiro, segundo e terceiro?

Tem jeito de separar a vida profissional, a vida pessoal e a vida religiosa? Claro que não. Somos seres integrais! Completos. Precisamos deixar de setorizar as coisas. Algumas pessoas dizem:

– Sou feliz no trabalho, mas na minha casa as coisas não estão indo muito bem.

– Uai! Então você não é feliz!
– Vamos acabar com a fome.
– Mas qual delas? Fome de alimento, de sonhos, de cultura?
– Vamos resolver o problema da saúde do país! Vamos construir hospitais e contratar mais médicos.
– Ops! Isso não é saúde, isso é tratar de doenças. Precisamos de saneamento, moradias, saúde mental.

Eu acredito em educação, que seja de valores. Eu acredito em saúde, que evite doenças. Eu acredito em segurança, distante da violência. Eu acredito no amor e cuidado por tudo e por todos! Precisamos conjugar o verbo amar! Precisamos entender que ajudar o próximo e construir um mundo melhor é ser responsável e agir integralmente. Precisamos utilizar nosso trabalho para vivermos melhor em comumunidade, e não apenas pensar no saldo bancário.

Definitivamente não gostamos de ouvir a expressão terceiro setor para designar os projetos sociais; acreditamos que deveria ser primeiro setor, pois o que fazem é imprescindível para o mundo. Daí, pensei: e se nos inspirássemos na expressão "melhor idade" e começássemos a nos referir ao terceiro setor como melhor setor?

*

Algumas pessoas acham que trabalho social é somente dar alimento, roupas, fazer festa para criança uma vez por ano, ou doar presentes no Natal. Bom, isso é lindo! Contudo, deveria ser uma obrigação moral. O ano tem 12 meses, e não é só em dezembro que as pessoas precisam de ajuda.

Trabalho social é aquilo que você faz diariamente para melhorar a vida das pessoas. É contribuir integralmente.

O sonho da grande maioria das ONGs é que elas não precisassem existir. Que deixassem de ser necessárias. Que o poder público fizesse bem seu trabalho e que a sociedade civil gerasse impacto social em todos os ramos de trabalho.

Como ainda não chegamos a este nível de evolução política e de sociedade, todos os tipos de solidariedade são muito bem-vindos.

*

Os negócios sociais compõem um setor que está sendo chamado de setor 2,5. A ideia aqui é construir um mundo mais humano utilizando aquilo que as pessoas têm de melhor: o próprio trabalho. Se o trabalho é onde as pessoas passam a maior parte do tempo, por meio de um negócio social elas dariam sentido à vida integralmente.

Certo dia, ouvi de um jovem que largou tudo para montar um negócio social:

– Por que tenho que trabalhar 90% e doar 10%? Quero que seja o contrário. Quero doar 90% do meu trabalho e o restante fica para mim. Outro ponto é a doação do tempo para ajudar o próximo: existem pessoas que trabalham a semana inteira para multiplicar sua conta bancária e em um dia na semana passam a manhã fazendo boas ações. "Peraí": por que não podemos inverter esta porcentagem? Trabalharmos 90% para multiplicar o impacto positivo na vida das pessoas e 10% para satisfazer nossas necessidades materiais? Claro que precisamos de dinheiro e temos necessidades materiais. No entanto, será que precisamos de tanto? Meu trabalho ajuda só o meu bolso ou ajuda as pessoas? Se ajuda pessoas, será que não podemos fazer algo mais? Todos nós podemos!

Negócios sociais são empresas que solucionam problemas sociais. Têm um pouco de ONG, por causa da missão social, mas, como um negócio tradicional, geram receitas suficientes para cobrir seus custos, sendo autossustentáveis. O sucesso do negócio social não é dado pelo lucro aos sócios, e sim pelo impacto positivo para as pessoas ou para o meio ambiente.

*

O Daniel Matos nos contou que trabalhava em uma agência de publicidade em Porto Alegre, no Rio Grande do Sul. Era um profissional bem-sucedido, mas lá no fundo tinha um incômodo: ele se sentia desconfortável produzindo material para induzir as pessoas a comprarem algo de que não precisavam.

Ele não gostava de certo tênis, achava caro, mas tinha que fazer com que pessoas quisessem adquirir aquele produto. Trabalhava unicamente para alguma empresa vender mais e mais. Outro questionamento dele era sobre o fato de que, normalmente, as pessoas exerciam a solidariedade de uma forma sofrida: "Hoje tenho que ir ao asilo. Hoje tenho que doar brinquedos."

Ele decidiu que queria fazer o bem se divertindo. Decidiu que não queria mudar o que estava errado e sim construir o que está certo. Chamou seu irmão, Diego, e assim nasceu o Smile Flame, uma agência diferente que promove campeonato de skate em abrigo de velhinhos, torneio de futebol com crianças que não andam, corrida em cadeira de rodas com fantasias... Eles mudam a vida das pessoas subvertendo os cenários e as ações.

Lindo, original... E um sucesso!

*

Outro caso admirável é o do Felipe Dib. Antes, ele queria ser milionário. Hoje, ele quer simplesmente que todos possam ter acesso a aulas de inglês de qualidade, e gratuitamente! Após dois graves acidentes de carro, em Campo Grande, Mato Grosso do Sul, Felipe, grato por ter sobrevivido, decidiu retribuir oferecendo à sociedade aquilo que ele sabia fazer de melhor: ensinar inglês. Deitado na cama de seus pais, impossibilitado de trabalhar ou fazer qualquer atividade de lazer, Felipe começou a materializar seu sonho e a gravar aulas de inglês, disponíveis gratuitamente na internet.

Assim, em 2011, nasceu o curso de inglês Você Aprende Agora. Aulas gratuitas de três minutos, *online*, desde o nível mais básico até o mais avançado. Um curso voltado para qualquer pessoa no mundo que queira aprender inglês, não importa quem seja, ou onde esteja. E, de preferência, que leve a aprender rapidamente e com eficiência, de forma que o aluno possa utilizar o aprendizado na vida real. Nos últimos anos, já foram milhões de acessos e mais de seiscentas aulas postadas.

*

Que tal exercer a solidariedade brincando? Conhecer Edgard Gouveia foi um dos momentos mais lindos da expedição. O negócio dele é colocar as pessoas para brincar e extrair o melhor da brincadeira – o melhor para a comunidade, diga-se de passagem. Arquiteto e urbanista, pós-graduado em jogos cooperativos, Edgard se dedica a mobilizar crianças, jovens e adultos com jogos virtuais, gincanas e ações coletivas que produzem pequenas revoluções comunitárias.

Em 2008, sua metodologia de uso de brincadeiras sociais, batizada de Oásis, ajudou a revitalizar 12doze comunidades afetadas pela enchente do rio Itajaí, em Santa Catarina. Mais de três mil jovens de diferentes regiões do Brasil participaram do esforço! Convocados a participar de uma grande gincana, os universitários selecionados para a fase presencial do projeto construíram, em apenas cinco dias, 43 equipamentos comunitários. Pontes, *playgrounds*, quiosques, campos de futebol e até pista de motocross foram erguidos.

– Com as gincanas, eu ajudo as pessoas a se unirem e também a recuperarem o valor da cooperação – disse Edgard.

Edgard é fundador do Instituto Elos, que cria projetos próprios e os torna disponíveis para empresas, governos e comunidades; do programa Guerreiros Sem Armas, que forma crianças e jovens para a liderança e o empreendedorismo social; e do jogo Oásis, que mobiliza grupos para a realização de sonhos coletivos e já foi replicado em mais de noventa pontos pelo mundo.

*

Em São Paulo, conhecemos Denise Robles, que tinha um consultório de psicologia e terapia floral, mas sempre pensava: "Como fazer diferença na vida das pessoas que não têm dinheiro para pagar?" Havia anos que Denise fazia sacolinhas de Natal para crianças e adolescentes que vendiam doces nos semáforos, mas isso deixara de ser suficiente.

Em um curso, ouviu falar dos resultados do uso dos florais para pessoas que viviam em situação de pobreza. Encontrou, ali, a resposta para suas inquietações. Ela levou seu consultório para a rua e começou a atender as crianças. A ideia era fazer um trabalho voluntário por apenas dois anos, só que já se passaram 24 anos! O consultório de rua se transformou em um lindo projeto chamado Gotas de Flor com Amor, que atende a milhares de famílias em São Paulo.

> *"Se queres matar a fome de alguém dá-lhe um peixe. Mas se quiseres que ele nunca mais passe fome ensine-o a pescar."*
>
> Lao Tsé

Este provérbio chinês inspirou Geraldo Tollens Linck a criar, em 1976, o Projeto Pescar, uma tecnologia social pioneira no Brasil. Nas dependências da própria empresa, Geraldo abriu espaço para que jovens em situação de vulnerabilidade social aprendessem uma profissão. A ideia se espalhou por outras 145 unidades em todo o Brasil. Em cada uma delas, foi criada uma estrutura gerida e financiada pela própria empresa para desenvolver o Projeto Pescar. Ao longo de mais de três décadas, o projeto-piloto provou-se um sucesso. A partir desta ideia, surgia o pioneiro modelo de Franquia Social, institucionalizado em 1988 e voltado para gestores, de qualquer tipo de empresa, que desejam investir em um projeto de cunho social que traga impacto positivo para a comunidade de seu entorno.

*

Há um *card* que circula pela internet que diz:

> *"Dê um peixe para uma família = ato de caridade*
> *Ensine a família a pescar = sustentabilidade*
> *Organize uma comunidade para pesca coletiva = mudança social."*

RELIGARE

Muitos perguntam qual é a nossa religião, e normalmente não dizemos. Temos nossa religião e nossa fé, que é incondicional e extremamente importante para nós, mas não nos interessa nomeá-las publicamente. Não precisamos criar rótulos. Para nós, o que importa é o bem que se faz, o amor que reúne a humanidade em uma só família, independentemente do credo de cada um.

Religião vem do latim *religare*. O que religa verticalmente cada um de nós a Deus é individual, é único, é seu, é particular! O que nos interessa saber é o que o liga, horizontalmente, ao próximo.

Visitamos projetos vinculados a todas as religiões: católicos, evangélicos, budistas, espíritas kardecistas, batistas, espiritualistas, até de pessoas que se dizem ateias, lembrando que o importante para nós é o bem que estão fazendo ao próximo.

*

Em Currais Novos, Rio Grande do Norte, encontramos a Casa do Pobre. A fundadora é uma freira católica, o administrador é espírita e a pessoa do financeiro é protestante. Convivência e paz para acolher quem precisa de ajuda. Uma administração sem rótulos. Sensacional!

Em Salvador, em um mesmo dia, visitamos: as obras católicas da Irmã Dulce, que, além do hospital, oferece educação para mais de setecentas crianças; um projeto espírita, que é a Mansão do Caminho de Divaldo Franco; e outro projeto evangélico. Estivemos no santuário católico de Aparecida, em São Paulo, na Minicidade do Amor Espírita, no Rio de Janeiro, no Mosteiro Budista, no Espírito Santo, em um terreiro de umbanda, na Bahia. Lemos a bíblia em uma igreja Batista, no Paraná, ouvimos histórias islâmicas, participamos de ensinamentos indígenas na Amazônia, conversamos com judeus. Viver estas experiências não mudou a nossa religião. Pelo contrário, crescemos com elas, pois todas têm ensinamentos lindos!

Certa vez, nos recusamos a responder à pergunta de um senhor que queria saber qual era nossa religião.

– Todo espírita é macumbeiro. Todo evangélico é preconceituoso. Todo islâmico é terrorista. Tomara que vocês não sejam de nenhuma dessas.

Nós nos indignamos com este olhar tão pequeno frente a religiões tão bonitas!

Todas elas deixaram algo de bom em nosso coração. Percebemos que todas, absolutamente todas, falam de amor ao próximo. E amamos todas as pessoas que fazem o bem. Independentemente de credo, de raça ou de condição social. Independentemente de ser rico ou pobre, preto, branco ou amarelo, homem ou mulher, adulto ou criança, louco ou santo. O que importa é o que cada uma traz dentro do coração.

Acreditar em algo superior não determina que uma pessoa seja ou não boa. Devemos combater a intolerância religiosa. Em vez de nos preocuparmos com as orações individuais, deveríamos estar atentos para as ações coletivas.

*

Imagine se reuníssemos vários cidadãos monoglotas de países diferentes em uma mesma sala. Por meio de gestos, eles conseguiriam se entender no que é mais básico, mas, para assuntos mais complexos, precisariam de tradutores.

Isso também acontece com as religiões. Todas são importantes porque cada grupo de pessoas entende de uma maneira diferente. É como se fossem idiomas. Cada religião traduz aquilo que é bom, é essencial e nos faz viver melhor. Ou seja, é extremamente importante ter todas para atingir todos os ouvidos.

Se uma pessoa entra em uma igreja de outra religião, não verá sentido nas palavras; simples assim. Não existe certo ou errado, existem interpretações. As pessoas acabam confundindo-as com verdade absoluta.

*

A fé deveria ser incondicional, e as religiões deveriam deixar de separar as pessoas. Se colocarmos dez pessoas de diferentes religiões para discutir crenças individuais, provavelmente se matarão. Cada uma irá defender sua igreja como a Verdade. Agora, se dissermos para estas mesmas dez pessoas que alguém tem um filho no hospital e que está precisando de orações, todos irão se unir e rezar juntos.

*

Outro dia comentávamos com um amigo que na próxima etapa da expedição caçaremos bons exemplos em 49 países.
– Vocês sabem falar inglês? – perguntou ele.
– Não. Mas conhecemos uma língua que todo mundo conhece: a linguagem do coração. Da boa vontade. Com certeza iremos encontrar alguém que nos ajude a traduzir aquilo que não conseguirmos entender – respondemos.
– Mas será muito difícil não entender o que as pessoas falam!
– Sim! Claro! Mas não é impossível percebermos suas ações.

"Há muito tempo deixei de acreditar em palavras."

São Francisco de Assis

Em Fortaleza, Ceará, vivemos um dia extraordinário com Ayrton e Adalberto Barreto, que nos contaram sobre a Terapia Comunitária e o projeto 4 Varas, cuja essência é: "Uma vara se quebra fácil, mas quatro varas juntas se tornam mais fortes". Ayrton é um advogado que fez a opção de compartilhar o espaço geográfico com os excluídos. Ou seja, saiu da casa do pai e foi morar em uma comunidade. Lá, várias vezes a polícia invadiu sua casa, agrediu-o e prendeu-o.

Ayrton sempre discorria sobre seus direitos e os policiais questionavam o que um advogado fazia dentro da favela. No dia a dia, percebeu que a maioria das pessoas que o procurava para pedir que defendesse seus direitos na verdade tinha depressão, psicose, insônia, e ele não sabia o que fazer.

Decidiu mandá-las para o consultório de seu irmão, Adalberto, um psiquiatra muito bem-sucedido, que estudou fora do país, fala seis idiomas e dá aulas em universidade. Porém, a quantidade de pacientes era enorme. Adalberto e seus alunos resolveram fazer o movimento inverso. Foram atender onde os pacientes estavam: na comunidade!

Adalberto conta:

– Chegamos lá no dia marcado e tinha trinta pessoas. Todas queriam remédios para suas doenças. Então respondi que também estávamos ali, eu e meus alunos, à procura de remédios. Eles ficaram sem entender, e então prossegui: Vocês estão satisfeitos com os médicos que têm? Todos responderam que não. E por quê? Eles responderam: "Não olham para gente. Estão sempre com pressa." Eu disse a eles: Eu também não estou satisfeito com os médicos que estamos formando. Médicos que não valorizam os recursos de nossa cultura. Médicos que olham o paciente como se fosse uma máquina e eles, os técnicos, apenas intervindo. Então, quero que fique claro para vocês: eu não vim aqui para resolver o problema de vocês. Eu vim resolver o meu! Sou professor e quero aprender uma maneira de fazer diferente e repassar a estes futuros médicos, hoje estudantes! Só que, para resolver o meu problema, eu preciso de vocês. Vamos fazer aqui uma lista. Quero que, quando cada um de vocês vier para cá, traga uma solução para o seu problema. E tinha mais: A melhor maneira de resolver o meu problema é na relação de troca e partilha. Não sou político nem candidato, nem pretendo ser! Não vou pedir votos a vocês! Também não estou aqui movido pela piedade cristã, pensando em ganhar o céu depois desta vida! Estou mais preocupado em evitar o inferno nesta vida mesmo!

Não é que eu seja bonzinho! Não sou! Eu sou beneficiado desta forma! Eu vim para mim, então vocês não me devem nada!

Este momento foi decisivo para o projeto, pois estabeleceu o porquê do trabalho. Adalberto conclui:

– É importante definir que é uma troca de experiências. Porque senão eu venho como salvador da pátria e gero culpa dizendo que poderia estar em casa, ou na praia, ou tomando meu chope, mas estou aqui trabalhando para vocês. Assim criaria uma relação de culpa, de verticalidade, deixando o outro incomodado, e este não é o objetivo.

Mas apareceram trinta pacientes! Não seria possível fazer consultas individuais. Então surgiu a ideia da consulta pública ou coletiva. À sombra de uma árvore, em bancos improvisados, Adalberto ouvia todo tipo de relato de dor, como o da mulher que não conseguia mais dormir depois de presenciar o assassinato do marido a facada. Antes que pudesse preencher o receituário, a mulher o alertara: não tinha dinheiro nem para colocar comida em casa, quanto mais para remédios caros!

– Aquilo foi um tapa energético! – relatou Adalberto. – Entendi que toda a minha formação de médico e psiquiatra não funcionaria ali! Então uma voz dentro de mim disse: "Você não pode, mas a comunidade pode!" Lancei a pergunta: Quem de vocês aqui já teve insônia e como fez para resolver? Doze pessoas levantaram a mão. Uma disse: "Minha insônia não foi morte não, doutor! Foi quando meu marido viajou para São Paulo e ficou sem dar notícias! Ai, como sofri! Tomei o suco do capim santo com limão e deu certo".

Adalberto perguntou como fazia, pesquisou as ervas e descobriu que havia mesmo um componente químico que agia contra a insônia.

– Percebi que já estava aprendendo com eles!

Outra mulher disse que o chá não resolveu. O que resolveu foi a caminhada. Para outra, o remédio era Jesus:

– Rezo na Igreja e durmo bem!

Assim nasceu a chamada Terapia Comunitária!

O movimento ganhou o Brasil. Em 27 anos, já capacitaram mais de 27 mil pessoas, 50% delas semianalfabetas. Já é aplicada em outros países da América Latina e até na Europa, levada por amigos que se interessaram pelo fato de a técnica valorizar a humanização das relações e os recursos da cultura local.

– Levei mais de seis anos para entender que o verdadeiro trabalho social é conseguirmos fazer as pessoas acreditarem nelas mesmas: o negro é bonito, o albino é bonito, o índio é bonito, o pobre é bonito, todos somos bonitos!

Passamos o dia todo no 4 Varas. Tivemos a vivência de acolhimento, danças, massagem terapêutica e depois a Terapia Comunitária. Foi uma experiência sensacional!

Saímos de lá muito tocados. Estava sem fome, sem vontade de fazer nada, apenas queria deixar todas aquelas informações e emoções se acomodarem dentro mim. Fomos para a quadra de um projeto que havia nos acolhido. Estávamos acampados lá. Armamos a barraca; eu chorava muito.

Minha irmã Eliana ligou e perguntou por que minha voz estava embargada. Eu disse que era apenas cansaço e ela fez uma brincadeira, comum em nossa família, passando o telefone para todos que estavam na casa dela dizerem uma palavra:

– Oiii!

A última a falar foi minha mãe:

– Filha, rezei hoje por vocês. Fiquem com Deus!

*

Por coincidência ou destino, o nome do projeto que havia nos acolhido era PRECE.

Entendemos como prece uma oração dirigida a Deus ou a outro ser espiritual, integrada aos rituais de grande parte das religiões. Porém, naquele projeto, PRECE era a sigla para Programa de Educação em Células Cooperativas, um movimento que começou em 1994, na comunidade rural de Cipó, em Pentecoste, sertão do Ceará.

O Manoel Andrade percebeu que era o único em sua cidade que tinha curso superior. Decidiu voltar nos finais de semana para ajudar seus amigos, sete jovens que haviam abandonado a escola e que, a partir de então, passaram a estudar e conviver numa velha casa de farinha. Manoel seria o motivador, arrumando transporte, alimentação e livros. Os jovens, e outras pessoas nem tão jovens assim, ensinariam uns aos outros o que sabiam.

Dessa educação mútua, de troca de saberes, ensinamentos e, principalmente, de vontade de estudar, surgiu o PRECE. E foi estudando em condições bastante precárias, mas de forma solidária e cooperativa, que, em 1996, veio o primeiro bom resultado: um dos jovens, Francisco Rodrigues, foi aprovado em primeiro lugar para o curso de pedagogia da Universidade Federal do Ceará (UFC).

A vitória de Francisco Rodrigues motivou o grupo e atraiu novos estudantes da região. Aquela forma de estudar, em que um cooperava com o outro e todos partilhavam o que sabiam, foi dando certo; novos estudantes também conseguiram ingressar na universidade. Porém, depois de realizar o feito, o jovem era estimulado a retornar a sua comunidade para colaborar com os demais. Isso alimentou o ciclo de cooperação!

Em 2003, foi fundada a primeira Escola Popular Cooperativa em Pentecoste, atraindo inclusive estudantes de outros municípios. Assim, a partilha de conhecimentos e experiências multiplicou-se. O PRECE conta, hoje, com mais de quinhentos estudantes de origem popular na universidade e 13 associações estudantis (Escolas Populares Cooperativas), em quatro municípios (Pentecoste, Apuiarés, Paramoti e Umirim). Os fundadores calculam que mais de duas mil pessoas já passaram pelo programa.

Adianta explicar quando o outro não quer entender? Estávamos em Rio Grande, Rio Grande do Sul, onde fica a Praia do Cassino, a mais extensa do mundo, com 230 quilômetros. Queríamos conhecer o NEMA, Núcleo de Educação e Monitoramento Ambiental, criado em 1985 por um grupo de estudantes de Oceanologia e que faz um trabalho muito legal de harmonização da relação sociedade-natureza.

Foi quando um senhor de 72 anos, bem-sucedido materialmente, dono de 42 apartamentos alugados na praia, nos abordou e perguntou:

– Vocês defendem o socialismo ou o capitalismo?

– Não são estas as bandeiras que levantamos. Defendemos a solidariedade humana – respondi.

– Por que tenho que ajudar o próximo? Tudo o que consegui na vida foi mérito meu. Cada um deve se virar e conquistar o lugar que lhe pertence.

– Tem muitas pessoas que estão mudando o mundo por amor, por sentir esta necessidade dentro do coração. A solidariedade é um sentimento muito lindo. Trabalhar para transformar e impactar positivamente a vida das pessoas é sensacional. Tem gente que já nasce com este sentimento; outros adquirem ao longo da vida. No entanto, se você não tem este sentimento altruísta, tudo bem! Faça alguma coisa, nem que seja por egoísmo ou inteligência.

Vou explicar melhor: considerando que, quando morrermos, não levaremos nenhum bem material, precisamos nos preparar para romper o vínculo com o materialismo. Então, é melhor ir se preparando desde já. desapegue! Não estou falando em doar tudo o que tem, mas sim em separar uma parte para deixar um legado.

Se você não quiser ser solidário por amor ou por egoísmo, seja solidário por inteligência!

Certas pessoas têm uma capacidade incrível de multiplicar bens materiais. Porém, não se sentem seguras. Trancam-se em casa, com medo de tudo e de todos. Vimos muitos condomínios luxuosos ao lado de comunidades violentas. Por uma questão de inteligência, as pessoas mais ricas deveriam investir em educação na comunidade violenta, para evitar que futuramente sejam abordadas. Evitar que nossos jovens se tornem bandidos é uma questão de inteligência. Não precisamos esperar o governo fazer isso, a sociedade pode fazer a sua parte. Então, ainda por uma questão de inteligência, é mais eficiente investir em educação, pois isso trará mais segurança.

Simples assim! Seja solidário por amor, por egoísmo ou por inteligência. Não importa! Contudo, seja solidário e vamos ser a mudança que queremos ver no mundo!

*

Quando falamos que não temos vínculo religioso nem político, as pessoas se espantam:

– Ah! Mas vocês não têm religião? Não votaram na última eleição?

Não é nada disso! Temos nossa religião, sim, e votamos, sim.

O que queremos dizer é que rótulos não vão nos levar a lugar nenhum. Rótulos geram apenas discussões desnecessárias.

Outro dia, um homem nos perguntou qual era nosso partido político.

– As ideias nos interessam, as siglas não. Não queremos partidos, queremos inteiro. Existem ideias diferentes, sim! E isso é ótimo! É democracia! Devemos unir as ideias de cada um e queremos um país que lute integralmente pelo bem-estar de todos – respondi.

– É... Não podemos criticar aqueles que estiveram ou que estão no poder, né? Afinal de contas, o que estamos fazendo como governantes de nós mesmos? De nossas vidas? De nossa comunidade? – analisou.

– Devemos criticar construtivamente. Devemos cobrar e apontar soluções. Devemos apontar o dedo, mas também mostrar o caminho. Os partidos políticos são importantes para certa organização, mas devemos deixar as siglas para trás e levantarmos uma só bandeira: a bandeira do Brasil – concluí.

O ser humano erra, mas, quando temos uma causa comum, os erros se tornam aprendizados.

*

Encontramos Úrsula em Blumenau, Santa Catarina. Ela nos contou:

– Fui abandonada por minha mãe em um orfanato da Alemanha. Sentia falta de um abraço, uma peça de roupa nova ou simplesmente de ser aceita. No entanto, o que aconteceu foi rejeição e fome. Ganhei meu primeiro brinquedo aos sete anos e meu primeiro bolo de aniversário aos 24 anos. Quando minha mãe precisava de mim para serviços de limpeza na casa, ela me buscava e então me devolvia.

Olhando para a janela da casa de sua mãe, Úrsula decidiu: "Um dia eu vou ser para uma criança tudo aquilo que faltou para mim."

Ela fundou a Amiguinho Feliz.

Certo dia, uma educadora entrou na sala de aula para rezar com as crianças. Ela costumava levar uma caixinha na qual os alunos maiores colocavam seus pedidos escritos em papeizinhos, mas aquela sala era de maternal. As crianças ainda não escreviam. Então, a educadora pediu que os pequenos fechassem os olhos para rezar, pousou as mãos na caixa de pedidos e fechou os olhos também. Logo sentiu várias mãozinhas sobre a sua. As crianças não sabiam escrever os pedidos, mas sabiam que podiam utilizar o toque. Quando acabou, ela perguntou o que cada um havia pedido. Uns pediram saúde, outros brinquedos e uma criança sentada ao seu lado disse:

– Tia, a semana passada eu pedi um emprego para meu pai e hoje eu quis apenas agradecer.

*

Na Índia, os hindus utilizam a seguinte saudação: *Namaste*. Quer dizer: a luz que habita em mim saúda a luz que habita em você!

É isso que todos os grandes líderes espirituais nos ensinaram. Às vezes, precisamos de símbolos para compreender conceitos que já tentaram nos ensinar há muito tempo e não conseguimos aprender. Amar o outro, mesmo que você não concorde com ele. Se não temos ideia do que podemos fazer, podemos ao menos passar pela vida das pessoas de uma forma linda.

Seja luz na vida de quem passar por você. Se temos a oportunidade de passar pela vida de alguém, vamos aproveitar e fazer com que seja da melhor maneira possível, espalhando tolerância, boas ações e boas notícias!

DESAPEGA!

Quantas vezes deixamos os excessos nos moverem? Excesso de roupas, de utensílios, excesso de sentimentos, excesso de culpas... Quando vendemos o apartamento, doamos um carro cheio de roupas e os móveis. Decidimos ter apenas aquilo que coubesse dentro do carro e no quartinho no fundo da casa de minha mãe. Se não coubesse nestes espaços, não caberia em nossa vida. Claro que ninguém vive de luz. Ninguém vive sem dinheiro.

No entanto, sabemos que, para algumas pessoas, dinheiro não é a prioridade. Estamos nesta categoria. Para nós, o que mais importa, verdadeiramente, é o que carregamos dentro de nós. O que somos, o que compartilhamos, o bem que fazemos. Isto sim é gratificante. Não queremos mais bens materiais. É muito pouco: queremos um mundo mais justo e mais solidário.

Como já dizia aquela frase:

> *"O que você tem todo mundo pode ter, mas o que você é ninguém pode ser."*

Muitas vezes, ao longo da nossa jornada, as pessoas nos paravam e diziam:
– Como vocês são desapegados! Não se prendem à matéria!
Opa! Isso não é verdade! É difícil nos desapegarmos de objetos. De pessoas. De valores.

Somos matéria e precisamos da matéria para viver. É claro que continuamos gostando de conforto e, se possível, desejamos tê-lo, mas queremos, também, que outras pessoas se sintam confortáveis. Continuamos gostando de tudo que nos dá prazer; porém as prioridades mudaram. Quando passo em frente a uma loja de sapatos, meus olhos brilham. Contudo, o impulso de comprar e satisfazer o desejo momentaneamente mudou.

É como a paixão: você deseja quando não tem. Quando você consegue, passa a desejar outra coisa. O amor é diferente: você constrói este sentimento a cada dia.

Tenho outros desejos hoje em dia, mais sublimes e verdadeiros.

*

Lemos, certa vez, que havia um antropólogo que estudava os costumes de uma tribo africana. Ele propôs às crianças da tribo uma brincadeira que lhe pareceu inofensiva. Comprou doces e guloseimas, pôs tudo em um cesto e colocou o cesto perto de uma árvore. Quando ele dissesse: "Já!", as crianças deveriam correr até a árvore; quem chegasse primeiro ganharia todos os doces. Ele deu o comando. Sabe o que aconteceu? As crianças deram-se as mãos e saíram correndo em direção à árvore. Pegaram os doces e dividiram tudo. Intrigado, o antropólogo perguntou por que tinham agido daquela maneira. Elas responderam:

– Ubuntu, tio. Como uma de nós poderia ficar feliz se todas as outras estivessem tristes?

Ele ficou de cara! Meses e meses estudando a tribo, e ainda não havia compreendido, de verdade, a essência daquele povo. Ou jamais teria proposto uma competição, certo?

Ubuntu significa: "Sou o que sou pelo que nós somos!" Atente para o detalhe: pelo que somos, não pelo que temos... Uma pessoa movida pelo ubuntu está aberta e disponível para os outros; não se interessa em julgá-los. Tem consciência de que faz parte de algo maior e que é tão diminuída quanto seus semelhantes quando eles são diminuídos ou humilhados, torturados ou oprimidos. Uma tentativa de tradução para a língua portuguesa poderia ser "a crença no compartilhamento que conecta toda a humanidade".

Temos esta mesma sensação. Como podemos ser felizes se outros estão tristes? Como podemos ser indiferentes ao sofrimento alheio?

*

Estivemos na Rocinha, a imensa comunidade no Rio de Janeiro onde vivem mais de setenta mil pessoas, visitando a União de Mulheres Pró-Melhoramento da Roupa Suja. É um projeto de geração de renda para mulheres que inclui aulas de artesanato e creches onde as crianças ficam enquanto as mães trabalham. Era noite quando saímos da comunidade, que estava às escuras, e entramos no asfalto, na avenida iluminada onde se enfileiram shoppings, lojas de carros, marcas famosas. Foi como se eu estivesse no filme *Invasor de Mentes*, lançado em 2009. Nele, o protagonista, após um grave acidente, recebe um *chip* no cérebro e fica assistindo a propagandas e imagens produzidas por quem implantou o *chip*. Um convite ao consumo desenfreado. Meus olhos e minha mente ficaram confusos com duas realidades totalmente diferentes.

Enquanto a Rocinha tem um Índice de Desenvolvimento Humano, IDH, igual ao dos países da África, os bairros vizinhos têm IDH de países europeus ricos. Isso mesmo: não precisamos cruzar continentes para identificar a diferença social; basta descer alguns metros do morro para o asfalto.

Pegamos um engarrafamento muito grande até o camping onde estávamos. Eu ia pensando nas vielas, no lixo, na falta de saneamento, nas péssimas condições a que as pessoas se sujeitam por falta de oportunidade. Ao meu redor, um mar de carros trancafiados em um imenso congestionamento.

Minha garganta também estava congestionada. Um nó bloqueava minhas palavras. Lembrei-me de uma senhora que nos contou ter saído da comunidade "apenas uma vez na vida", e nunca mais, por sentir que não pertencia àquele mundo lá de baixo. Naquele momento, eu não pertencia a lugar nenhum. Subi as escadas da barraca e fui buscar nos meus sonhos um lugar onde não existissem tantos contrastes sociais.

*

Em Mandirituba, Paraná, conhecemos Fernando Gois, que tinha um quarto e uma cama, mas um dia não conseguiu mais pegar no sono pensando em tantas crianças dormindo sobre pedaços de papelão. Desde então, ele só dorme no chão coberto por papelões. Você sairia do conforto de seu lar, por mais simples que fosse, para morar nas ruas? Pois Fernando saiu e foi morar entre crianças de rua, tentando entender como chegaram a essa situação. Adotou as calçadas e as comunidades como seu endereço, obediente à opção radical pelos pobres, pregada, então, sem meios tons pela Teologia da Libertação. Já usava a sandália de borracha que lhe rendeu o apelido de "monge pé de chinelo" (mas essa é outra história). Foram os próprios meninos que lhe disseram de seu desejo de morar em contato com a natureza, com os bichos, em liberdade. Fernando tanto fez que, em 1993, uma doação da empresária Rosy Pinheiro Lima garantiu os alqueires de que ele precisava para criar o projeto Chácara dos Meninos de Quatro Pinheiros e, assim, abrigar, perto da natureza, as crianças que retirou das ruas.

A expressão "pedagogia dos sonhos", misto de Paulo Freire, Freinet e Makarenko, que Fernando procurava na universidade, é sua contribuição à causa. Nasceu da experiência e da persistência de seus muitos entusiastas. Ainda não está formalizada em pesquisas ou estudos acadêmicos. No entanto, já existe de fato.

O projeto nasceu com os seguintes objetivos:

- Resgate das raízes familiares, pois a maioria dos meninos vem da zona rural e sente falta do contato com a terra;
- Convivência com a natureza, pois as crianças afirmavam sentirem-se mais seguras entre as árvores e os animais porque estes, diferentemente da sociedade, não as machucavam;
- Distância das drogas, para que os usuários tivessem mais chances de largar o vício.

Qualquer cidadão que ponha os pés nesta chácara, na Região Metropolitana de Curitiba, fica encantado com a energia e o amor presentes ali. A grande família se multiplicou. Os primeiros moradores, hoje adultos, sempre visitam a casa que os salvou da rua com a mesma naturalidade com que iriam à casa dos seus pais, experiência que muitos deles jamais tiveram.

Como o projeto está estruturado, agora o sonho de Fernando é voltar para as ruas e ajudar outros jovens.

– Uma vela ilumina, e se a usarmos para acender outras velas, teremos uma claridade imensa – nos disse ele.

É exatamente isso que queremos: que os pontos luminosos se tornem uma imensa claridade, jogando muita luz neste mundo em que vivemos.

*

Qual a sua relação com o dinheiro?

Participamos de uma experiência incrível, em Alto Paraíso, na Chapada dos Veadeiros, Goiás, com nossa amiga Romina e tantas pessoas que compartilharam conosco reflexões sobre Novas Economias e o Comércio Sagrado. Naquele encontro, chegamos à conclusão de que ter ou não ter dinheiro não nos deixa mais ou menos felizes. O dinheiro deve fazer parte de nossa vida como algo passageiro. Nós nos alimentamos, e o alimento passa por nós. Nós nos vestimos, e a roupa passa por nós. E é assim que deve ser nossa relação com o dinheiro. Que ele apenas passe por nós, para suprir nossas necessidades, e circule para suprir as necessidades de outras pessoas. Nada de excessos, apenas o necessário para todos e para sempre.

O encontro propôs a experiência de integrar mente, coração, corpo e espírito no ato de servir (em vez de trabalhar), investindo diariamente tempo e dinheiro em pessoas, comunidades, famílias, redes e economias prósperas, saudáveis, livres e felizes.

Contribuindo, assim, para a mudança que queremos ver no mundo.

Entender que o dinheiro não é sujo ou indigno, para quem faz o bem, foi muito difícil, mas precisamos entender que é apenas uma moeda de troca. Como se cada um fizesse algo de bom e trocasse com aquilo que o outro tem de melhor.

*

Se formos analisar, grande parte de nossos problemas começam os nos nossos desejos de consumo. Você tem seu salário e compra algo que quer. Seu salário aumenta, aparecem mais festas e você tem que comprar mais roupas. O armário fica pequeno e você compra um armário maior. No fim de semana tem que relaxar; o churrasco em casa já não satisfaz, melhor ir para um barzinho. Abriu um restaurante novo e você tem que conhecer. O celular que você comprou ano passado não possui os recursos do modelo que saiu neste ano. Vira uma bola de neve difícil de controlar. Você vai precisando de cada vez mais e mais dinheiro para manter seu padrão de vida. Começa a comprar coisas de que não precisa para impressionar pessoas que nada acrescentam. Porém, muitas vezes, você não para e se pergunta se está feliz. Você trabalha tanto. Faz tantos sacrifícios para ganhar dinheiro que quando está triste tem que gastá-lo para se sentir feliz. No outro dia começa tudo de novo. E nos esquecemos de que as melhores coisas da vida não são coisas!

*

Ter ou não ter?
Houve uma temporada em que nos hospedamos em um *resort* em Foz do Iguaçu. Éramos convidados dos organizadores de um congresso. Lá, muitas pessoas nos diziam:
– Quando saírem do hotel e voltarem para a barraca, vocês sentirão muita falta, né?
Refletimos muito sobre isso. Sinceramente, estes questionamentos não fazem parte de nossa vida. É claro que amamos ter um quarto confortável. No entanto, também amamos nossa barraca! É muito bom, depois de um dia de trabalho, deitarmos em nosso colchão e ouvirmos os sons da noite. Isso também é delicioso!

Ter ou não ter algo, para nós, não faz diferença nenhuma. Ter ou não ter não pode ser o condicionante para sermos mais ou menos felizes. É simplesmente uma condição humana, e precisamos agradecer cada prazer, usufruindo das experiências sem deixar que elas nos aprisionem.

*

No Rio de Janeiro, visitamos uma família bem desestruturada. Perguntamos ao garoto de 12 anos o que ele queria fazer na vida. Ele queria ser jogador de futebol. Perguntamos por que, e ele disse que era por causa do dinheiro e da fama. Observamos que aquele garoto passava grande parte do tempo deitado, assistindo à TV.

– Além disso, que pode ser uma profissão ou um *hobby*, em que mais você já pensou? – perguntamos.

– Em nada! Não quero trabalhar. Quero ser sustentado por uma mulher.

Conversamos, mostramos possibilidades e ele sempre perguntava:

– Mas isso dá quanto em dinheiro? – Ele sempre pensava em quanto poderia ganhar.

Não desistimos:

– Você não pode pensar nisso. Você tem que identificar o que você gosta de fazer e o dinheiro será apenas consequência.

– Eu não. Dizem que tem gari que ganha mais que médico. Para que vou estudar?

– Sem trabalho, o dinheiro não virá. Se esse médico está ganhando pouco é porque não trabalha. Contudo, você pode ser um gari, também. Um trabalho muito digno. Não importa o trabalho, não importa o salário. O que importa mesmo é você trabalhar no que gosta, contribuir para o funcionamento da comunidade e ser feliz. Simples assim! – falamos.

Conversamos muito sobre todas as profissões e quando saímos ele disse:

– Vou ser advogado!

Refletimos sobre a importância de conversar sobre o sonho dos jovens. De mostrar que é possível fazermos o que quisermos, independentemente do *status* financeiro que possamos alcançar.

*

Acordei em Curitiba e não conseguia me olhar no espelho. Meu cabelo não se ajeitava de jeito nenhum. Afinal de contas, fazia meses que eu mesma cortava. Imaginem a tragédia!

Como toda mulher, sinto vontade de comprar coisas? Sim. Sinto vontade de gastar dinheiro? Sim. Sinto vontade de tudo. A diferença é que hoje temos outras prioridades. Em vez de ficar duas horas em um salão, prefiro ficar duas horas em um projeto. Porém, naquele dia, resolvi procurar um salão para cortar e arrumar meu cabelo. Afinal de contas, não se cuidar também é um desrespeito ao próximo, não é? Ninguém merece ficar olhando para um visual descuidado.

Era um salão de beleza muito bonito, com espelhos grandes e uma luz incrível, e eu tive uma reação inesperada: comecei a chorar. Diante daqueles espelhos todos, eu não me reconheci. Um filme passou pela minha cabeça. Onde estava aquela menina que frequentava salão de beleza toda semana, desde os 11 anos? Onde estava a mulher vaidosa que andava com unhas pintadas e roupas bonitas, como se estivesse participando de um desfile de moda? O espelho refletia um cabelo descuidado, sem brilho. Um rosto com marcas de expressão fortes nos olhos e na testa, típicas de quem fecha o semblante diante do sol, o que torna o rosto mais sério e bravo. As rugas apareceram, e algumas pintas também! Minha pele envelheceu. Quanto minha vida mudara! Quanto mais eu me olhava, mais as lágrimas caíam!

Comecei a trabalhar muito cedo e sempre tive o necessário para manter minha vaidade. Naquele momento, porém, eu estava contando mentalmente cada centavo que tínhamos para me permitir o luxo de um dia completo no salão de beleza. Ficava imaginando quantos litros de diesel poderíamos comprar com aquele dinheiro. Valeria a pena?

Que outro mundo era aquele? Para as clientes, que não paravam de chegar, ir ao salão era apenas rotineiro. Mas, para mim, cada fio alisado, cada toque da pedicura nos meus pés, cada repique na franja era um agradecimento. Naquele momento, dei-me conta de que as nossas cicatrizes e rugas são medalhas atestando que um dia a gente viveu intensamente. Minha vida mudou, sim! Mudou a rotina, mudaram as prioridades, os valores. Deixei um pouco de minha vaidade para trás, mas estou levando comigo outro prazer: o prazer de enxergar em cada ser humano que encontro pelo caminho uma beleza que vem de dentro do coração.

*

Fui uma das *brides* do casamento de minha amiga, irmã e amada Gigi com o Bruno. É claro que me arrumei em um salão para estar à altura da festa linda. Enquanto estava lá, uma mulher bêbada entrou e pediu para usar o banheiro. Os funcionários não quiseram liberar, dizendo que estava entupido. A mulher saiu indignada, aos gritos, dizendo que trabalhava com banho e tosa de animais e ganhava mais do que todos juntos no salão. Levava consigo um poodle muito limpinho e uma sacola de verduras. Parecia ser uma trabalhadora que, por algum motivo, tinha resolvido tomar um porre naquele dia. As mulheres do salão começaram a zombar. Eu observava tudo, muito incomodada. E me lembrei do filme: *Em seus passos, o que faria Jesus*.

Saí atrás da mulher. Perguntei como se chamava e onde morava. Pus as mãos no ombro dela e caminhei ao seu lado. Ela perguntou sobre a minha religião, eu disse que o mais importante naquele momento era estarmos juntas.

– Se eu estivesse de carro, a levaria em casa – falei.

– Não se preocupe, minha filha, você me deu o que eu mais precisava: atenção – respondeu ela. Então me abraçou e chorou muito, dizendo: – O que eu estava procurando hoje era apenas um abraço e um pouco de carinho. Obrigada!

Pedi para que ela voltasse para casa, tomasse um banho, fizesse uma salada com as verduras que estavam na sacola e descansasse.

E lá se foi ela rua acima, com seu fiel cachorro ao lado, a alma lavada e um sorriso no rosto.

*

Fomos padrinhos de outro casamento, da Lu e do Cristiano, nossos afilhados lindos. Na festa, uma das convidadas me perguntou sobre o projeto e expliquei.

– Mas você está de vestido longo, maquiada e com o cabelo arrumado! – falou ela.

– Sim. Você queria nos ver de jeans e camiseta neste casamento tão lindo? – respondi.

Precisamos nos adaptar a todos os ambientes. Precisamos respeitar o olhar do outro. O problema não é se vestir bem às vezes: é simplesmente o excesso.

*

Um primeiro passo para desapegar pode ser o aniversário solidário, uma ideia simples, mas muito interessante para quem não está envolvido em nenhum projeto social. Em 2002, comecei a reparar que as pessoas compravam presentes para os aniversariantes, mas diziam: "Não repare. É só uma lembrancinha", ou "Se você não gostar, pode trocar". Foi quando decidimos pedir doações.

No primeiro ano enchi um carro com roupas doadas, a ponto de ter dificuldades de passar as marchas. Depois vieram as cestas básicas; então, as festas temáticas:

- Festa à fantasia: doação de roupas;
- Festa do vampiro: doação de sangue no Hemominas, fundação que atende à rede pública no estado de Minas Gerais;
- Festa do palhaço: doação de brinquedos;
- Festa country: doação de leite.

Meu marido gostou da ideia e começou a pedir cobertores de presente no aniversário dele, em julho.

Em 2012, quando estávamos apenas Dudu e eu na estrada no dia do meu aniversário, 28 de outubro – comemorando dez anos de aniversário solidário –, resolvi distribuir doces nas ruas e desejar para as pessoas: "Que sua vida também seja doce!" Compramos caixas de bombons, chicletes, pirulitos e balões. Então, decidi que gostaria de passar meu aniversário no lixão de Maceió, Alagoas. Compramos também cadernos e lápis de colorir.

Na véspera, havíamos conhecido dois projetos legais que faziam trabalho do lixão: o Ceasb e o Copvila. Quando chegamos lá, eu descia do carro e dizia assim:

– Hoje é meu aniversário, me dá um abraço?

Uau! Ganhei muitos abraços! Foi delicioso receber tanta energia sincera e pura!

*

É engraçado relembrar os dias 28 de outubro, meus aniversários, durante a expedição. Todos tiveram um tema terminado em "ão".

Em 2011, união; passamos com a família, por estarmos perto de nossa cidade, em Minas Gerais.

Em 2012, fizemos uma festa no lixão, em Alagoas.

Em 2013, *Caldeirão*: fomos ao Rio de Janeiro participar do quadro "Agora ou Nunca", no *Caldeirão do Huck*.

Em 2014, reunião: contamos nossa história em um evento de um projeto lindo chamado A União Faz a Vida, no Rio Grande do Sul, que trabalha valores como cooperação e cidadania em crianças e jovens. Fazem isto por meio de práticas de educação cooperativa, em âmbito nacional, desde a década de 1980, com o intuito de fortalecer o espírito do cooperativismo. Tudo com amparo da Fundação Sicredi, que coordena os projetos construídos com as escolas públicas, professores e alunos. Existem também oficinas de qualificação e aprendizagem para professores, criadas em parcerias. O mais bacana é que todos os projetos são abertos e podem ser solicitados e enviados gratuitamente. É possível adaptá-los à realidade de cada cidade, escola e grupos de alunos.

O lema é: "Juntos, desenvolvemos cidadãos cooperativos e uma sociedade melhor."

*

Fomos convidados para participar do Rally dos Sertões com a equipe mineira Lana Racing, distribuindo *kits* pedagógicos e brinquedos para crianças em comunidades. Foram dez dias, passando por 12 cidades em cinco estados brasileiros.

Parênteses: foi uma experiência incrível e de muita valia, já que aprendemos que não funciona programar o GPS para longas distâncias; é preciso ter à mão o mapa impresso também. Utilizamos estas informações por toda a nossa jornada.

Foi também uma vivência rica de convívio para entendermos ainda mais sobre o desapego. Enquanto Túlio e Léo, os pilotos, percorriam os trechos do *rally*, íamos direto para as cidades onde ficavam os pontos de apoio e procurávamos os bairros mais pobres.

A festa que as crianças faziam quando entregávamos os brinquedos nos tocou profundamente. Em Porangatu, Goiás, uma criança correu cinco quarteirões até nosso carro; quando chegou, não aguentava falar nada. Algumas nunca tinham visto um ioiô e não sabiam brincar; quando ensinávamos como se fazia, ficavam com os olhos vidrados no balanço de nossas mãos, a cabecinha para cima e para baixo.

Em Porto Nacional, Tocantins, uma criança, depois de nos ajudar a juntar o lixo que estava na rua, parou na minha frente e disse:

– Tia, quando a senhora vai voltar para me visitar? Nunca mais? – Aquilo me cortou o coração. Quando entregamos o *kit* e depois o carrinho para uma criança em Balsas, Maranhão, ela disse:

– Vixi Maria, que tanto de coisa, tia!

Tantas coisas simples, mas para aquela criança era muito.

Em Gurupi, Tocantins, uma linda criança, que estava brincando em uma caixa d'água, não parava de falar ao olhar o *kit*:

– Ai que lindo! Ai que bom! Ai que lindo! Ai que bom! – Foi mágico!

Andando pelas ruas de um bairro em Pirenópolis, Goiás, avistamos uma criança mexendo no lixo para encontrar algum brinquedo; pegou um bobe de cabelo e um pedaço de plástico. Paramos imediatamente o carro e, quando entregamos o *kit*, ela logo deixou cair o brinquedo que retirou do lixo, segurando firmemente os novos brinquedos que havia acabado de ganhar.

No entanto, para nós, o momento mais emocionante foi quando um menino insistiu para que lhe entregássemos mais de um ioiô; queria levar para o primo.

– Calma, que precisamos entregar primeiro para todas as crianças que estão aqui – falei.

– Tia, me dá outro para levar para meu primo?

– Calma, querido. Vamos ver daqui a pouco.

– Tia, me dá outro para levar para meu primo que está doente? – Outras crianças falavam que ele não tinha irmão e que o primo era pequeno. Contudo, ele não desistia. Era uma situação constrangedora, já que não tínhamos brinquedos para todos e muitas crianças entravam na fila duas vezes apenas para acumular mais brinquedos.

– Bom, vamos fazer assim: na hora em que terminarmos, vamos entregar pessoalmente para ele, em sua casa – sugeri.

Ele concordou e nos esperou. Chegamos lá e o primo tinha seis anos e uma paralisia cerebral que o deixava sem movimentação na cama. O que mais nos impressionou não foi a doença da criança, e sim o carinho do primo. O único movimento que o primo fazia era mexer a cabeça de um lado para o outro e para o alto. Quando direcionei meu olhar para onde ele estava olhando, percebi vários brinquedos presos ao teto e sobre a cama mais alta do beliche. Aquele menino insistente, que sempre pedia a todos um presente para ele e outro para o primo, queria apenas alegrar o quarto da criança com paralisia, dispondo os brinquedos em lugares que seus olhos pudessem alcançar. Mesmo sabendo que ele nunca poderia brincar.

Saí daquela casa com um choro engasgado na garganta, pensando no excesso de amor, excesso de solidariedade, excesso de cuidado que aquele menino tinha guardado em seu coração! Aquele sim era um excesso do bem.

O QUE GANHAMOS COM ISSO?

Uma das coisas que mais valeram a pena na expedição talvez tenha sido o fato de que nós mudamos completamente.
Sempre nos perguntam:
– Vocês querem mudar o mundo?
O maior desafio é mudar a nós mesmos. Porém, quando começamos nossa viagem em busca de bons exemplos e do que somos, percebemos uma transformação diária. Hoje acreditamos que as influências externas nos fazem mudar internamente.
Aquele casal que saiu de Divinópolis, em 2011, ficou para trás. Queremos mudar o mundo, sim. Já mudamos dois mundos: o da Iara e o do Dudu! Agora, se conseguirmos influenciar outras pessoas com as histórias que contamos, ah, aí teremos a nossa grande recompensa. Aliás, já vimos recebendo nosso pagamento: os documentários que conseguimos realizar sobre alguns projetos; as conexões que fizemos entre quem queria ajudar e quem precisava de ajuda; o nosso *site* ter se tornado uma referência de pesquisa; a divulgação em mídia espontânea para os projetos.
Quando alguém nos liga ou manda e-mail dizendo que nunca havia feito nada por ninguém e, a partir das histórias que estamos contando, está se mobilizando, é incrível! É como receber o salário no fim do mês com bonificação, ganhar uma medalha de ouro nas Olimpíadas, levantar a taça na final da Copa do Mundo. São sensações que dinheiro nenhum paga.

Agora, mesmo que nenhuma transformação tivesse acontecido dentro de nós, que ninguém tivesse ajudado outras pessoas, que ninguém tivesse começado uma nova ação, apenas por esta história que recebemos por e-mail a expedição já teria valido a pena:

"Bom dia, Iara e Eduardo,
Bom, conheci a história de vocês assistindo ao *Caldeirão do Huck* e logo comecei a segui-los no Facebook. Admirável, e uma lição de vida o que vocês estão fazendo. Isso tem me feito pensar muito.
Sou jovem e bem-sucedido, mas infeliz com a vida. Bom, mas onde vocês entram nessa história?
Há dez anos sofro de depressão. Tentei o suicídio no início deste ano. Ninguém entende o porquê. Contudo, a lição de vida que vocês me deram me faz repensar...
Será que preciso ser o que todos querem que eu seja mesmo? Será que eu quero isso?
Este tapa na cara que o Luciano Huck disse que vocês estão dando na sociedade acertou em cheio a minha [cara]. É muito difícil você viver sem ter um objetivo na vida, mas vocês me mostraram que podemos ser felizes saindo do convencional. Posso ter outro objetivo na vida.
E por que não ter o objetivo de melhorar o mundo? De deixar um legado, por menor que seja, para a sociedade? Esta reflexão me dá uma esperança de ter uma vida feliz no futuro... Me conforta.
Obrigado por me fazer um caçador de bons exemplos ou até mesmo um "fazedor" de bons exemplos. Desde que eu vi vocês, uma luz no fim do túnel acendeu.
Ainda vou conhecê-los pessoalmente e, olhando dentro dos seus olhos, contar a vocês como salvaram minha vida!"

Uau! Quando li o assunto desse e-mail, "Obrigado por salvar minha vida!", já comecei a arrepiar. Falei com o Dudu:
– Como assim? Nós não fizemos nada! Nem conhecemos esse rapaz. – Contudo, quando acabei de ler toda a mensagem, as lá-

grimas não paravam de escorrer. E eu só conseguia pensar: valeu a pena tudo o que passamos! Vale a pena continuarmos! Este é o nosso pagamento!

Queremos compartilhar ainda duas histórias que nos encheram de alegria. Elas representam o que ganhamos com o nosso trabalho.

*

Cláudio é agente penitenciário e apaixonado por basquete. Ao dar-se conta de que alguns filhos de detentos acabavam seguindo o exemplo dos pais e também entravam para o mundo do crime, decidiu usar sua paixão pelo esporte para oferecer a eles uma ferramenta de transformação. Nasceu assim o projeto Adote Um Atleta, em Aquidauana, Mato Grosso do Sul. A cidade, considerada o Portal do Pantanal, não tem muitas possibilidades de esporte para os jovens. Como não existem quadras públicas, os treinamentos acontecem na quadra de uma escola fechada há mais de 15 anos; Cláudio sonha em transformá-la em um espaço que tenha também aulas de música e dança.

Nem sempre é fácil trazer jovens de bairros distantes e perigosos, mas Cláudio não desiste de seu sonho de transformar a vida destes garotos e quebrar a triste realidade de que "filho de peixe, peixinho é". Ainda são muitos alunos para poucos padrinhos, porém, apesar das dificuldades, conseguiu levar o projeto adiante e provar que é possível, sim, fazer a diferença. Brilho no olhar, basquete e solidariedade: esta mistura resulta em transformações de crianças e adolescentes. Pouco depois que saímos de lá, recebemos esta mensagem no dia 30 de janeiro de 2014:

"Obrigado pela visita. Não consegui dormir esta noite pensando em tudo o que aconteceu. Quero que saibam que me trouxeram muita inspiração e espero um dia ainda poder receber vocês novamente. Prometo que estarei trabalhando muito e com um número ainda maior de crianças filhas de presos. Obrigado por terem estado comigo. Fiquem com Deus. Abraço!"

*

Cerca de um ano depois, em 9 de março de 2015, recebemos outra mensagem de Cláudio, que dizia:

"Quero que saibam que seremos eternamente gratos, que não tem como agradecermos a vocês tudo que nos proporcionaram com sua visita. Foi uma visita rápida, próxima da hora do almoço (e nem quiseram almoçar, rsrsrsrs), mas tudo bem, porque a pressa que vocês tinham sem dúvida se justifica. Vocês mudaram por completo minha vida e estão mudando a vida de crianças (...). Vocês vieram, nos notaram e hoje estamos envolvendo muitas pessoas no objetivo de transformar vidas. Sabe, nas minhas andanças na cidade em busca de padrinhos para os atletas, uma pessoa disse assim: 'Anjos são pessoas que possuem apenas um lado de asas e precisam agarrar-se a outra para ter um par, e assim voar'.

Iara e Eduardo, vocês foram nossos anjos e enviaram uma legião de anjos, que realizaram sonhos e que nos deixaram a grata missão de perpetuar valores agregados ao esporte, ao basquete em especial.

Depois da visita de vocês, mudaram tudo e todos deste lugar. Nem sei se era este o objetivo, mas está transformando a vida, especialmente de nossas crianças, e hoje temos nosso lugar, a nossa casa, o lugar de que somos donos, onde todos somos iguais, porque esta legião de anjos que vocês nos mandaram nos deu o que mais precisávamos: oportunidade.

Hoje temos 120 crianças cadastradas (mas tá aumentando, rsrsrs), crianças que acreditam que sonhar é possível, que o sonho pode se realizar, que depende de nós, que somos tudo o que podemos ser.

No Adote Um Atleta, nos reunimos, jogamos basquete, tomamos tereré, ouvimos músicas, assistimos a filmes em 3D, confraternizamos, exercitamos valores de cidadania e bons hábitos. O mais engraçado é que nosso lugar fica na entrada do bairro mais violento da cidade, onde existe o maior índice de crimes e de drogas. No entanto, isso também vai mudar porque a transformação se faz assim, com um começo, uma visita rápida, rsrsrsr.

Deus os abençoe porque só Deus para retribuir o que fizeram. Um beijo enorme. Amamos vocês como se fossem nossa família. Aquidauana agradece e todos do Adote Um Atleta agradecem também!"

"Colégio XIX de Março, Itajubá, Minas Gerais
Bom dia, Iara.
Fiquei muito feliz de ter falado com você agora há pouco! Não imaginava que seria fácil um contato com uma pessoa que admiro tanto!

Como lhe falei, o exemplo seu e de Eduardo inspirou um projeto temático complementar que desenvolveremos em nossa escola em 2015. Chega de má notícia! Vamos encaminhar nossos alunos para caçar (como vocês) bons exemplos pela região. Ampliar nossa função para além da sala de aula, com certeza, semeará neles um novo modo de vida.

Vocês estão de parabéns pela iniciativa que tiveram! Suas lágrimas de emoção no Fantástico levaram a muitas outras aqui na reunião de professores e, com certeza, o mesmo acontecerá quando eu passar o vídeo para alunos e pais.

Ao longo do desenvolvimento do projeto, encaminharei material para você (caso haja interesse em divulgar nossa ação também).

Sendo possível, Iara, você pode me encaminhar um pequeno vídeo de motivação para que eu possa transmitir aos alunos um recadinho seu? Já pensou como eles vão se achar protagonistas do projeto, se a própria idealizadora falar com eles?

Também gostaria de saber de que modo podemos auxiliar vocês na última etapa da jornada.

Aguardando seu retorno, reforço meu agradecimento por nos atender, e minha satisfação de ter ouvido você hoje!

Um abraço, Professora Lou"

E o que dizer de mensagens como esta, da Lu Yoshitake? Ficamos muito felizes com a comparação.

"Acompanho vocês como se fosse o BBB (Big Brother do Bem). Com certeza, quando convivemos com realidades tão distintas quanto as que vocês têm visto, o ter fica lá no final da lista. Mas o que eu mais amo em vocês, nesta jornada tão linda, é o lembrar que estamos por aqui para aprendermos a ser!"

Big Brother do Bem! Amamos. Imaginem um *reality* show só com pessoas que queiram mudar o mundo de alguma forma? Quem sabe um dia?

*

Uma agência de publicidade muito conceituada de Curitiba, havia entrado em contato conosco; queriam saber quanto cobraríamos para indicar projetos para uma grande marca que era cliente deles. Respondemos que fazíamos esse trabalho de graça; aliás, já vínhamos fazendo isto há três anos de graça, mesmo.

Eles, sem acreditar naquilo que estavam ouvindo, nos convidaram para uma reunião. Queriam entender melhor.

Chegando lá, entrei em pânico. Imaginamos que seria uma reunião com quatro pessoas, mas eram dezenas. Não tínhamos uma apresentação, só um PowerPoint bem "fuleirinho", com quatro fotos. Tremendo, pedi desculpas e disse:

– Gente, não temos uma apresentação do projeto, não, mas temos muita história para contar. Vamos fazer um bate-papo.

Foi muito legal! Energia deliciosa. Fizemos grandes amigos e várias pessoas se tornaram voluntárias. Eles nos deram muitas dicas, criaram uma nova logomarca e elaboraram um novo *site* para nós. Tudo lindo demais!

Ficamos acampados vários dias no quintal lindo da casa. Ganhamos água, cobertores, roupas de frio e muito amor. Um dia, a Lilian, que mora na casa ao lado, nos chamou:

– Oi, vizinhos! Tenho um presente para vocês. – Ela e seus filhos nos trouxeram chocolates.

Outro dia acordamos e fomos fazer nosso café. Passa um senhor com um saco na mão e nos cumprimenta. Alguns minutos depois ele volta e diz:
– Não consegui comer estes pães sozinho e pensando em vocês. Estão tão quentinhos. Vamos tomar café juntos?

*

Fomos convidados para participar de um congresso em Foz do Iguaçu. Como estávamos no Paraná, aceitamos.
Perguntamos o que iríamos fazer e eles disseram:
– Irão expor o trabalho de vocês e passar o fim de semana conosco. Só isso. Relaxem.
Chegamos lá e vimos que eles tinham feito um banner lindo com nosso carro e um pouco de nossa história. Eles nos acolheram em um quarto muito confortável e nos proporcionaram muitas alegrias e reflexões. O que não esperávamos é que entregaríamos um prêmio e ainda receberíamos tanto carinho! Um de nossos anfitriões nos apresentou assim: "Os homens terão inveja deste rapaz. Ele é o único aqui neste lugar que 'arma a barraca' 365 dias por ano. No entanto, antes que vocês se assustem, a barraca dele é em cima do carro."
E todos caíram na gargalhada.
Pessoas do Brasil inteiro falando apenas dos pontos luminosos que existem em suas cidades. Conversamos, trocamos experiências, recebemos indicações de projetos. Abraçamos e nos sentimos abraçados! Fizemos amigos!

*

Desde então, sempre que fomos convidados para contar nossa história, tivemos o maior prazer em compartilhar nossas vivências. Participamos de bate-papos na Infraero, em Brasília, na Caçador de Mim, em Goiânia, na Faculdade Jesus Maria José, em Brasília, na Faculdade Anhanguera, em Florianópolis, na Associação Brasileira de Recursos Humanos, ABRH, em Itajaí e em Florianópolis, nos Fazedores de Chuva, em Itajaí, na Ulbra, em Canoas, no Pão dos

Pobres, em Porto Alegre, no Sebrae, no Rio de Janeiro, na Câmara dos Dirigentes Lojistas, CDL, em Uberlândia, e com nossos queridos amigos das cooperativas Sicredi em Canela, Porto Alegre, Pelotas, Goiânia, Ijuí, Rio Verde, Encantado, Nova Mutum, Cristalina, Sarandi, Santa Cruz do Sul, Curitiba e Cuiabá.

Em uma palestra no Sebrae, uma moça veio nos cumprimentar e disse:

– Não sabia o porquê de estar aqui hoje, mas agora sei. Hoje eu havia desistido. Não queria mais continuar meu projeto. Vim aqui apenas porque já tinha me inscrito, mas ouvir vocês me deu ânimo e decidi que vou continuar.

Em um destes congressos, nosso amigo Rudimar se ofereceu para pagar nosso combustível até o local. Aceitamos e depois prestamos contas enviando os comprovantes de abastecimento. Ele depositou bem mais do que gastamos. Enviamos uma mensagem sobre o erro no depósito e ele respondeu: "Vocês não aceitam doação e eu não aceito a devolução do dinheiro!"

O que ele não sabia é que naquele dia estava vencendo uma parcela de nosso seguro do carro e não tínhamos o dinheiro para pagar. O valor extra correspondia exatamente ao que tínhamos que quitar.

Na expedição, não uso brincos, anel, nada. Só o uniforme.

Terminamos de contar nossa história no Sicredi de Pelotas e uma garota se levantou. Tirou os brincos e o anel e disse:

– Eu queria lhe dar tudo de melhor, e o melhor que eu tenho hoje são estes objetos que, acredito, estão me deixando mais bonita. Aceite os brincos, porque o meu coração você já tem.

*

Sou uma pessoa que gosta de abraços, melhor ainda se forem de coração com coração. Gosto de pouca formalidade e muita cordialidade. Como geralmente nosso carro fica estacionado em frente aos locais dos eventos, todos que chegam passam por nós. Havia dias em que abraçávamos centenas de pessoas. Alguns acontecimentos chamaram nossa atenção. Quando abracei uma pessoa e segurei-a por alguns segundos, ela começou a chorar muito. Algumas horas depois, a situação se repete. Perguntei o que havia acontecido e as duas me disseram que choravam porque havia muito tempo não tinham esse contato físico e carinhoso de alguém.

Meu Deus! Como pode isso? Alguém sentir falta de um abraço, que não custa nada para ninguém. Começamos a fazer algumas reflexões e decidimos distribuir abraços grátis. Fizemos uma plaquinha com os dizeres: "Você já abraçou alguém hoje? Abraço grátis!" Foi incrível! As pessoas vinham caminhando com a fisionomia fechada... Até verem a placa. Na mesma hora, davam um sorrisão e abriam os braços também. Houve pessoas que passaram direto, voltaram e disseram que a frase as tinha incomodado a ponto de dar meia-volta e pedir abraço. Calor! Amor! Suor! Felicidade! Tranquilidade! Aconchego! Tudo isso você encontra em um abraço. Você encontra outro ser humano! Afinal de contas, há braços... Sim! Há muitos braços esperando apenas uma atitude para unir corações em fortes abraços!

*

Um grande advogado tentou nos convencer a buscar patrocínio e ajuda financeira. Depois de ouvi-lo por mais de hora, Dudu vira para o advogado bambambã e diz:

– Você precisa aprimorar seus argumentos. – E, apontando para mim: – Essa aí é difícil de convencer.

Caímos na gargalhada e o advogado disse:

– Foram vocês que me convenceram; na verdade, me emocionaram.

*

Quando nos perguntam o que ganhamos com nossa jornada, uma história que muitas vezes me vem à mente é a do Haroldo de Menezes. Em Goiânia, ele tocava dois projetos que usam a música para levar as pessoas para o caminho do bem: os Soldados da Paz e o Festival Craques da Paz. Ao longo da nossa conversa, ele não tirava os olhos de nossa camiseta com as palavras "Caçadores de

Bons Exemplos". Um tempo depois, ele nos explicou por que tanto olhar para a nossa roupa:

– A visita dos Caçadores de Bons Exemplos foi um marco em minha vida! Este gesto de ser entrevistado fez fluir uma nova e importante fase em minha vida. A partir daquele exato momento surgiu o programa Caçador de Mim, um projeto voltado para resgatar vidas e desembrulhar sonhos tendo o autoconhecimento como principal ferramenta. Gratidão eterna!

*

No final de 2013, tio Roberto nos escreveu este pequeno poema:

> "Caçador/Caça
> Amor/Caçamores/Caçadores
> Vocês/Caçadores/De vocês"

Sim. Caçamos amor, mas por diversas vezes encontramos a dor. O mais importante desta caça à dor e ao amor é nos conectarmos com o que temos de melhor dentro de nós. Este encontro interno que é tão difícil, mas tão essencial em nossa vida.

*

Jeferson e sua esposa, Maguidalena, do Arte Cidadã, em Santo Antônio do Leverger, Mato Grosso, sempre pediam apoio ao jornal local para divulgar seu projeto. Amantes da música, eles educam crianças e adolescentes para a arte em um anexo da própria casa. Atualmente atendem duzentos jovens! Da casa, a única parte que sobrou para eles foi o quarto de dormir.

Estávamos lá e eis que chega um homem com uma câmera. Adivinha? Do jornal da cidade. Finalmente. A conclusão de Jeferson:

– Vocês, que nem são imprensa, vieram de tão longe, e eles aqui tão perto não valorizam. Ainda bem que vieram!

*

Em Goiânia, fomos à casa de Márcia conhecer um projeto chamado Amigas Rokitansky.

Rokitansky é o nome de uma síndrome rara que acomete algumas mulheres. Elas nascem com uma malformação no canal vaginal. Não podem gerar um filho e, em alguns casos, precisam de cirurgia para manter relações sexuais. As Amigas se reúnem para compartilhar experiências e possibilidades. Márcia nos escreveu assim:

> "Linda matéria que fizeram sobre o nosso projeto! Tão linda quanto vocês! Saibam que, quando estiveram aqui, o dia todo senti um perfume suave em minha casa. À tarde, fui à casa de minha mãe e, mal cheguei perto dela, me disse: 'Nossa, que perfume maravilhoso!' Porém, eu não havia passado perfume algum. Conclusão: acho que ficou aqui o perfume do amor, da generosidade, do desprendimento, da esperança. Nunca esquecerei."

Em nossos quatro anos na estrada, conseguimos que fossem feitos vários documentários sobre os bons exemplos; grandes reformas para que os projetos atendessem mais pessoas; projetos foram valorizados por quem mora perto. A mídia local passou a prestigiar programas do bem. Nunca recebemos dinheiro por isso. Simplesmente porque isto não tem preço!

Um dos documentários foi sobre a Escola Rural Maria Teixeira, fundada em 1994, em um sítio em Luziânia, Goiás. A ideia de Silvana era criar uma escola para todos; tanto que, dos 208 alunos matriculados, sessenta têm necessidades especiais. A convivência é harmoniosa nessa escola em formato de vila, com casinhas coloridas e um cuidado especial com a natureza, totalmente mantida por doações. As trilhas têm plaquinhas de conscientização, a biblioteca dá vista para a mata, e as turmas são chamadas por nomes como Nuvem, Flores, Borboleta. Todos os alunos se comunicam pelo braile. É emocionante ver deficientes mentais ajudando os deficientes visuais a se locomover. Não existem limites para ajudar o próximo.

E ainda tem gente que nos pergunta o que ganhamos com nossa expedição! Sem falar que talvez nunca saibamos o real alcance de nossas palavras.

*

Eliana, professora de escola pública em Santarém, Pará, faz um trabalho voluntário superbacana com crianças e adolescentes na faixa etária de 14 a vinte anos, educando-os para a proteção do meio ambiente, a cidadania, o esporte.
Seu trabalho chama-se Projeto Sol.
– É que nunca saberemos onde nossos raios chegarão – explica ela, com singeleza.

*

E para refletir sobre como uma pequena ação pode incentivar outra e mudar toda uma cidade, Eliana nos contou a história da Menina do Vestido Azul:

"Num bairro pobre de uma cidade distante, morava uma garotinha muito bonita.

Acontece que esta menina frequentava as aulas da escolinha local no mais lamentável estado: suas roupas eram tão velhas que seu professor resolveu dar-lhe um vestido novo. Assim raciocinou o mestre: 'É uma pena que uma aluna tão encantadora venha às aulas desarrumada desse jeito.

Talvez, com algum sacrifício, eu pudesse comprar para ela um vestido azul. Quando a garota ganhou a roupa nova, sua mãe não achou razoável que, com aquele traje tão bonito, a filha continuasse a ir ao colégio suja como sempre, e começou a dar-lhe banho todos os dias, antes das aulas. Ao fim de uma semana, disse o pai:

'Mulher, você não acha uma vergonha que nossa filha, sendo tão bonita e bem arrumada, more num lugar como este, caindo aos pedaços? Que tal você ajeitar um pouco a casa, enquanto eu, nas horas vagas, pinto as paredes, conserto a cerca e planto um jardim?' E assim fez o humilde casal. Até que sua casa ficou muito mais bonita que todas as casas da rua, e os vizinhos, envergonhados, puseram-se também a reformar suas residências. Deste modo, todo o bairro melhorava a olhos vistos, quando por ali passou um político que, bem impressionado, disse: 'É lamentável que gente tão esforçada não receba nenhuma ajuda do governo'.

E dali saiu para falar com o prefeito, que o autorizou a organizar uma comissão para estudar que melhoramentos eram necessários ao bairro.

Desta primeira comissão surgiram muitas outras e hoje, por todo o país, elas ajudaram os bairros pobres a se reconstruírem. E pensar que tudo começou com um vestido azul."

Não era intenção daquele simples professor consertar toda a rua nem criar um organismo que socorresse os bairros abandonados de todo o país.

Mas ele fez o que podia, e seu movimento desencadeou toda aquela transformação.

É difícil reconstruir um bairro, mas é possível dar um vestido azul.

Dalila pretende mudar a vida de detentas nos presídios de Vitória, Espírito Santo, por meio de aulas de ioga. Ela nos fez refletir sobre como o autoconhecimento e a consciência podem mudar destinos. Comparou os exemplos que encontramos pelo caminho a beija-flores que jogam gotinhas de água para apagar o fogo na floresta.

– Bom saber que temos tantos beija-flores voando por aí. Que a atitude de vocês reverbere! – disse ela.

*

A ideia de reverberação nos trouxe à mente a existência do Grameen Bank, o primeiro banco do mundo especializado em microcrédito, concebido pelo professor Muhammad Yunus, ganhador do Nobel da Paz, em 2006. Yunus é um homem que sonha em erradicar a pobreza no mundo, e suas ideias transbordaram por todo lado. No nordeste brasileiro, encontramos outro banco que, além de oferecer microcrédito, é também um banco comunitário, com moeda própria, que visa dar autonomia e qualidade de vida à comunidade e acabou por alavancar seu crescimento econômico. Que fantástico foi conhecer Joaquim e o Banco Palmas, em Fortaleza, Ceará. Joaquim, um seminarista que se engajou nos movimentos sociais no final da década de 1970, e chegou a morar em um lixão, organizou mutirões no Conjunto Palmeiras, comunidade próxima, para trazer água e energia elétrica. Em 1988, terminou os estudos de Teologia. Estava tão comprometido com a associação, com os mutirões e com o bairro que acabou não se ordenando padre. Construiu sua vida no Conjunto Palmeiras. Dois anos depois, casou-se com uma pessoa da comunidade e continuou sua história no bairro.

Em 1997, depois que o conjunto se organizou, as pessoas começaram a ir embora porque não tinham dinheiro para pagar as contas de água, luz e IPTU. Em janeiro daquele ano, em uma reunião na associação, Joaquim e outros moradores começaram a se questionar: "Por que somos pobres?" A resposta mais comum era: "Somos pobres porque não temos dinheiro."

A resposta era tão óbvia que não poderia ser verdade. Então, fizeram a primeira pesquisa, que é utilizada até hoje, o "Mapa da produção e do consumo local". Com os dados na mão, perceberam que a comunidade gastava 1,2 milhão de reais em compras mensais. Na época, 25 mil pessoas moravam no conjunto.

Fizeram uma assembleia e mostraram este número para a população. Perceberam que 80% do que consumiam vinham de fora do bairro. A partir daí, tinham a resposta certa: "Nós não somos pobres porque não temos dinheiro, somos pobres porque perdemos o dinheiro que temos. Todo o nosso dinheiro vai embora para fora do bairro."

Em janeiro de 1998, Joaquim estava à frente da fundação do Banco Palmas.

– Conseguimos dois mil reais emprestados. Naquela época, não se falava de microcrédito, nem de economia solidária; abrimos o banco apenas com esse dinheiro. Na primeira noite, fizemos cinco empréstimos e zeramos o caixa. Costumo brincar que o banco quebrou no dia que abriu. Mas as pessoas pagaram seus empréstimos, e parceiros nacionais e internacionais foram surgindo – disse ele.

Com a visibilidade, a experiência começou a se disseminar no Brasil. Hoje, existem 103 bancos comunitários no país. Em 2006, nasceu a Rede Brasileira de Bancos Comunitários, que integra todos os bancos.

Cada banco comunitário tem a sua moeda social local circulante. No caso do Banco Palmas, o nome da moeda é palma. Cada palma equivale a 1 real. Nenhum comerciante é obrigado a aceitar, mas cerca de 240 estabelecimentos recebem a moeda local no Conjunto Palmeiras. A circulação é restrita.

O objetivo da moeda é estimular o consumo local. O morador tem acesso ao dinheiro fazendo um empréstimo em palmas, e não terá que pagar juros (em reais, essa taxa existe). Ele também pode trocar reais por palmas no próprio banco, para consumir com descontos de 5 a 10% nos estabelecimentos credenciados. Outra forma é receber parte do salário em palmas.

O "Mapa da produção e do consumo local" é atualizado a cada dois anos. Em 2011, a pesquisa mostrou que 93% dos recursos da comunidade eram gastos no próprio bairro. No início, eram somente 20%.

– Esse é o grande objetivo – afirma Melo. – Há também o lado pedagógico, de valorizar o que é produzido aqui, inclusive arte e cultura, e aprender a gostar do seu espaço.

Uma pesquisa recente avaliou o impacto gerado pelo Banco Palmas: 90% dos entrevistados melhoraram sua condição de vida; o comércio local aumentou em 80% suas vendas. Foram gerados 2,2 mil postos de trabalho e criadas seis empresas comunitárias. Joaquim comemora todas as conquistas da comunidade.

– O Conjunto Palmeiras deixou de ser visto como um local de marginais. Hoje é um bairro visitado internacionalmente por governos, universidades e pessoas que querem desenvolver esta tecnologia social. Temos muito orgulho disso. Esta tecnologia social não foi criada em Harvard, na Fundação Getúlio Vargas ou em outro centro de excelência. Foi criada pelos moradores de uma comunidade nos grotões do Nordeste. Foram os pobres, buscando, juntos, a solução dos seus problemas, que pensaram nesse mecanismo.

Como já dizia o economista e professor Paul Singer: *"Ninguém supera a pobreza sozinho e sem desejar superá-la."*

*

Aprendemos que não devemos interferir nas comunidades. Isso fere! Toda mudança tem que ser de dentro para fora. Não adianta implantar nada que a comunidade não sinta que é seu.

Devemos influenciar. Deixar fluir! Fazer com que as pessoas tenham uma visão global, porém com impacto local. Isto é ajudar o próximo que está próximo! Isso é transformação.

Segundo Confúcio:

> *"Conte-me e eu esqueço.*
> *Mostre-me e eu apenas me lembro.*
> *Envolva-me e eu compreendo."*

CHEGADAS E PARTIDAS

Viajar é uma das melhores coisas da vida, e certamente o sonho de muita gente. Uma experiência que traz bagagem cultural e diversão. No entanto, nossa expedição é muito mais do que isso. Viajamos para conhecer pessoas que mudam o mundo.

Não queremos ser viajantes apenas a passeio. Queremos ajudar as pessoas para que, quando chegar a nossa hora de desembarcar deste trem, nossos lugares vazios tragam apenas saudades e boas recordações para aqueles que prosseguirem nesta linda viagem chamada vida.

*

Falando em morte, acredito que precisamos viver pensando na hora de partir. Parece estranho, mas esta consciência, longe de trazer tristeza, pode ser libertadora. O pensamento da morte evoca, para mim, as lembranças da minha família. Pense: abrimos mão de todos os nossos bens materiais e iniciamos a expedição. Mas e a família?

Dudu tem dois filhos lindos, a Raphaela (26 anos) e o Bruno (16 anos), e duas ex-esposas lindas, Estephani e Elizabeth. Tenho muito a agradecer a elas pela criação exemplar que deram aos filhos do meu grande companheiro de jornada.

Não sabemos o que pensam, no fundo, sobre nossa expedição, mas o que estamos fazendo é exatamente *para eles*.

Que valores passaremos para nossos filhos? Qual será a herança que deixaremos? Os bens materiais ou o bem que fizemos?

Minha família é muito unida, grande e presente: mais de uma centena de familiares e amigos que sempre estão presentes em todas as festas e em todas as dores.

Diferentemente de mim, Dudu pouco preservou laços familiares, talvez pelo fato de seu pai ter morrido cedo e de ele ter sido criado pela avó, que também faleceu. Contudo, eu sempre tive raízes profundas. Minha família está muito próxima. E tudo é motivo para celebração. Pegamos a estrada, mas a família permaneceu dentro de nós.

*

Fizemos sacrifícios financeiros para estar sempre com a família e amigos nas datas comemorativas. Talvez ninguém dê valor ou agradeça por isso, mas não tem problema. Nós é que devemos agradecer a todos, por nos amarem e nos fazerem amá-los. Só um amor tão puro forma uma família unida. E não existirá distância física nenhuma capaz de separar corações unidos.

Sabemos de nossos defeitos, ausências, conivências com erros, mas o amor não precisa ser perfeito. Ele só precisa ser de verdade! Talvez só agora, por meio deste relato, eles finalmente entendam porque nos deslocamos do Acre para Minas "apenas" para uma festa, ou do Rio Grande do Sul para Divinópolis "só" para uma despedida de viagem. Fizemos isso porque queremos estar por perto nos momentos de saúde, e não apenas nos velórios e enterros.

Quando cada um dos nossos companheiros de viagem desembarcar, que possamos chorar e sentir uma linda saudade, e nunca arrependimento por um tempo perdido, um abraço não dado, um "eu amo você" não dito.

Digo "eu te amo" para todos. Sempre me despeço com estas palavras. Um dia, um amigo me disse que, ao agir assim, eu, de certa forma, banalizava o sentimento.

– O amor é algo muito único. Só falo que amo quando tenho certeza, e para poucas pessoas.

– Como assim? Apenas sua esposa mereceu seu amor? E seus amigos? Seus pais? Uma pessoa que você admira? Não merecem seu amor?

Dizer "eu te amo" significa eu aceito seus defeitos. Eu o respeito. Eu estou ao seu lado. Eu o aceito.

Vamos dizer mais "eu te amo"! Isso cria laços de energia positiva. Eu decidi que quero fazer o que o amor faz: respeitar, aceitar, amar tudo e todos os seres.

*

Tem uma situação em que é mais difícil viver consciente da morte: quando estamos com crianças e jovens. Eles nos remetem ao futuro: como serão quando crescerem? Que profissão seguirão? Na outra ponta estão os mais experientes e mais velhos, nos lembrando dolorosamente da proximidade do desembarque. Convivendo com um tio muito querido, experiente, com muitas histórias vividas, diagnosticado com um câncer devastador aos 86 anos, eu pensava somente no presente. O futuro não interessava. Toda conquista era diária. Era um aprendizado mútuo e permanente. Era a demonstração de amor genuíno. Todo momento era único. Era presente!

A morte deste tio querido me fez ver, com mais clareza do que nunca, que não devemos deixar nada para ser dito ou vivido depois: tem que ser agora! Tem que ser hoje! Presente!

É como nos ensinou o senhor Ernesto, de 93 anos, a quem encontramos em um camping em Florianópolis, Santa Catarina:

– Uma vez que você aproveita os ensinamentos da vida, nunca a perde. Mesmo quando morrer, a vida ainda continuará sua. Porém, quando você não aproveita e deixa a vida passar, você a perdeu. Não conseguirá recuperar aquele tempo perdido. Como um cavalo que passa a sua frente galopando e você não consegue montar. Sem aproveitar os ensinamentos da vida, você continuará seguindo a pé.

Nossas chegadas e partidas foram quase diárias. Se ficássemos mais de dois dias nos lugares, já fazíamos amigos e sofríamos nas despedidas. O coração batia mais forte, não segurávamos as lágrimas. Um aperto no peito, tantas coisas para falar, tantos agradecimentos. Saudade antes mesmo de partir. Sentíamos amor por pessoas que um mês antes nem sequer conhecíamos. Como pode isso?

São os presentes que recebemos pelo caminho. Amigos que ficarão guardados eternamente em nosso coração. Criamos laços tão fortes que nos sentimos realmente em casa na companhia de vários destes amigos. Amamos todos aqueles que nos acolheram em suas casas por esse Brasil afora; se fôssemos fazer uma lista, escreveríamos outro livro só com as tantas novas amizades. Formamos uma grande família brasileira, com laços que dificilmente serão destruídos.

*

Há mais de três anos não ligamos o rádio do carro. Dudu e eu ficamos apenas conversando sobre os projetos visitados, a estrada, as paisagens. Em nosso último retorno a Divinópolis, coincidentemente, ligamos o GPS e ele captou uma rádio que estava tocando *A vida do viajante*, de Luiz Gonzaga:

> Minha vida é andar por este país
> Pra ver se um dia descanso feliz
> Guardando as recordações
> Das terras onde passei
> Andando pelos sertões
> E dos amigos que lá deixei

> Chuva e sol
> Poeira e carvão
> Longe de casa
> Sigo o roteiro
> Mais uma estação
> E a alegria no coração

> Minha vida é andar por esse país
> Pra ver se um dia descanso feliz

Guardando as recordações
Das terras onde passei
Andando pelos sertões
E dos amigos que lá deixei

Mar e terra
Inverno e verão
Mostre o sorriso
Mostre a alegria
Mas eu mesmo não
E a saudade no coração

 Com lágrimas nos olhos e uma felicidade imensa no coração, agradecemos! Agradecemos o apoio, mas principalmente o carinho, a amizade e a ternura com que tantos amigos nos acolheram. Que todos nós tenhamos sempre paz no coração, luz em nossa mente e muito amor em nossos braços, para que nossos abraços se tornem sempre um aconchego na vida do próximo.
 As chegadas e partidas de nossa expedição nos fizeram entender de vez que tudo passa. A tristeza passa, mas as alegrias também passam. Sempre ouvimos dizer que deveríamos viver cada dia como se fosse o último. Certo. Como fazer isso?
 Talvez vivendo a pensar na morte. Calma: não digo isto como algo fúnebre. Contudo, devemos valorizar cada um dos momentos únicos da vida. Os dez minutos que você acabou de viver não voltarão mais. O que você irá fazer no próximo minuto?

TRANSFORMANDO DOR EM AMOR

Muitos dos bons exemplos que encontramos pelo caminho são de pessoas que tiraram energia para ajudar o próximo lá de onde não parece restar energia nenhuma: do âmago da dor. De dores que dilaceram a alma, que poderiam amargar a vida, mas não. Descobrimos que do mais profundo sofrimento pode nascer um desejo irresistível de trabalhar para que o próximo jamais tenha que conhecer dor semelhante.

Estávamos em Fortaleza quando recebemos a seguinte mensagem, livremente baseada em um texto de Rubem Alves.

"A ostra só faz a pérola quando é machucada. Por meio da dor podemos, sim, produzir pérolas.

Pérolas são produtos da dor da ostra; resultado da entrada de uma substância estranha ou indesejável, como um parasita ou grão de areia, no interior da ostra. Uma ostra que não foi ferida, de modo algum produz pérolas, pois a pérola é uma ferida cicatrizada. Isso também pode acontecer conosco. Então, produza uma pérola! Cubra suas mágoas com várias camadas de amor."

Quantas pessoas se trancam em suas casas depois da perda de um filho? Quantas fogem da realidade após um acidente? Pois nós encontramos pessoas que transformaram toda a sua dor em amor! Sofrer e chorar são ações naturais e necessárias. São do ser humano!

O que não podemos fazer é permanecer no sofrimento.

*

Perder um filho é provavelmente a maior dor de um ser humano. Imaginem a dor desta família que encontramos em Brasília. Maria Cláudia era uma jovem de 19 anos, estudante de Psicologia e Pedagogia, que tinha um futuro lindo pela frente. Em dezembro de 2004, ela desapareceu. Desesperados, após três dias sem notícias da filha caçula, os familiares começaram a sentir um forte odor na casa e chamaram a polícia. Maria Cláudia estava enterrada no jardim. Ela havia sido estuprada, espancada, esfaqueada e asfixiada. Os autores do crime foram o caseiro e a cozinheira que trabalhavam na casa, decididos a obter a ajuda da estudante para arrombar o cofre. Não há justificativa humana para a barbárie de que a garota foi vítima.

Mutilada, a família lutou para transformar a dor imensurável que sentia em oportunidade de crescimento pessoal, por meio do exercício diário da solidariedade. E foi assim que deram novo significado a sua vida e à morte da filha. Juntamente com amigos indignados com o recrudescimento da violência, criaram o Comitê Nacional de Vítimas de Violência (Convive) e o movimento Maria Cláudia pela Paz.

Desde então, integrantes do movimento realizam palestras em escolas, universidades e eventos diversos. Também escrevem artigos para jornais e participam de programas de rádio e televisão, dando sempre testemunho de que é possível, sim, criar um mundo sem violência. Fazem um lindo trabalho de assistência social em comunidades pobres do Distrito Federal. A dor da pedagoga Cristina Del'Isola, mãe de Maria Cláudia, está lá, e nunca desaparecerá, mas o amor prevaleceu.

*

Carolina Varella, de Manaus, Amazonas, foi outra mãe que nos tocou profundamente. Após ter perdido uma filha de apenas sete anos para o câncer, ela criou o InstitutoALGUEM, que orienta, acolhe e ajuda crianças diagnosticadas com a doença que não conseguem o tratamento em Manaus. É a forma que encontrou para perpetuar seu amor pela pequena Ana Luíza.

O nome ALGUEM, sigla para Ana Luíza e Giulia Unidas em Missão, surge da luta e superação de duas famílias – Giulia morreu com um ano e nove meses, vítima de um tipo raro de câncer. Estas famílias, inspiradas pela força e coragem de suas pequenas na luta contra a doença, dedicam-se a ajudar outros que passam pela mesma dor. Oferecem suporte técnico, emocional e até financeiro, organizando campanhas.

*

Não conseguimos postar rapidamente as informações sobre os projetos que visitamos. Sempre demoramos um pouco também para responder as mensagens. Afinal, todos os dias rodamos muitos quilômetros, chegamos às cidades, procuramos um lugar seguro, vamos para as ruas identificar os bons exemplos, visitamos os projetos, montamos a estrutura da "nossa casa" e só então ligamos o computador para finalizar o trabalho de cada dia. E somos apenas duas pessoas. Nós nos desdobramos diariamente.

Certo dia, coloquei-me a justificar este atraso a uma interlocutora, fundadora de um projeto. Mas, quando me dei conta da vida que aquela mulher levava, morri de vergonha dos meus argumentos. Era uma mãe que praticamente montara um CTI em sua casa para atender às necessidades do filho que tem uma doença rara. Sua luta é para que outras mães recebam o diagnóstico precoce para quaisquer doenças raras. E ela ainda tem outra filha de quatro aninhos. É mãe, enfermeira, esposa, mulher, ativista e vive com um sorriso nos rosto!

Meu Deus! Como somos pequenos e medíocres. Como colocamos empecilhos e arrumamos justificativa para tudo! Não justifiquei, simplesmente pedi desculpas!

Vocês se lembram do filme *O Óleo de Lorenzo*, lançado em 1992, com Susan Sarandon e Nick Nolte? Em Araucária, Paraná, encontramos Linda Franco, uma mãe que tem uma história linda e bem parecida com a do filme. Gabriel, seu filho, frequentou a escola até maio de 2009; andava de bicicleta, viajava, pescava, jogava futebol, fazia judô, enfim, realizava todas as atividades de uma criança de sete anos. Hoje, ele não fala, não anda, não enxerga, não se comunica e dorme com ventilação mecânica. É portador de uma doença chamada adrenoleucodistrofia.

É incrível como Linda encara a doença do filho com um sorriso no rosto e acreditando que sua missão é poupar outras mães de passarem pelo que ela passou – já que o diagnóstico precoce desta doença incomum faz toda a diferença. Para ajudar famílias em situação semelhante, ela criou o grupo Troca-troca entre Mães Especiais.

– Foi difícil aprender a viver um dia de cada vez, e hoje preciso viver uma hora de cada vez. Amando e me despedindo de meu filho a todo momento.

Linda trabalha pela doação de remédios e cadeiras de rodas, e também na luta por direitos iguais!

*

A doação e a solidariedade também foram os antídotos para algumas famílias atingidas pela tragédia da boate Kiss, em Santa Maria, Rio Grande do Sul, onde morreram 242 jovens. Cinco mães que perderam as filhas foram buscar no voluntariado, que as garotas realizavam já fazia vários anos, a inspiração e a força para seguir adiante. Criaram o projeto Para Sempre Cinderelas e passaram a visitar creches, às quais doam roupas e objetos de higiene coletados e selecionados por elas próprias.

*

Há 13 anos, o casal Gustavo e Gicele, de Porto Alegre, Rio Grande do Sul, sofreu quatro assaltos, e no último deles Gustavo levou um tiro na perna, por defender sua filha, que quase foi abusada.

Apesar de assustados e inseguros, entenderam que o problema era muito maior do que o drama individual. Partiram em busca da resposta para uma questão crucial na nossa sociedade: por que os adolescentes sucumbem à vida no crime?

    Donos de uma loja de artigos para a prática de surfe, os dois resolveram utilizar sua experiência para ajudar crianças e jovens de famílias de baixa renda a conquistar, com dignidade, seu espaço na sociedade. Olhe só no que pensaram: aulas de fabricação de pranchas de surfe, capoeira, atividades culturais na rua; tudo para que eles se afastassem da criminalidade. A certa altura, perceberam que os jovens chegavam com fome, e passaram a alimentá-los. Tudo isso nos fundos da casa da família. Hoje atendem quase duzentas famílias. Sem patrocínio, Gustavo ensina a fazer pranchas, Gicele trabalha com o reforço escolar e faz todos os lanches, a filha é secretária, o filho ensina música e os amigos são voluntários. Assim nasceu o projeto Surfar.

    O mais bacana da história foi que, em 2006, uma ventania forte em Porto Alegre derrubou o anexo nos fundos, onde essa família solidária trabalha com as crianças. Sem dinheiro para a reconstrução, Gustavo e Gicele resolveram pedir piquetes aos CTG (centros de tradição gaúcha) durante a Semana Farroupilha, uma festa muito tradicional. Ninguém doou. Então pediram os tijolos que sobrariam nas churrasqueiras no final do evento. Resumindo: a casa hoje utilizada pelos jovens do projeto foi totalmente construída com restos de churrasqueiras, empregando mão de obra de parceiros e moradores do bairro.

*

    As atividades do Girassol da Alegria, em Cuiabá, Mato Grosso, começaram em maio de 2003. Tudo começou com um sonho. Um dia, depois de chorar muito por causa da perda da filha Ana Paula, que morreu de câncer aos 15 anos, Dejanira adormeceu e sonhou com um ônibus que passava na porta de sua casa. Dentro dele havia crianças com e sem cabelos. Entre elas, a filha, acenando de uma das janelas; na lateral estava escrito: "Girassol da Alegria". O projeto agrega um grupo de voluntários que tem como objetivo estimular jovens a levar alegria para pessoas doentes, sobretudo crianças.

— Quando visitamos uma instituição fazemos duas coisas: entregamos alegria a quem nos recebe e mobilizamos o adolescente que foi oferecer ajuda.

Fica, então, claro o principal objetivo de Dejanira e seus voluntários: despertar nos jovens a vontade de ajudar o próximo, especialmente nesta fase da vida em que muitos manifestam sentimentos de revolta e incertezas.

*

Não era uma doença fulminante, mas, mesmo assim, a descoberta de que tinha diabetes abalou o fotógrafo Luís Salvatore, de São Paulo. Decidiu conhecer o Brasil e o povo brasileiro. Primeira parada: tribos indígenas no Xingu. Luís queria fazer fotos, mas ficou tocado pelas necessidades mais imediatas, e não atendidas, das crianças indígenas. Começou levando dentistas para tratar as cáries dos pequenos e evoluiu para um lindo projeto, o Instituto Brasil Solidário, que melhora a educação. Luís e seu time montam bibliotecas e distribuem materiais escolares, dentro de uma proposta que pretende valorizar a essência do povo brasileiro.

*

A dor de Adilson, hoje um empresário em Ribeirão Preto, São Paulo, era interna e não compartilhável. Ex-usuário de droga, preso 22 vezes, morador de rua por mais de quatro anos, seis overdoses, soropositivo, ele virou a mesa após um ato de amor. Quando estava morando em uma casinha de cachorro na rua, um homem perguntou se ele precisava de ajuda e lhe deu um abraço e um beijo no rosto. Foi a motivação para que Adilson se livrasse das drogas, há 17 anos, e construísse um presente cheio de luz, projetando um futuro igualmente brilhante. Além de vencer a dependência química, ele cuida de jovens que queiram se reabilitar e seguir o seu caminho. Também acolhe moradores de rua, tentando resgatá-los e libertá-los das drogas e do álcool.

Seu projeto chama-se LSD. A sigla, que remete a uma droga, neste caso significa Liberdade Sem Drogas.

*

Encontramos em nossas andanças lindas histórias de gente que tomou para si a dor alheia, como se fosse própria, para ajudar a construir uma sociedade melhor. Histórias como a de Flordelis, do Rio de Janeiro, mãe de cinquenta filhos, sendo quatro deles biológicos. Nascida e criada na favela do Jacarezinho, ela mudou sua vida após uma grande chacina no Rio de Janeiro que deixou vulneráveis 37 menores de rua. Flordelis levou-os para sua casa, adotou-os e deu, assim, o pontapé inicial para a criação do Instituto Flordelis, que hoje toca vários projetos e é reconhecido nacionalmente. Por meio desta "grande família de amor", como ela diz, seus filhos conseguem se manter longe das drogas e no caminho do bem, apesar das dificuldades financeiras, nenhuma delas é capaz de abater o amor desta mãe.

*

O assassinato de um primo mobilizou o policial militar Byron Silva a pôr em prática uma vontade que havia muito tempo guardava dentro de si: transformar vidas de crianças por meio do esporte. Ele dividia este sonho com seu primo, Ailton, surfista profissional que um dia foi vítima de uma fatalidade. Na tentativa de impedir que um jovem com necessidades especiais fosse assaltado, Ailton foi assassinado. O projeto social que Byron criou homenageia a memória do primo querido e tem foco na circunstância que resultou em sua morte: a busca de melhores condições de vida para pessoas com necessidades especiais. Em parceria com a APAE, Associação de Pais e Amigos dos Excepcionais, Byron iniciou o Estrelas do Mar: todos os sábados, às 8:30, crianças com síndrome de Down, autismo e paralisia cerebral se juntam a outras crianças sem necessidades especiais e todas entram na água. Pegando ondas sobre o *bodyboard*, fica difícil saber quem é quem. Isto é inclusão social bem feita!

O surfe é o mote de outro projeto que também nos comoveu. Em 2012, a jovem Renata Turra Grechinski surfava com amigos na Barra do Saí, Paraná, quando enroscou o *leash* – aquela cordinha que prende a prancha ao pé do surfista – em um artefato de pesca clandestina. Ela faleceu. Em memória de Renata, e superando a dor, familiares e amigos fundaram o projeto Parceiros do Mar e o programa Surf Seguro. O objetivo de ambos é preservar a biodiversidade litorânea e aumentar a segurança de todos os frequentadores do litoral. Trabalham "pela harmonia entre a pesca e o surfe", como diz um de seus slogans, promovendo ações de limpeza das praias, educação ambiental e apoio ao sustento dos pescadores artesanais no litoral do Paraná. Renata foi uma vítima fatal da pesca clandestina. Ela amava o mar, e é este amor que move sua família e seus amigos na luta por praias mais seguras!

*

Que delícia foi conhecer Michel, que diz não existir deficiência – apenas dificuldades com as quais todos nos entendemos no dia a dia. Michel ficou tetraplégico em um mergulho, mas fez de sua nova condição um combustível para transformação social. Atua em Porto de Galinhas, Pernambuco, orientando e encaminhando pessoas para centros de reabilitação física. Fundou também a Rodas da Liberdade, que oferece reiki solidário e organiza doações de cadeiras de rodas, próteses e órteses. Ele costuma dizer que suas medalhas são os sorrisos das pessoas que ele ajuda.

*

Em 1993, quando Fátima Dourado resolveu iniciar um trabalho com crianças autistas, a força que a movia era a frustração. Mesmo sendo médica, ela não conseguia ajudar seus filhos autistas: "O desafio inicial era tirar Giordano e Pablo do limbo social em que se encontravam. Era necessário devolver-lhes direitos de crianças que lhes tinham sido roubados, garantir-lhes um tratamento decente, uma escola, um caminho, uma esperança", escreve ela em seu *site*. Logo descobriu que não estava sozinha. Pelo Brasil, encontrou centenas de famílias devastadas pela falta de diagnóstico, de orientação, tratamento e escolas. Na Casa da Esperança, a ONG que criou em Fortaleza, Ceará, sua maior alegria é observar as pequenas interações entre crianças autistas e seus familiares. Hoje ela atende quatrocentas pessoas com autismo – pessoas que passam lá de quatro a oito horas por dia.

– Este é o trabalho da minha vida, mas não é trabalho para uma vida apenas, e sim para muitas, bem mais importantes e nobres do que a minha. Vidas que se consagram à tarefa de construir, a cada dia, caminhos transitáveis e seguros entre pessoas autistas e não autistas.

*

O nadador paraolímpico Edivaldo Prado foi oito vezes campeão brasileiro e campeão pan-americano no México, em 1999. Uma fantástica trajetória de superação para um jovem que tinha tudo para ser um derrotado: era pobre, deficiente físico e humilhado por todos. No entanto, nunca deixou de acreditar que a paraplegia que o acometera tinha um propósito maior. E lutou pelo sonho de ser o primeiro medalhista paraolímpico do nordeste. Depois que quebrou o recorde mundial, sentiu um vazio muito grande; para que servia aquilo tudo, só para dizer que tinha sido um grande atleta? Criou então o projeto Faça do Deficiente um Atleta, que hoje se transformou no Centro Paradesportivo Edivaldo Prado, em Maracanaú, Ceará. Edivaldo trabalha pela reabilitação física de seus atletas, mas não só: também deseja que alcancem a reabilitação moral. Que sejam cidadãos plenamente conscientes de seus direitos.

Ele era recordista mundial, mas não tinha um tostão no bolso, quando pensou: "Se Deus deu a missão, pode acreditar, ele dará as ferramentas também!" Estava certo.

*

Naara ficou grávida jovem, não teve apoio da família e sofreu muitos preconceitos. Mais tarde a vida lhe ofereceu outros obstáculos: descobriu que tinha um câncer, e os médicos deram-lhe pouco tempo de vida; recebeu diagnóstico de lúpus, uma doença autoimune que a condenou à cadeira de rodas. Tudo isso e mais alguns outros problemas deixariam qualquer um descrente e sem esperanças, certo? Não Naara, que decidiu dedicar sua vida à missão de impedir que outras jovens passassem pelo que passou. Idealizou a Casa de Marta, em Palmas, Tocantins, para acolher jovens carentes, grávidas, rejeitadas pela família. O acolhimento inclui oficinas profissionalizantes e apoio psicológico e assistencial, mas é feito principalmente de carinho e amor. Naara também trabalha para fortalecer os vínculos entre as jovens mães e seus filhos.

– Planto a semente chorando, mas colho o fruto sorrindo! – diz ela.

*

E que tal a história do pequeno comerciante de São Leopoldo, Rio Grande do Sul, que rejeitou a ideia de vingança e acreditou na paz para colher paz?

Lenon, filho de Tomé, foi assassinado por traficantes, mesmo sem nunca ter sido usuário ou traficante de drogas. Indignada, a comunidade se uniu para formar uma milícia cujo objetivo seria combater os traficantes locais. Olho por olho, dente por dente. No entanto, Tomé não achou isso certo. Reuniu o próprio corpo de voluntários para responder à violência com atitudes amorosas e fundou, em 2006, o Instituto Lenon pela Paz. Seu lema é: "Em tempo de pacificação, invista em educação!". O Instituto acredita que a melhor forma de reduzir a violência é formando crianças e adolescentes cientes de seus direitos e deveres como cidadãos, capazes de levar uma mensagem da paz pelo mundo e de se tornarem protagonistas de suas histórias.

Atualmente a ONG de Tomé atende diretamente 230 crianças e adolescentes, oferecendo a eles atividades educativas, de esporte, cultura e lazer.

*

"Um erro é um fenômeno do qual ainda não se tirou proveito."

Esta é uma frase muito bonita, mas... Como encontrar o lado positivo do assassinato do seu único filho em um assalto ao qual ele não reagiu? Max estava dentro do carro esperando um amigo quando foi alvejado por bandidos em Porto Alegre, Rio Grande do Sul.

A dor mobilizou o pai de Max, Luiz Fernando Oderich, a lutar contra a impunidade por meio da fundação Brasil Sem Grades. A ONG conclama a sociedade a identificar e enfrentar as causas da violência: falta de planejamento familiar; falta de paternidade responsável; legislação penal muito liberal; entre outras.

Max estava escrevendo um livro e a frase acima estava entre suas anotações. Foi ela que inspirou seu pai a mudar a realidade de nosso país.

*

Chegando a Boa Vista, Roraima, recebemos uma mensagem de Ricardo, um médico pediatra que adora carros antigos. Dono de uma oficina que também funciona como garagem, ofereceu-nos o espaço para dormirmos. Uma simpatia! Era um lugar bonito, com lava-jato, recepção bacana, mesas, sofás, TV; a decoração, como não podia deixar de ser, era com carros antigos. Conhecemos, ali, um casal de americanos que estava havia quatro anos na estrada, viajando pelas Américas. Eles decidiram não ter filhos.

No mesmo dia, encontramos uma mulher que, ao contrário do casal americano, quase perdeu a vida para ter uma filha.

Após um AVC, Maria das Dores passou quatro meses internada, perdeu a memória, ficou totalmente paralisada sobre uma cama. No hospital, disseram-lhe que seu sonho de engravidar era impossível. Avisaram seu marido. Maria das Dores seguiu em frente, tomando medicamentos muito fortes para evitar crises convulsivas e adaptando-se à vida de cadeirante. Até que, em uma consulta de rotina, o médico lhe disse que estava grávida. Junto com a notícia, ele lhe entregou um guia para abortar. O aborto, no caso de Maria das Dores, era permitido por lei, já que a gravidez oferecia risco de morte para a mãe: ela era hipertensa, tinha o coração dilatado e crises epiléticas diárias. Além disso, havia indícios de que o feto não tinha cérebro.

Enquanto a papelada para o aborto corria, Maria das Dores aguardava no hospital, até que um dia decidiu fugir. Queria ter a filha. Recusou-se a voltar para o hospital e cercou-se dos cuidados médicos possíveis.

Ester nasceu três dias antes de Maria das Dores completar o sexto mês de gestação, por conta de uma crise de eclampsia, a hipertensão na gravidez. Tinha hidrocefalia e chegou a ser desenganada, mas a mãe lutou até conseguir uma cirurgia – que foi um sucesso! Um mês depois, o bebê teve uma infecção no cérebro.

– Todos diziam que ela não sobreviveria, mas eu a segurava junto ao peito, tomando cuidado com todos aqueles fios ligados à cabeça dela – conta.

E a menina foi evoluindo bem! Hoje, Ester tem necessidades especiais, sim, mas este pequeno ser inspirou a mãe a criar, com três amigas, uma médica e uma assistente social, a Associação Mães Anjos de Luz. Fundado em 2008, o grupo dispõe de uma Casa de Apoio onde são atendidas, por dia, entre trinta e quarenta crianças e adolescentes com deficiências diversas. Lá, suas famílias recebem orientação e as crianças são encaminhadas para tratamentos adequados. Os Anjos também oferecem abrigo, alimentos e amor. Houve um dia em que cem pessoas passaram pela casa! Atualmente estão cadastrados 2.220 pacientes de todo o estado Roraima.

*

Alguns dizem que somos loucos, sonhadores, idealistas. Falam isso porque estamos em busca de pessoas que fazem o bem; porque moramos em um carro; porque acreditamos no ser humano. Se isso é loucura, podem mandar a camisa de força, porque nosso carro é um manicômio.

Mas é loucura que nos faz feliz. Alimentamos utopias? Não! Utopia não é realidade, e tudo o que vivemos é real. Idealistas? Sim! Nosso ideal é inspirar vidas. Acredito que podemos viver em um mundo de igualdade. Pense: se alguém, há cinquenta anos, falasse em conectar pessoas do mundo inteiro em uma rede virtual, todo mundo pensaria que esta pessoa vivia de utopias.

Acredito no ser humano e na sua capacidade de transformação.

Utopia? Loucura? Pode chamar do que quiser. Eu prefiro chamar de futura realidade!

*

E você? Qual a sua causa? Crianças, animais, idosos, jovens, educação, meio ambiente, saúde, comunidades ribeirinhas, dependentes químicos, famílias desestruturadas? Transformar a dor em amor? Não importa qual, mas tenha uma causa. Se cada um agir no plano com que se identifica em busca do bem, conseguiremos viver melhor. Qual a sua motivação para viver? O que você deixará para seus filhos? Bens materiais ou o bem que você fez?

QUEM SÃO OS BONS EXEMPLOS QUE PROCURAMOS?

Por estradas entre montanhas e planícies, cachoeiras e rios, sertões e matas do Brasil todo, nos questionamos o tempo inteiro: quem são os próximos bons exemplos que vamos procurar? Vamos fazer uma seleção? Separar por categorias?

Não existe ninguém totalmente bom ou totalmente mau neste mundo. Todos nós temos o bem e o mal dentro da gente; a diferença é que, entre os que têm o bem no coração, alguns querem fazer algo além. Querem cuidar dos seus e de todos.

Depois de muito pensar e discutir, decidimos que bom exemplo, para nós, seria a pessoa que é sinônimo de transformação. Que faz algo a mais pela comunidade onde vive. Que abre mão da comodidade para botar a mão na massa e realmente resolver os problemas sociais do país. Ou, ao menos, aqueles problemas que estão ao seu alcance.

Sem julgar nem rotular, visitamos pequenas ações e grandes instituições. Deixamos que nossos interlocutores nos indicassem bons exemplos. Nosso termômetro foi a admiração despertada no outro. Deixamos fluir. E veio uma riqueza sem tamanho.

*

Várias vezes ouvimos: "Eu sou um bom exemplo. Cuido de minha família e de mais duzentos funcionários."

Sim, claro! Este é um bom exemplo. Mas e a solidariedade, onde fica? Cuidar da família e, caso tenha, dos funcionários, é, no nosso ponto de vista, obrigação; não será possível fazer algo mais? É só isso mesmo que você consegue realizar? A grande sacada está aí, sabe? Sair do conforto da rotina e fazer um pouco mais. Queremos apenas mostrar que todos nós podemos.

Existem algumas mentirinhas que o ser humano conta para si mesmo. Vamos, juntos, pensar sobre algumas delas?

"Eu pratico o bem, já que não faço mal a ninguém." Isto é obrigação.

"Eu faço a minha parte, não jogo lixo na rua." Oi? Isto é apenas ser civilizado.

"Não tenho tempo!"

Será? Quanto tempo você passa em frente à TV assistindo a programas que apenas o deixam triste?

"Não sei o que fazer."

Será que não sabe, mesmo? Vá até a internet e procure meios de ajudar. Tantas organizações precisam de voluntários!

"Tenho filhos para cuidar, marido, família..." "Quando eu ganhar na Mega-Sena..." "Quando eu me formar..."

"Quando eu..."

"Quando eu..."

Até quando inventaremos desculpas para prorrogar a transformação no mundo? Até quando seremos apenas telespectadores? Precisamos ser protagonistas de algumas histórias também.

A maioria dos bons exemplos que encontramos também tem família e todos os afazeres de uma vida comum. São pessoas comuns. Não são santos nem seres sobrenaturais. Também trabalham, pois precisam da matéria para sobreviver. No entanto, acima de tudo, estão empenhados em ser parte da solução, e não dos problemas do mundo. Buscam fazer a diferença em sua comunidade, executando algum projeto social.

Pode ser que, daqui uns anos, alguns projetos não existam mais. No entanto, enquanto estiveram ativos, eles melhoraram a vida de pessoas. Talvez, quem sabe, tenham deixado de existir porque se tornaram desnecessários... Aliás, o sonho de grande parte dos projetos é que a comunidade não precise mais deles. Sinal de que o problema social que fez com que surgissem foi sanado, ou ao menos perdeu a relevância do passado.

O filósofo René Descartes cunhou uma frase famosa: "Penso, logo existo!" Imagina se complementássemos: "Penso no próximo, logo existo! Ajudo o próximo, logo existo!"

*

Em nossas andanças, identificamos dois tipos de solidariedade: vertical e horizontal. Vamos explicar por quê.

A solidariedade vertical está ancorada no seguinte raciocínio: "Eu ajudo você porque tenho mais e você tem menos." Movidas por este sentimento, as pessoas doam alimentos, roupas, organizam festas em datas comemorativas. Isto é muito importante e nobre, mas acreditamos que deveria ser uma atitude natural do ser humano. Deveria ser uma obrigação, mesmo.

A solidariedade horizontal é bem diferente: "Eu sou solidário a você! Estamos juntos. Eu entendo a sua dor. Vamos arrumar um jeito de solucionar o seu problema." Aí sim já tem algo mais! Porém, as duas são válidas. Não existe forma pior, ou melhor, de solidariedade. Basta sentir e amar verdadeiramente o próximo. Sem preconceitos, sem interferências, sem julgamentos. A ponto de querer fazer o seu máximo, do fundo do coração.

*

A médica Vera Cordeiro, da cidade do Rio de Janeiro, quis. Havia tempo que ela se indignava com as internações repetidasde crianças no hospital público onde trabalhava. As crianças chegavam, recebiam o tratamento adequado, ficavam boas, iam para casa e logo voltavam. Vera percebeu que atuava na ponta do problema, mas que procurar a causa dele poderia ser muito mais benéfico. Em 1991, por conta própria, passou a visitar as famílias para entender o cenário. Encontrou situações terríveis e muito semelhantes em várias moradias. A mãe havia parado de trabalhar para cuidar do filho doente. O pai, em geral, não fazia mais parte do núcleo familiar.

Faltava informação sobre tudo – desde normas de higiene até sobre direitos e documentos.

Vera concluiu que não adiantava dar alta sem tratar as condições de vida da criança. Quando o sistema de saúde agia assim, era grande a probabilidade de que a criança voltasse – e com um quadro ainda mais grave.

Foi assim que nasceu o Saúde Criança, uma ONG que atua no círculo vicioso identificado por Vera e que cuida da família integralmente. Graças a este trabalho, as crianças ganharam saúde. Em 2010, a Associação Saúde Criança tornou-se franquia, atualmente com nove unidades no Brasil. Desde 2000, tem um escritório em Nova York para facilitar a captação de doações internacionais.

*

Crianças de baixa renda com doenças crônico-degenerativas, ou em fase terminal, são o alvo do programa Sonhando Juntos, no Rio de Janeiro. Pensou em remédios? Tratamentos complexos? Não; isto, em maior ou menor grau, as crianças atendidas pelo programa já têm. A ideia aqui é outra: levar alegria e esperança, na fase terminal da vida. Durante brincadeiras com estas crianças, jovens voluntários se esforçam por identificar os maiores sonhos ou desejos delas. Sempre que um sonho é descoberto, todos se mobilizam para realizá-lo da maneira mais especial possível. Os idealizadores do projeto são movidos pela crença de que, ao transformar um sonho em realidade, acendem no coração dos pequenos e de suas famílias a chama da esperança. O lance aqui é que, mesmo sabendo da chegada da morte, eles levam a alegria de um sonho realizado.

*

Rodrigo Baggio tem uma história maravilhosa e inspiradora. Garoto de classe média, apaixonou-se pelo trabalho social no início dos anos 1980, quando tinha 12 anos. Sua primeira ideia: organizar partidas de futebol com meninos de rua. Naquele mesmo ano, ganhou do pai um presente com que poucos poderiam sonhar naquela época: um computador, da primeira linha a entrar no Brasil.

Aprendeu informática sozinho – não havia escolas – e também se apaixonou. As duas experiências, aparentemente sem relação entre si, acabariam desaguando no maior projeto da vida de Rodrigo: a ONG Comitê para Democratização da Informática (CDI), que já impactou mais de 1,6 milhão de pessoas em 13 países.

Profissional bem-sucedido, Rodrigo trabalhou em várias multinacionais após a faculdade, mas nunca se conformou com o distanciamento entre a vida que levava e o trabalho voluntário dos tempos de menino. Numa noite de 1994, sonhou com jovens pobres usando um computador, discutindo a realidade deles e buscando soluções para combater os problemas das comunidades por meio do uso das tecnologias de informação e comunicação. No dia seguinte decidiu transformar este sonho em realidade.

Primeiro, criou o Jovem Link, uma ponte digital para aproximar garotos ricos e pobres. Depois veio a primeira campanha de doação de computadores da América Latina, a Informática para Todos. Rodrigo e seus voluntários recebiam as máquinas, faziam a reciclagem e as doavam para comunidades de baixa renda. Em 1995, largou de vez a carreira na área de computação para fundar o CDI. A ideia de unir a paixão pela informática à vontade de mudar o mundo surgiu por meio de um sonho, mas a realidade Rodrigo constrói dia a dia.

*

Ao longo de nossa expedição, colhíamos e divulgávamos gratuitamente as informações sobre os projetos. Um dia, ouvimos a seguinte frase:

– Mas assim as pessoas estão se aproveitando de vocês.
– Ótimo! – respondi.

Quando você não espera nada em troca, deixa de fazer sentido o "terem aproveitado de nossa boa vontade". Estamos aqui para isso mesmo. Deixem que se aproveitem de nós. Que, assim, possamos ser instrumentos na vida do outro.

Muitos não quiseram fazer nada por nós, mas até os "nãos" foram importantes. Houve várias pessoas que prometeram nos ajudar e, na hora, não fizeram nada ou sumiram. Elas nos ajudaram a entender que somos fortes. Que podemos conseguir.

*

Caridade é a palavra que define José Tadeu Silva, de Araxá, Minas Gerais. Desde os sete anos ele acompanhava sua mãe, Luiza, em visitas a doentes acamados nas periferias, banhando-os e fazendo curativos. Adulto, e mesmo após a morte da mãe, nunca deixou de lado suas ações caridosas. Um dia, levou para sua casa dois idosos paralíticos, cedendo a eles seu quarto. Daí a poucos dias levou mais dois, depois mais três, e assim nasceu a Casa do Caminho, que ganhou voluntários, funcionários e rapidamente evoluiu para um hospital que atende, em média, 110 pacientes por mês. Tadeu está lá – é seu trabalho. Praticante dos abraços fraternos (nós nos identificamos muito!), ele já chegou a distribuir mais de seis mil abraços em um dia. Ganhamos abraço dele, claro, e pudemos sentir como é revigorante e maravilhoso!

*

Dudu e eu tínhamos um pacto: jamais visitar projetos tocados por políticos. Quando pedimos um bom exemplo a Tadeu, da Casa do Caminho, ele nos indicou seu primo Joãozinho, em Uberlândia. Eu quis saber como encontraríamos o Joãozinho em uma cidade tão grande.

– Qualquer pessoa levará vocês até ele – respondeu Tadeu. – Ele é deputado federal.

Nosso sorriso se desmanchou.

– Tadeu, nos desculpe, mas não visitamos políticos – dissemos. Mas ele, com seu semblante sereno, disse:

– Mas não é o político, e sim o Joãozinho que vocês vão conhecer.

Não tínhamos como negar aquele pedido. Seguimos para o Triângulo Mineiro e eis que Joãozinho era João Bittar, que aos nove anos já acompanhava seus pais em campanhas de doação de alimentos às famílias carentes em sua cidade natal. Na adolescência, percebeu que sanar as necessidades imediatas era um trabalho importante, mas ficava longe de oferecer soluções definitivas. Eram os velhos que mais tocavam seu coração, a ponto de nutrir o desejo de criar um abrigo de idosos. Quando falou sobre isso com seu pai, ouviu dele: "Vamos ver se essa vontade vai durar muito tempo. Você vai trabalhar voluntariamente em um abrigo já existente, durante um ano, de domingo a domingo, às 6:30, dando banho nos idosos. Depois veremos."

E assim João fez. Até que, na véspera do Natal de 1983, uma amiga, sabendo da missão para a qual ele se preparava, avisou-o sobre um idoso abandonado perto de sua casa. João, um jovem de vinte anos, então, resgatou aquele velho, levou-o para uma pensão, deu-lhe banho, cuidou de suas feridas. Nunca mais parou. Em 1985, alugou uma casa, reformou-a com doações e em mutirão, e instalou nela o primeiro Lar, um lugar de amor e acolhimento. Encurtando a história, hoje a Rede de Lares Solidários atende mais de 11 mil pessoas.

O projeto de João Bittar ganhou notoriedade a ponto de impulsionar seu criador para a política, mas o que vimos em nossa expedição é que a maioria dos projetos não é conhecida nem sequer por seus vizinhos. Um dia, precisamos enviar um envelope pelos correios. A atendente perguntou o que significava Caçadores de Bons Exemplos. Explicamos e perguntamos se ela conhecia um bom exemplo para nos indicar. Ela não conhecia. No entanto, tínhamos acabado de sair de um projeto lindo, o Hospital de Brinquedos, que ficava na mesma rua. Na mesma rua, e a moça não o conhecia! Constatações como esta sempre nos deixaram extremamente tristes.

Isso foi em Araxá, e o projeto anônimo para a vizinha dos correios foi criado por Marlene, a Mamãe Noel da cidade, que transformou sua casa no Hospital de Brinquedos. Marlene é uma ex-costureira que se dedica a recuperar brinquedos há mais de 14 anos. Ela teve a ideia quando, servindo sopa para crianças carentes, percebeu que as mães tinham que escolher entre oferecer comida e oferecer brinquedo. "Ora, isto é muito injusto quando se é criança", pensou! Começou a pedir, por toda parte, brinquedos usados, que ela lavava, reciclava, remendava e entregava como presente de Natal. No primeiro, foram quatrocentos. No Natal mais recente, cinco mil. Araxá ficou pequena para o projeto de Marlene: hoje ela distribui para mais de setenta entidades em todo o Brasil. Já recebeu brinquedos até do Japão!

*

Há um aspecto cruel da infância para o qual, tomados pelo horror, muitas vezes fechamos os olhos. Quem abriu os nossos olhos para o drama da pedofilia foi o promotor de justiça e coordenador da Campanha Todos contra a Pedofilia, Carlos José e Silva Fortes. Casé, como é conhecido, é um mineiro legítimo que nos encantou com sua simpatia e simplicidade, e se tornou um grande amigo. Conversar com ele tirou muitas das nossas dúvidas sobre a pedofilia no Brasil e no mundo. Também nos mostrou que devemos direcionar nossos sentimentos de revolta para tentar modificar esta realidade tão cruel. Não adianta fingir que a pedofilia acontece apenas em lugares distantes. A informação correta pode dar a coragem para denunciar e salvar vidas.

– Quem não denuncia também violenta! – diz ele.

Tratar o abuso e a exploração sexual infanto-juvenil como tabu prejudica a prevenção e a repressão deste crime.

Casé produz também o *blog Todos Contra a Pedofilia*, que traz, diariamente, artigos, notícias, fotos e vídeos.

A luta contra a pedofilia deveria nos unir a todos, como uma família universal.

*

Certa vez, um taxista chamado Alex nos disse:

– Eu vejo o trabalho de vocês como uma família. Um pai que cuida de seus filhos e sua família e quer vê-los sempre bem. A diferença é que a família de vocês é o Brasil inteiro.

A ideia de família universal traz à nossa mente a lembrança de dona Aparecida, do Lar da Caridade, em Uberaba, Minas Gerais. Ela era enfermeira e recebeu a notícia de que o hospital onde trabalhava deixaria de atender aos portadores de pênfigo. Essa doença, também conhecida como fogo-selvagem, faz com que a pele do doente fique recoberta de bolhas que, quando se rompem, provocam muita dor.

Sabe o que ela fez? Levou-os para casa. Com isso, criou um problema familiar gigante. O marido e os filhos lhe deram um ultimato:
– Ou ficam os doentes ou ficamos nós, a sua família.
– Fico com os doentes. Vocês estão com saúde.

Amigos ajudaram-na a erguer o Hospital do Fogo-Selvagem, que mais tarde mudou seu nome para Lar da Caridade e atende, atualmente, cerca de 148 pessoas. Com o tempo, e fazendo jus ao seu nome, o Lar da Caridade passou a beneficiar também crianças e jovens, idosos e deficientes físicos, muitos dos quais moram ali. Isso tudo sem deixar de lado o fogo-selvagem: é referência no tratamento gratuito da doença no Brasil.

*

"Coincidências" maravilhosas nos acompanharam ao longo de toda a expedição, e seguem nos acompanhando. Havíamos assistido ao filme *A corrente do bem*, de 2000, com o ator americano Kevin Spacey no papel de um professor que desafia seus alunos a criar algo capaz de mudar o mundo para melhor. Lembra o que ele afirmava? Se você fizer boas ações para três pessoas e essas replicarem para outras três, é possível gerar um grande impacto. Matemática básica.

Encantados, soubemos que o movimento tem expressão no Brasil e anotamos em nossa agenda o desejo de procurar os responsáveis por ele quando passássemos por São Paulo. Contudo, Mariana nos ligou primeiro, querendo saber sobre nosso projeto; quando ela se apresentou como uma das fundadoras do movimento aqui, pensei: é o universo se movendo para nos dar um presente.

A Corrente do Bem chegou ao Brasil na esteira da onda mundial em torno do Pay It Forward Day, um projeto que nasceu na Austrália e hoje está presente em trinta países. Seu objetivo é disseminar a ideia de que boas ações se fazem no dia a dia. Podem ser simples, divertidas e não necessariamente requerem que coloquemos a mão no bolso. Você já fez sua boa ação hoje? Que tal fazer três?

*

Queremos aproveitar este gancho da transformação a cada dia para agradecer a uma pessoa que nos deu uma força enorme em nosso imenso projeto de percorrer o Brasil buscando bons exemplos. Alguém a quem admiramos e que, certamente, já multiplicou por muito mais de três as boas ações diárias. Em 2011, ciceroneados pelo Vítor, conhecemos o Instituto Criar de TV, Cinema e Novas Mídias, em São Paulo. Criado por Luciano Huck, o instituto tem como objetivo transformar a vida de adolescentes utilizando, para isso, os meios audiovisuais e valendo-se do fascínio que eles exercem sobre os jovens.

Além de visitarmos todo o espaço, assistimos a um vídeo no qual Luciano contava como tudo começou:

> "Era verão e o *Caldeirão do Huck* estava gravando na praia. No intervalo, eu e toda a equipe estávamos almoçando num restaurante fechado exclusivamente para a produção do programa. Me ocorreu fazer uma pergunta quase ingênua para o garçom: 'Quantos almoços foram servidos?' A resposta me chocou. Pensa na quantidade de nomes que aparece no fim de um filme... Pois é: 250 pessoas estavam trabalhando para fazer um programa de televisão. Quando ele é exibido, você vê apenas a mim e aos meus convidados. Umas vinte pessoas aparecem e as outras 230 ficam escondidas. Aí caiu a ficha, e essa ficha tem dois lados. Um deles é: um monte de gente reclama que faltam profissionais para estas mais de duzentas funções. O outro lado: tem muito jovem que não tem trabalho. Foi assim que nasceu o Instituto Criar de TV, Cinema e Novas mídias. Para contribuir para o desenvolvimento pessoal, social e profissional de jovens por meio do audiovisual. Muitas vezes, estes jovens são o foco de atenção dos noticiários policiais. Podemos fazer com que eles deixem de ser notícia para fazer notícia."

Em uma área de três mil metros quadrados, o Instituto comporta dois estúdios e 16 oficinas, onde é possível aprender funções tão diferentes como marcenaria, edição em ilhas, finalização, iluminação, uso de câmeras e maquiagem, entre outras. Desde

2004, quando montou a primeira turma, mais de mil jovens já se formaram.

Com esta história, faz todo sentido que Luciano e sua equipe tenham se interessado pela nossa trajetória e impulsionado nossa jornada num momento tão crucial.

*

O universo da cultura é vasto e rico em bons exemplos. Em João Pessoa, Paraíba, conhecemos Mestra D'Oci, uma contadora de histórias que passa adiante o conhecimento popular difundido de geração a geração na sua comunidade: ensinamentos de poetas, repentistas, mateiros, erveiros, curandeiros, outros contadores de histórias – considerados patrimônio imaterial. Por trás de sua trajetória, o desejo de fortalecer a identidade do povo brasileiro.

– Eu sou mulher, negra, pobre, nordestina e considero muito importante discutir os destinos do Brasil e do povo brasileiro – diz D'Oci, que é griô (uma guardiã da tradição oral de seu povo). Ela também fundou a Escola Viva Olho do Tempo, que atende cerca de duzentas crianças em aulas de teatro, dança e música e leva os saberes dos mestres de cultura popular às escolas. Um trabalho lindo.

A caminho de Natal, paramos para almoçar debaixo de uma árvore. Um caminhão estacionou ao nosso lado, e o motorista nos cumprimentou:

– Ei, não estão me reconhecendo? Nós nos encontramos em João Pessoa! O Brasil está pequeno, hein?

Rimos, e ele seguiu viagem.

Em um camping em Nísia Floresta, ao lado de Natal, fomos abordados por Juliano e Vera. Mesma conversa:

– O Brasil está ficando pequeno para vocês, hein? Vimos vocês na Pipa, mas não deu tempo de conversarmos, e agora nos encontramos aqui em Natal de novo.

Conversa vai, conversa vem, e descobrimos outra coincidência: eles são donos de um *motorhome* que vimos em um camping de Salvador com a seguinte placa: Mico Donalds. Achamos que era um *food truck*, mas não. Eles moram lá, e o nome vem dos miquinhos que devoram tudo que eles deixam na "casa". É um McDonald's dos micos. Rimos muito e saímos em busca dos projetos.

*

"O que você quer fazer de bom? Então faça, que a Casa do Bem o apoiará. Simples assim." Este é o lema da Casa do Bem, em Natal, Rio Grande do Norte, fundada por Flávio Rezende para ocupar jovens em situação de risco social. Ele oferece de tudo: atividades culturais, esportivas, educativas e sociais. Também tem projetos para idosos e pessoas carentes. Atualmente são mais de trinta, e há voluntários para as atividades mais diferentes!

*

Uma dança de luzes no céu. Eram relâmpagos. As luzes e a silhueta das nuvens! Que show! Emocionei-me muito. Chorei. Dudu perguntou o que estava acontecendo e eu disse:

– Quantas pessoas perdem a oportunidade de ver um pôr do sol ou um nascer do sol? De sentir as gotas da chuva no rosto e ver as estrelas no céu? Quantas pessoas estão com as janelas fechadas e não veem estas obras divinas?

Depois de conhecer o projeto Nova Esperança, que atende quatrocentas crianças, adolescentes e jovens em São Mateus, Espírito Santo, Clóvis deixou que ficássemos no estacionamento. Um jardim lindo. Quando amanheceu, as crianças começaram a se aproximar da nossa barraca amarela. Causamos grande curiosidade. Fomos contar um pouco de nossa história para os alunos. Mostramos que existem grandes heróis em nosso país, esperando que eles se espelhassem nos bons exemplos que vínhamos caçando. No final, alguns alunos perguntaram quanto tempo demoramos para desarmar a barraca. Nunca havíamos cronometrado e fizemos uma enquete. Alguns falaram uma hora, trinta minutos, 15 minutos... Ligamos o cronômetro. Marcou três minutos, nem nós acreditamos!

*

Queríamos chegar a Caraíva, no sul da Bahia. Depois de 75 quilômetros de estrada de terra, estacionamos o carro e atravessamos de barco. Estávamos exaustos.

Paramos na primeira pousada que encontramos: Casinhas da Bahia. Batemos na porta e explicamos que moramos no carro, mas, já que no vilarejo não entram veículos, estávamos sem teto. O querido Edgard nos deixou ficar. Tomamos um banho e fomos descansar. No dia seguinte, conversando com Edgard, ouvimos alguém gritar do lado de fora:

– Não acredito que encontrei vocês!

Vimos uma figura de blusa de couro, boné e óculos escuros. Era o "Bixão", um rapaz que conhecemos em Itaúnas, Espírito Santo. Ele roda o mundo de bicicleta. Falou assim:

– Vi o carro de vocês do outro lado do rio e resolvi vir aqui dar um abraço. Não é sempre que encontramos amigos em outros estados, né?

Coincidências maravilhosas. Estávamos em Caraíva para conhecer a Casa Amarela, uma ONG criada por Dani, um francês apaixonado pelo Brasil.

Caraíva é um vilarejo muito antigo, fundado em 1537. Por seu isolamento geográfico, precisou encontrar maneiras de resolver suas necessidades básicas sem contar com ajuda de fora. Esta situação gerou um lugar milagrosamente preservado, mas também carente de serviços essenciais. No verão, a vila de pescadores se enche de turistas, sensíveis ao charme bucólico das ruas de areia; porém, a estação turística é curta demais para sustentar o vilarejo pelo resto do ano. Para oferecer melhores oportunidades aos jovens do vilarejo, três moradores, Dani, Mônica e Abdalio, fundaram, em 2009, o Centro Cultural Casa Amarela. Lá, 78 crianças e adolescentes aprendem marcenaria, artes, inglês, dança, capoeira, bordado e costura, entre outras atividades. Estão nos planos do francês e seus amigos aulas básicas de computação e internet, e reparo de barcos de madeira.

Passamos o dia todo conversando e a noite caiu. Sem postes nem fios, o que iluminava o vilarejo era um maravilhoso céu estrelado e a lua cheia (toda a iluminação é subterrânea para que não estrague a beleza das estrelas).

Pensei: "Quando a expedição acabar, é aqui que quero viver!"

*

A expedição tem bônus inesperados. Conhecer lugares que não sabíamos que existiam é um deles: Caraíva e Morro de São Paulo, na Bahia, Monte Verde, em Minas Gerais, Alter do Chão, no Pará, Treze Tílias, em Santa Catarina, Chapadão do Sul, no Rio Grande do Sul, os cânions do São Francisco, em Sergipe, Jalapão, no Tocantins.

Mas também nos apaixonamos por Trancoso, o que possivelmente tem a ver com os projetos que visitamos lá: Despertar Trancoso, Instituto SHC, Sociedade Amigos de Trancoso e, por último, o projeto de capoeira do professor Diney, que nos convidou para ver uma apresentação dos meninos na praça.

A praça São João, mundialmente conhecida como Quadrado, é o lugar mais encantador de Trancoso, cercada de casas construídas no século XVI. Chegamos no horário combinado e começamos a filmar as crianças. Só então soubemos que aconteceria ali uma gravação do programa *Estrelas*. A apresentadora Angélica passou por nós e uma mulher perguntou:

– Posso tirar uma foto dela?

Não entendemos nada e olhamos um para o outro. Então entendemos tudo: o sol estava rachando e nós, com nosso uniforme todo preto – e óculos escuros, para completar – fomos confundidos com seguranças. Caímos na gargalhada.

*

Aquele dia também foi marcante porque conhecemos Gugu. Ela nos fez pensar que nosso projeto era lindo, mas que precisávamos ir além. Ou corríamos o risco de não atingir nosso objetivo. Precisávamos de caçadores por todos os cantos do país. Contudo, qual era nosso objetivo? No começo, era apenas mudar nosso mundo; depois, motivar as pessoas; agora, precisávamos formar multiplicadores dos Caçadores!

Será?

A ideia me perturbou profundamente. Eu queria que continuássemos sendo apenas um casal disseminando o bem. E só! Essa conversa decisiva aconteceu em 2012, ano em que todos estavam falando sobre a Rio+20. Decidimos mudar a nossa rota e participar do evento para refrescar a cabeça. Fizemos três estados em 24 horas: jantamos na Bahia, tomamos café no Espírito Santo e almoçamos no Rio de Janeiro.

Rio+20 é o nome da Conferência das Nações Unidas sobre Desenvolvimento Sustentável, que ocorreu na cidade do Rio de Janeiro entre 13 e 22 de junho. Participaram líderes dos 193 países que fazem parte da ONU. O principal objetivo foi renovar e reafirmar o compromisso dos países com o desenvolvimento sustentável no planeta.

Era um terreno fértil para conhecer bons exemplos e projetos grandiosos. Ou projetos simples, porém capazes de gerar um impacto incrível na vida das pessoas.

O grafiteiro Mundano tinha um desses projetos. Só em São Paulo existem vinte mil catadores de lixo, que recolhem em média 90% do material destinado à reciclagem. Para cutucar a sociedade e ajudar estes trabalhadores tão vitais para a sustentabilidade, Mundano criou o projeto Pimp my carroça, uma paródia dos programas de TV que tunam carros. Nele, carroceiros escolhidos ganham de presente uma reforma na sua carroça, com a inclusão de itens de segurança e uma arte feita por grafiteiros profissionais com frases sugeridas pelo público. Além disso, o felizardo ganha alimento, atendimento médico e outros tipos de ajuda.

Também na Rio+20 conhecemos Carla, que nos fez refletir sobre o real significado da expressão pré-natal. Pensou em consultas e exames de rotina? Pois ela nos mostrou um lado mais humanista deste termo. Carla é uma das fundadoras da Associação Nacional para Educação Pré-Natal (ANEP Brasil), cujo objetivo é aconselhar mulheres, jovens e famílias, preparanda-os para acolher em plenitude os bebês que estão a caminho. Afinal, vínculos familiares sólidos também fortalecem a sociedade.

Muitas pesquisas mostram que a vivência intrauterina e a qualidade da conexão da mãe com o bebê moldam, pelo resto da vida, padrões de comportamento, saúde ou doença. Se é assim, a mulher que quer conceber, a gestante e aquela que deu à luz carregam consigo o poder de prevenir e neutralizar influências danosas. A ANEP de Carla estimula justamente este laço. Conhecemos outras dezenas de bons exemplos na Rio+20 e, quando estávamos de partida, recebemos rosas brancas de papel, feitas por um mineiro, com os dizeres: "Que as hostilidades deem lugar ao manifesto das flores!"

Foi com esta frase na cabeça que saímos do evento e voltamos para a Bahia.

*

Ainda impactados pelas esperanças de um mundo sustentável pós-Rio+20, chegamos à Chapada Diamantina. E foi particularmente inspirador descobrir o Grupo Ambientalista de Palmeiras (GAP), uma ONG que atua na defesa, conservação e recuperação do meio ambiente da Chapada, principalmente no município de Palmeiras – onde se localizam importantes monumentos naturais, como o Morro do Pai Inácio, o Morrão, o Morro do Camelo e a Cachoeira da Fumaça.

E foi nesta época que vivi um conflito mental. Uma parte de mim pensava que não sabia o que fazer nem o que queria. A outra parte me dizia: "Claro que você sabe. Vai lá e faz. Confia." Havia duas Iaras diferentes conversando dentro de minha mente. Aí contei para o Dudu e perguntei se ele também tinha isso.

Ele disse: "Não. Você está ficando louca." Caímos na gargalhada! A sorte é que mesmo as reflexões mais loucas evaporavam quando mergulhávamos de cabeça num projeto fascinante. Como a Vila-Escola Projeto de Gente, criada por Alexandre na vila de Cumuruxatiba, Bahia, um trabalho voltado para crianças e jovens. Na alta temporada, o espaço que abriga a escola é uma pousada. No resto do ano, funciona ali um projeto lindo: uma experiência de educação comunitária, onde a democracia é exercida cotidianamente e os estudantes definem, com seus educadores, o que querem aprender.

*

Ouvimos muito:
A culpa é do capitalismo! A culpa é do governo!
A culpa é da igreja!
Não! Todas as instituições são feitas por pessoas. Então a culpa é nossa, das pessoas. Precisamos entender que não existe nenhuma instituição sem pessoas; por isso, a responsabilidade por tudo o que acontece no mundo é das pessoas. E a solução também virá das pessoas. De pessoas como Neíse Távora, idealizadora de um balé sobre cadeiras de rodas em Fortaleza, Ceará. Ao entrarmos na sala de dança, já sentimos a energia forte e pulsante daquele trabalho, que nasceu do desejo de transformar vidas de pessoas com alguma deficiência (visual, mental ou física). A Companhia de Dança sobre Rodas, ligada à Associação Elos da Vida, tem cadeirantes e não cadeirantes, e derrete os corações das plateias desde 2002. Além da arte, a associação também oferece oficinas, cursos e orientação familiar, social e profissional.

*

Em uma manhã de domingo, em Canoa Quebrada, Ceará, fomos presenteados com uma conversa deliciosa com Tércio, Lili e Jayme. Encontramos as duas formas de bons exemplos que sempre procuramos: Tércio e Lili põem a mão na massa para o projeto Recicriança acontecer; Jayme, empresário paulista, (ainda) não está presente fisicamente, porém oferece a ajuda financeira para que o projeto se torne realidade. Nascido do sonho de Tércio de juntar crianças, esporte e preservação ambiental, o Recicriança desenvolve ações educativas na Vila do Estevão, desde 1992. A ideia é que os moradores da comunidade consigam dar vazão a seu potencial sem agredir a natureza. O trabalho se desenvolve em quatro eixos: preservação da natureza, iniciação ao trabalho comunitário, acompanhamento escolar e oficinas de arte e cultura. Quando fomos nos despedir, Jayme disse:
– Vocês não são caçadores, são polinizadores!

*

Em Esperantina, Piauí, uma surpresa boa: cem por cento das pessoas a quem perguntamos o endereço da AMARE sabiam sobre o projeto. Fantástico! Isto prova o respeito e a qualidade da ação. Chegando lá, após passar por um lindo jardim, ouvimos flautas, vimos uma roda de capoeira, observamos crianças correndo e se divertindo. Foi um banho de energia positiva e motivação, reforçando em nossa mente a certeza de que a transformação pelo amor é sem dúvida o melhor caminho. Este amor e esta dedicação transbordavam na simpática conversa que tivemos com João, ou melhor, Johannes Skorzak, um alemão que se radicou no Brasil há quase 25 anos, decidido a fazer algo pelos brasileiros. Ele enfrentou dificuldades e desafios em Esperantina, mas não desistiu de dar um futuro melhor a crianças que trabalhavam na rua por pão. O projeto é mantido com doações.

– Nossa preocupação não é somente com a formação profissional. Procuramos, acima de tudo, formar homens e mulheres humanizados. – Mais de quatrocentas meninas e meninos recebem gratuitamente, todos os dias, alimentação de qualidade, apoio escolar e social. Eles escolhem suas atividades em um amplo leque de cursos profissionalizantes e têm acesso a aulas de música, dança, esportes, artes e teatro.

*

Estávamos no sertão do Piauí, e o termômetro do carro começou a subir: quarenta, 41, 42, 45, 48, 49, cinquenta, 51 graus? O termômetro estragou ou o clima surtou? A sensação térmica era angustiante. Contudo, nossos corações também irradiavam calor e amor. Até hoje não sabemos o que aconteceu naquele dia, mas temos certeza de que o Brasil irradia calor humano, através destes bons exemplos que encontramos. Sim! O amor aquece e esquenta a nossa vida!

ORGULHO DO BRASIL

Somos muito patriotas. Sempre nos emocionamos com o Hino Nacional cantado com o coração. Antigamente, as pessoas apenas moviam os lábios. Hoje, vemos crianças, jovens, adultos e idosos batendo a mão no peito e sentindo orgulho em cantar a linda letra do nosso hino. Também somos fiéis à nossa bandeira; aliás, temos bandeiras do Brasil espalhadas por todo o carro! Nós as exibimos com amor e respeito.

Temos orgulho de ser brasileiros quando visitamos os projetos sociais em todo país. Acreditamos que deveriam existir mais escolas debaixo do pé de manga, iguais às criadas por Tião Rocha, em Minas Gerais. Nós nos emocionamos com pessoas que entram em campo todos os dias para defender nosso país de adversários diferentes e poderosos: drogas, abandono, doenças, pobreza, desigualdade, corrupção. Pessoas a favor do nosso povo.

Estes adversários são mais cruéis que a Alemanha do 7 X 1. No entanto, para nós, humilhação de verdade é perder em outros jogos da vida: no *ranking* da educação, feito em quarenta países, o Brasil ocupa o penúltimo lugar. Está na 85ª posição no *ranking* mundial de IDH, o Índice de Desenvolvimento Humano. Apesar dos números terríveis, muitos brasileiros estão construindo um Brasil melhor. É preciso que paremos de reclamar e nos envolvamos todos nestas causas. Acreditamos que é preciso toda a nação para melhorar um país.

Que sempre cantemos o Hino Nacional com o maior orgulho do mundo e toda a força de nosso coração. Porque o Brasil é, sim, um país lindo para viver e nosso maior tesouro é o nosso povo brasileiro!

*

E no entanto...

Quanta pobreza no sertão! Quanta pobreza nas favelas! Quanta pobreza no Norte! Quanta pobreza em tantos lugares! Estivemos lá. Vimos, fotografamos, filmamos. Ouvimos e abraçamos pessoas.

Ainda assim, apesar de toda a miséria, na maioria das casas tem uma televisão.

Ficamos refletindo sobre isso. Como orientar o jovem que vê na TV algo tão descolado da sua realidade diária? Será que ele vai querer ser como os personagens da novela? E se ele se frustrar por não conseguir? O que fazer?

Certa vez, um repórter perguntou ao fundador de um projeto sensacional se ele acompanhava a trajetória das crianças depois da vivência; se "venceram" na vida. Tornaram-se médicos, ficaram ricos, saíram da pobreza, entraram para o mercado?

– Não educamos crianças para o mercado. Afinal, qual mercado? Um mercado no qual vale tudo e vigora a lógica do sucesso a qualquer preço? Ou o mercado ético? A gente vem acompanhando e monitorando grande parte deles, e a maioria continua não tendo muito dinheiro, mas pobreza não é defeito. Elas continuam vivendo em suas comunidades; são pessoas dignas, éticas, respeitosas, ganham seu dinheiro, cumprem seus ofícios e são felizes. São cidadãos – respondeu ele.

O caminho que cada um vai seguir não depende do projeto social, e sim das escolhas individuais! Se o jovem será um médico ou um catador de material reciclável, pouco importa. O que importa é que ele tenha valores. Não valores no bolso; valores no coração.

A questão não é o jovem estar na pobreza, a questão é ter uma vida digna. Muitas vezes nos disseram:

– Vocês foram naquela favela? Lá só tem bandido!

É o tipo de comentário que nos indigna. Como assim? Na favela tem muito mais pessoas honestas e trabalhadoras do que bandidos.

*

No Jalapão, Tocantins, uma menina de seis anos começou a andar ao nosso lado. Puxei conversa com ela e perguntei:
– O que você quer ser quando crescer?
– Muié!
Rimos, mas depois fiquei refletindo sobre isso. Quando fazemos esta pergunta a uma criança, esperamos que fale de uma profissão na qual possa ser bem-sucedida. Hoje penso que a melhor resposta seria: "Quero ser feliz!"

*

O carro estava estacionado em Palmas, Tocantins, e uma senhorinha de oitenta anos veio conversar comigo. Era dona Geovanna, que se declarou encantada com o nosso projeto e disse:
– Que nossos jovens possam ter bons exemplos para seguir, porque na TV só passa coisa ruim, e a gente acaba acreditando que o mundo está ruim.
Ela nos abençoou e nos deu dois presentes feitos por ela: uma bolsa de plástico reciclado e uma bandana. Também nos presenteou com uma frase que voltou à nossa mente muitas vezes durante a expedição: "Engula abelhas, mas, se tiver que vomitar, que seja apenas o mel."

*

Para Mirian Blós, as abelhas eram a injustiça social e a desigualdade, que expõem tantas crianças e adolescentes a situações de risco. O mel chama-se Canarinhos da Amazônia. Fomos a Pacaraima, Roraima, para conhecê-la. Há 21 anos Mirian se dedica à formação musical de crianças e adolescentes, transformando-os em Canarinhos e salvando-os da violência das ruas. Maestrina por formação, ela conta que seus meninos têm fome de tudo: de educação, de conhecimento, carinho, lar, saúde e bem-estar. A música é a chave para resgatá-los em Pacaraima e também em Boa Vista, as duas cidades onde o projeto atua. A perseverança desses jovens nos deixou muito felizes e esperançosos em relação a um mundo melhor! O mais interessante é que o projeto tem outras ramificações. Para melhorar o rendimento e a concentração dos jovens cantores, Mirian pratica com eles tai chi chuan, arte marcial chinesa que trabalha a conexão com os ritmos e ciclos da natureza. Há também aulas teóricas de inglês, espanhol, francês e teatro. Muitas crianças passam o dia na sede do projeto, e só retornam para casa à noite. Estão a salvo dos perigos da rua.

*

Sabe aquelas pessoas que despertam na gente uma vontade irresistível de ficar abraçadinha o tempo todo? Não sei se foi por causa de sua barba de Papai Noel linda ou se foi porque simplesmente amamos conhecê-lo. Para Rubens Gomes, as abelhas são, tal como para Mirian, a desigualdade e a injustiça social que condenam crianças e jovens à exclusão. E o mel... Bem, o mel é extraordinário. A Oficina Escola de Lutheria da Amazônia, OELA, em Manaus, tem transformado a vida de adolescentes e jovens por meio do ensino da arte da lutheria. Construindo instrumentos musicais, como violão e cavaquinho, meninos e meninas deixam para trás a situação de pobreza por meio do aprendizado de um ofício. Pelo projeto, que já existe há 16 anos, passaram milhares de jovens que praticam sua arte rara dentro e fora da Amazônia.

Mais do que isso, Rubens nos devolveu a esperança em uma Amazônia preservada.

– Apoiamos o desenvolvimento, mas não a qualquer preço. – Com o aprendizado, é possível manter a floresta em pé e proteger sua beleza. A Amazônia é nossa!

Inspirados pela crença de Rubens na preservação da floresta, ouvimos de uma equipe do Projeto Rondon uma frase que nos marcou, talvez porque tenha tanto a ver com a nossa jornada: "Não basta olhar o mapa do Brasil aberto sobre a mesa de trabalho ou pregado à parede de nossa casa. É necessário andar sobre ele para sentir de perto as angústias do povo, suas esperanças, seus dramas ou suas tragédias; sua história, e sua fé no destino da nacionalidade."

*

Já havíamos passado pelo extremo leste do Brasil continental, a Ponta do Seixas, em João Pessoa, Paraíba, e estávamos a caminho do extremo oeste quando passamos pela cidade de Feijó, Acre, e, nela, conhecemos Antônio Jarbas. Seu projeto chama-se Instituto Feijó Acre, IFA, e desde 2002 promove o empreendedorismo entre jovens e adultos. O objetivo é torná-los agentes de mudança, gerando emprego e renda por meio de negócios próprios ou de trabalho formal. Para isso, Jarbas e seu time atuam onde for preciso: promovendo assistência social, defesa do meio ambiente, ações educacionais, estudos e pesquisas. O instituto já atendeu quatrocentos jovens dos municípios de Feijó, Tarauacá, Mâncio Lima e Rodrigues Alves.

*

Estar no Acre é mágico. Parece que o sol é ainda mais lindo e mais redondo, a natureza é mais exuberante. E conhecer a história de luta do povo yawanawá foi simplesmente maravilhoso, ainda mais narrada por um filho da tribo, o simpático e alegre Joaquim Tashka Yawanawá. Bem jovem, ele deixou sua tribo para correr o mundo em busca de conhecimento. Aprendeu muita coisa e, em 2001, voltou dos Estados Unidos disposto a ajudar seu povo a adaptar-se ao mundo globalizado. Tão à vontade numa reunião em escritórios com ar-condicionado quanto na tribo de seus antepassados, ele nos impressionou com sua lucidez e serenidade. Tashka luta para mobilizar o movimento indígena e é membro da Ashoka, organização internacional sem fins lucrativos que prega o empreendedorismo social. Hoje, dedica-se exclusivamente ao desenvolvimento socioeconômico de seu povo.

*

Nas regiões mais distantes e menos povoadas deste imenso Brasil, os bons exemplos é que fazem a diferença em seus territórios. Nossos corações patriotas batiam mais forte com tantas histórias de coragem, garra e empreendedorismo, sempre aliadas ao cuidado com a natureza.

Em Nova Califórnia, Rondônia, agricultores e seringueiros se juntaram para discutir soluções comuns para suas dificuldades. A maior delas era o acesso difícil às grandes cidades próximas, Porto Velho (a 360 quilômetros) e Rio Branco (a 150 quilômetros). O clima úmido e quente, bem como a forma de vida dos povos locais, também pediam soluções adaptadas. Juntando os conhecimentos de todos sobre as melhores espécies frutíferas para se cultivar ali, bem como as épocas mais favoráveis para seu cultivo, criaram o RECA, sigla para Reflorestamento Econômico Consorciado Adensado, uma organização social e produtiva de base familiar comunitária que vem se tornando referência pela combinação de solidariedade e sustentabilidade. Em vinte anos de atividades, já produziram mais de um milhão de quilos de frutos em uma safra, transformando sua comunidade.

*

Estávamos na rua em Cuiabá, Mato Grosso, quando Adriana viu nosso carro, saiu correndo no meio da rua com um cartão na mão e gritou:

– Fiquem duas noites lá no meu hotel!

O farol abriu e ela jogou o cartão pela janela. Aceitamos o convite tão simpático e fomos recepcionados com um café da manhã delicioso. Colocamos tudo em dia, respondendo e-mails e postando informações sobre os projetos.

No último dia, Dudu foi comprar água enquanto eu terminava de postar. O motorista de um carro o abordou:

– Onde vocês estão?

Seu nome era Luís Carlos e ele também tinha um hotel ali na cidade, onde pretendíamos continuar – nossa ideia era buscar alojamento em um posto de gasolina, como sempre fazíamos. Ofereceu-nos hospedagem pelo tempo que precisássemos.

Dudu trouxe a boa notícia e lá fomos nós para o Hotel Paiaguás. Luís Carlos havia reservado para nós uma suíte grande, linda, de luxo. Pedimos para ficar em uma mais simples e ele respondeu:

– Esta suíte é o que tenho de melhor e é isso que quero oferecer para vocês.

Ficamos no hotel o restante do tempo em que estivemos em Cuiabá. Luís se tornou um grande amigo, que não quis se despedir, com lágrimas nos olhos.

A verdade é que Cuiabá nos brindou com grandes amizades. Gilberto, do projeto Flauta Mágica, nos acolheu como se nos conhecesse a vida toda. Ele, que sempre gostou de música, jamais recebeu estímulos dos professores e das escolas que procurava. "Você não tem talento", diziam-lhe. Sozinho, perseverou, e desde 1998 mantém no bairro Jardim Vitória, na periferia, um projeto social voltado para crianças e adolescentes em situação de risco. A metodologia que utiliza para ensinar música instrumental, balé e canto coral é inovadora e foi criada por ele, com base na sua experiência de mais de trinta anos como educador musical.

*

Estava dentro do carro quando ouvi um choro de uma mulher. Ela estava sentada em um banco, chorando muito e falando no celular. A seu lado, um casal observava.

Fiquei alguns minutos pensando no que eu poderia fazer para amenizar o sofrimento daquela mulher. Vieram os questionamentos: "Será que devo ir lá? Será que ela vai pensar que estou me intrometendo?" Parei de pensar. Peguei uma garrafinha de água, saí do carro, me aproximei daquela mulher e disse:

– Não sei o porquê de seu sofrimento, mas posso lhe pedir uma coisa? Aceite uma água e meu abraço!

Nos abraçamos, dei um beijo em seu rosto e segui meu caminho. Lembrei-me daquela série do *Fantástico*, "Vai fazer o quê?" Até quando vamos deixar questionamentos nos paralisarem diante do sofrimento alheio? Duas mulheres do Setor Habitacional Sol Nascente, no Distrito Federal, reagiram.

*

Margarida é uma delas, e sua história é incrível. Nordestina, ex-faxineira, venceu mil preconceitos e tornou-se educadora em Brasília. Em meados de 2009, mobilizou-se contra a triste realidade de jovens que se envolvem com o mundo do tráfico, usando drogas, roubando e fazendo mal à comunidade e a si mesmos. Montou o projeto Despertar Sabedoria, querendo resgatá-los. Era tanta dedicação que os jovens aceitaram a ajuda de Margarida. Logo a casa começou a ficar muito conhecida no setor, pois todas as mães que viram seus filhos livres das drogas, melhorando nos estudos, testemunhavam a favor do projeto. Logo havia uma grande fila de espera. Hoje, alunos mais velhos se tornam monitores dos mais novos. Margarida atende 62 crianças em situação de extrema vulnerabilidade, com projetos de reforço escolar, educação e cidadania. Ah, faltou dizer que isso tudo acontece dentro de seu barraco, em um espaço de apenas 18 metros quadrados.

Marieta também reagiu. Ela nasceu no Piauí, cresceu no Ceará, casou, mudou-se para o Maranhão e chegou ao Sol Nascente, no Distrito Federal, em 1996. Seu projeto, Casa de Marieta, nasceu da necessidade de ajudar a comunidade, primeiro com transporte para as 65 crianças, incluindo seus três filhos, que não tinham escola por perto; depois, oferecendo alimentação a quem não tinha. Com o tempo, os objetivos de Marieta foram ganhando corpo, e hoje ela ajuda crianças e suas famílias a combaterem a violência e a manterem-se longe das drogas. A casa ficou pequena e ela, com recursos próprios, alugou um espaço em frente ao seu mercadinho, que quase faliu de tanto que ela investe nesse projeto.

Com ajuda de voluntários, Marieta oferece aulas de percussão, violão, artes, terapia comunitária, capoeira e oficinas de reciclagem. Tudo isso em um cômodo alugado, bem pequeno, de segunda a sábado, no contraturno escolar.

*

Gente forte, decidida, é o que não falta neste Brasil. Gente como Luiz Amorim dos Santos, um baiano que foi para Brasília aos sete anos, alfabetizou-se com 16 e leu seu primeiro livro aos 18. Por fim, transformou um açougue em uma biblioteca.

A ideia altamente improvável de juntar carnes com livros ele teve, em 1994, quando comprou o estabelecimento e instalou nele uma estante com dez livros que tinha em casa.

No começo, as pessoas ironizavam a ideia de haver um açougue cultural na cidade, mas o sonho de difundir a cultura acabou falando mais alto. Os empréstimos e as doações aumentaram tanto que, no final de 2002, Luiz precisou transferir parte dos livros para uma biblioteca na SQN 712/13. O projeto se expandiu e deu origem às Noites Culturais, evento anual que já teve participação de Milton Nascimento, Jorge Benjor e Zélia Duncan, entre outros artistas. Luiz criou também a Parada Cultural, uma biblioteca ao ar livre localizada nas paradas de ônibus.

Ah, o açougue, ou melhor, biblioteca T-Bone em Brasília, também vende carnes.

*

O professor Paulo Pereira criou o ABCerrado e a MATOmática, dois métodos de alfabetização cativantes que utilizam elementos do cerrado. Olhe só o que ele pensou: geralmente, as crianças aprendem a ler com "E" de elefante, "G" de girafa, mas estes animais não são brasileiros! Com o ABCerrado, elas aprendem "E" de ema, "G" de gariroba e assim valorizam aquilo que as rodeia.

Além do ABCerrado, a matemática, ou melhor, Matomática, é ensinada às crianças por meio de cantigas e demonstrações feitas com as próprias plantas no cerrado, em passeios do mestre com os estudantes. É assim que Paulo ensina a garotada a amar o cerrado e a cuidar deste bioma.

Presenciamos este aprendizado que se dá com tanta alegria há 23 anos em Planaltina, Distrito Federal. Ao som do primeiro toque do berimbau, um grupo de crianças entoa hinos de amor ao cerrado, enquanto caminha com o professor em meio à natureza e aprende, na prática, lições de cidadania de um jeito pouco convencional, porém eficiente.

– A escola tem que ser lugar de alegria. Por que alguns professores ainda não descobriram isso? – pergunta Paulo.

*

A originalidade dos projetos sempre nos comovia, além de, é claro, provocar sempre a mesma pergunta: "Como é que eles pensaram nisso?"

Foi assim que nos sentimos quando visitamos o sensacional Deficientes Visuais na Trilha, em Brasília, Distrito Federal. Antes de qualquer conversa, os fundadores do projeto nos levaram para velejar e eu topei colocar uma venda nos olhos. Foi uma experiência inesquecível, a começar pela relação de confiança que é preciso ter com o seu condutor. Os sentidos ficam totalmente aflorados, e percebi mais a brisa do que o calor que fazia. Fui invadida por uma sensação deliciosa de não colocar rótulos nas pessoas, se é alto ou baixo, feio ou bonito, gordo ou magro; apenas senti o amor que cada um tinha para me dar. Apaixonada por trilhas e bicicletas, Simone sonhava em dividir este prazer com pessoas que, sem ajuda, não poderiam ter acesso a ele sozinhas. Para isso, ela e o grupo de voluntários do projeto utilizam bicicletas tandem, aquelas que acomodam dois ciclistas: na frente vai o condutor, atrás o deficiente visual.

– Foi o nosso jeito de promover inclusão social, inserção no mundo esportivo e ainda oferecer uma opção de lazer aos cegos de Brasília – conta ela. – Sem falar que é uma festa e uma grande escola, em virtude da riquíssima troca de experiências que acontece entre os deficientes visuais e os "videntes".

O casal André e Andrea, dois fotógrafos de Brasília, criaram um método para fotografar o deficiente visual em ação e depois pontilhar a imagem para que a pessoa possa ver sua foto pelo tato. É a "foto em Braile". Isso já era possível antes, porém custaria caríssimo. A técnica de André e Andrea usa apenas um kit que qualquer pessoa pode ter: um pedaço de isopor, um alfinete, a foto impressa e boa vontade para furar os contornos da imagem. Legal demais.

*

No Distrito Federal, fomos convidados a participar de um *flash mob* na rodoviária do Plano Piloto. O convite partiu de Amana Veloso, do projeto Gentileza, que pretende humanizar as relações no transporte público na Capital Federal. Dizia:
– Todos dançaremos a mesma música, executando a mesma coreografia, pela mesma causa: lembrar que pequenos gestos de gentileza podem realizar grandes mudanças!
Chegamos em cima da hora, mas deu tempo de participarmos. Terminada a ação, resolvemos fotografar a Catedral Metropolitana de Nossa Senhora Aparecida, projetada pelo arquiteto Oscar Niemeyer. De repente, um rapaz nos aborda:
– Você é a Iara e você é o Eduardo. – Confirmamos.
– Acompanho vocês pelas redes sociais e gostaria de dar um presente.
Ele retirou da mochila uma caneca com efeitos especiais: quando se coloca água quente, surge nossa foto e uma bandeira do Brasil com os dizeres: "Educação é progresso. O Brasil tem solução e é pela educação." Ele estava andando com este presente na mochila sem ao menos saber se iria nos encontrar.

*

Conhecer Sabrina Bittencourt foi algo único na nossa vida. Ela se autodefine como empreendedora social em série, agricultora de ideias, futura ciborgue e mãe de três filhos: Gabriel, Raquel e Davi. Com 32 anos, Sabrina perdeu parcialmente a memória. Gabriel, o filho mais velho, com 11 anos, disse:
– Não tem problema, mãe. Assim como você me ensinou a pesquisar, eu a ajudo a encontrar o que está aí dentro. Você não se esqueceu.
Sabrina empreendeu com seus filhos a Escola com Asas, um ambiente virtual que busca mapear os sonhos da criança para

então criar as estruturas que vão colaborar para o aprendizado dela, de dentro para fora. Parece complexo, e é mesmo. O projeto parte de uma insatisfação com o sistema de ensino atual e busca uma alternativa fincada nos interesses individuais de cada criança – só vendo que bacana! Tudo deságua em um projeto social que contemple o que os estudantes acumularam ao longo do ano, de forma cooperativa.

– A gente estimula estes aspectos, pois eles são ensinados desde cedo a competir, mas, na verdade, cada pessoa depende da outra – pontua Sabrina.

*

Educação também é o território onde Mara Novelo atua há mais de trinta anos, em Monteiro Lobato, São Paulo. Primeiro, ela e o marido adotaram 18 crianças. Para atendê-las, criaram uma escola dentro de sua propriedade, em uma comunidade rural. Hoje, o Instituto Pandavas educa 109 crianças, sem patrocínio, contando apenas com doações e com a dedicação de 18 voluntários. São eles que respondem pelas aulas, pela secretaria, merenda, contabilidade, etc. Entre suas ações mais significativas, nos encantamos com o Projeto 3 Rs, que, desde 2006, estimula a redução, reutilização e reciclagem de materiais descartados.

*

Em 1995, o empresário Walter Steurer passeava pela região onde morava, em Cotia, São Paulo, e viu um terreno à venda. Empresário de muito sucesso, decidiu empregar o dinheiro que já tinha ganhado em algo que fizesse sentido. "Tenho que devolver ao Brasil o que o país deu a mim e a minha família", pensou Walter, descendente de austríacos que chegaram ao país fugindo da guerra.

Teve a inspiração de criar a Âncora, uma escola baseada nos ensinamentos da Escola da Ponte, em Portugal, e pôs a mão na massa. Quinze dias antes de sua morte, em 2011, veio a grande honra: o educador português José Pacheco, fundador da Escola da Ponte, entrou em contato para dizer que aceitara o convite para orientar a Âncora e transformar o projeto numa comunidade de aprendizagem. Note bem: comunidade de aprendizagem, e não uma escola. Ali, o aprendizado se dá por meio de projetos de pesquisa escolhidos pelas próprias crianças, que depois transmitem aos colegas o que aprenderam. Já foram atendidas seis mil crianças, adolescentes e suas famílias, por meio de programas como creche, atividades culturais, artísticas e esportivas, bem como cursos profissionalizantes. Não há custo algum para os pais.

*

O Rio de Janeiro começou a experimentar um novo tipo de escola na Rocinha. Em vez de séries, salas de aula com carteiras enfileiradas e crianças sentadinhas olhando para o quadro negro, turmas multisseriadas, mesas redondas com seis cadeiras e mentores que orientam os estudantes usando a "educopédia", uma plataforma digital com videoaulas, jogos e animações, em vez de cadernos. Cerca de 180 crianças e jovens da comunidade já recebem essa educação alinhada com o século 21 no projeto GENTE, sigla mais do que adequada para Ginásio Experimental de Novas Tecnologias.

Pais e professores se entusiasmam com o progresso dos alunos, cativados pelo lema do projeto, que é não ter rotina. Vimos de perto o desperdício de alimentos no CEASA de Goiânia, Goiás. Porém, enquanto muitos projetos atuam como comunidade, vimos a força da iniciativa individual na história de Cleudimar e seu marido. Há 32 anos, eles distribuem, todo sábado, cerca de trezentas sacolas de verduras, com cerca de cinco quilos cada uma, para pessoas carentes. Faça sol ou faça chuva, saem cedinho de sua casa humilde na periferia de Goiânia e coletam verduras e legumes que não seriam comercializados. O detalhe mais comovente é que Cleudimar pesa 122 quilos, sofre de diabetes, que já lhe roubou 90% da visão, e, quando a conhecemos, tinha acabado de amputar parte do dedo do pé. Nós nos despedimos, mas ficamos curiosos para ver o projeto funcionando. Voltamos no sábado seguinte e lá estava ela no CEASA, mesmo debilitada pela cirurgia. Quantos de nós acordaríamos cedo no sábado para enfrentar uma feira tão grande? Sairíamos pedindo alimento para quem não pode pagar? Ficaríamos o dia inteiro preparando e distribuindo sacolas? Agora, imaginem fazer tudo isso sem dinheiro, praticamente cega e pesando 122 quilos! Esta mulher é uma verdadeira guerreira! Ela diz que só tem que agradecer por estar viva e poder ajudar o próximo.

*

Em Florianópolis, Santa Catarina, a filha de apenas nove anos de Maurício viu na TV que havia muitas crianças sem lar. Aí virou para o pai e disse:
— Você precisa fazer alguma coisa por esses bebês, eles estão abandonados!
Maurício ficou impressionado com a sensibilidade de sua filha, e o universo conspirou para que ele comprasse uma casa vizinha e instalasse nela a Casa Luz do Caminho, que recebe e cuida de crianças de zero a dois anos em situação de risco social, com o objetivo de reintegrá-las a suas famílias.
Certo dia, por absoluta falta de opção, precisou acomodar três bebês em um só berço. Percebeu então que, sozinhos, os bebês choravam descompassadamente; no berço comunitário, porém, se acalmavam. Filmando-os e observando a interação entre eles, concluiu que isto ocorria porque os bebês encostavam-se uns nos outros. Sentiam a presença. O contato humano pode transformar vidas!
Sempre buscamos o nosso eu e descobrimos que nosso eu, na verdade, somos nós. Nenhum de nós é tão bom quanto todos nós juntos!

*

Estando em Foz do Iguaçu, é claro que tínhamos que conhecer a Itaipu e o lindo projeto institucional que a hidrelétrica patrocina: o Cultivando Água Boa. Trata-se de um programa que nasceu para se perpetuar – tanto que já traz em seu nome a ideia de movimento, de continuidade. Afinal, para que a água se mantenha abundante e com qualidade, é preciso "cultivá-la". O programa considera que a mesma água que é fonte de toda a sua energia é também a água que traz vida ao lago, garantindo renda aos pescadores que vivem no entorno; que irriga o solo, fonte de sustento para muitas famílias; que abastece cidades; que gera saúde e traz equilíbrio para o meio ambiente. As ações vão desde a recuperação de microbacias e proteção das matas ciliares, até a formação de cidadãos éticos e respeitosos em relação à natureza.

Em 2005, o Cultivando Água Boa conquistou o prêmio Carta da Terra, entregue em Amsterdã, na Holanda.

*

Em uma ocasião, fomos abordados por um homem decidido a desmontar nosso projeto. Dizia que conhecia muito mais pessoas ruins do que boas. Fiz as perguntas de praxe e ele ainda continuava insistindo que o mundo estava acabando.

– Credo! Onde você mora, que é tão ruim assim? – perguntei, e fui dando vários exemplos que conhecemos na cidade inteira.

– Não sei para que você perde tempo ainda – falou Dudu.

– Nossa missão é provocar as pessoas para repensarem sua vida.

*

A filosofia do Instituto Toca, em Itirapina, São Paulo, é esta: olhar e cuidar do indivíduo, do entorno e do planeta. Este desejo passa, obrigatoriamente, pela alfabetização ecológica da sociedade. Em uma comunidade rural, uma equipe multidisciplinar, que atua nas áreas de educação, saúde integral, cultura e meio ambiente, compartilha e difunde a cultura do viver orgânico, em harmonia com a natureza.

Pedro Paulo Diniz, herdeiro de uma das maiores fortunas do país, e sua esposa Tati, poderiam morar em qualquer lugar do mundo, mas decidiram ficar no Brasil e fazer a transformação aqui. Além de plantar alimentos orgânicos, eles decidiram viver de modo orgânico!

*

Outra vez, uma jovem chamada Larissa também começou a falar que o Brasil não tem jeito, de tão violento.

Decidi ser mais dura nas palavras e perguntei:

– Vamos lá! Se o Brasil tem mais pessoas ruins do que boas, me diga: quantos traficantes você tem na sua família?

– Nenhum! – respondeu ela.

– Quantos primos assassinos você tem?

– Ficou doida? Nenhum!

– Quantos estupradores você tem como amigos?

– Que é isso, gente? Nenhum!

– Quantos bandidos participam de sua rede de relacionamento?

– Meu Deus! Nenhum!

– E quantas pessoas trabalhadoras e honestas você conhece?

– Ah. Um monte!

– E quantas pessoas boas você conhece? Não são santas e têm defeitos, sim. Mas são boas.

– Ahhh! A maioria!

– Pois é. Percebe como os bons são a maioria? É claro que existem assassinos, bandidos, traficantes, mas a maioria é de pessoas boas.

Larissa, com o rosto vermelho de vergonha e os olhos cheio de lágrimas, concluiu:

– É verdade o que vocês falam.

*

Das 630 famílias que moram na Borda do Campo, em São José dos Pinhais, Paraná, nenhuma depende mais de doações de cestas básicas. Isso graças a um projeto transformador, que trabalha em rede para a construção de uma comunidade mais justa. Se alguma família passa por dificuldade, os funcionários do Centro de Referência da Assistência Social, CRAS, dão o alimento, porém avisam a Rose, no Borda Viva. Ela vai até a casa em questão, identifica a necessidade, cadastra as crianças, que poderão fazer as refeições na ONG, e convida a mãe para participar da cozinha solidária. A mãe não gosta do trabalho na cozinha? Sem problemas: ela é direcionada para a costura ou para o atendimento em eventos. Se ainda assim não der liga, o Borda Viva a encaminha para empresas parceiras, para atuar na área a que melhor se adaptar. Isso se chama respeito ao ser humano. Gerando renda e levando dignidade às famílias.

Simplesmente maravilhoso o conceito e a ação do Borda Viva! Claro que o alimento é necessário, mas o projeto tem como objetivo o resgate social da família, dando uma atenção especial à criança e inserindo a mulher no mercado de trabalho.

*

Coisa mais comum é estarmos estacionados em algum lugar, envolvidos com nossos afazeres, e alguém se aproximar para puxar papo. Adoramos estas interações e buscamos ser sempre receptivos. Certa vez, veio um homem dizendo:

– Bacana o projeto de vocês. Às vezes fico refletindo sobre a solidariedade dos pobres e a solidariedade dos ricos. Sabem qual é a diferença? A diferença é que os ricos, quando são solidários, doam tudo o que podem. E os pobres, quando são solidários, doam tudo o que têm.

*

Em Florianópolis, Santa Catarina, conhecemos o Vilson Groh, no Centro Cultural Escrava Anastácia, que atua em diversas frentes, mas tem apreço especial por jovens em situação de vulnerabilidade social. Dele, ouvimos esta linda lição de vida:

"Os jovens que atendemos passam por aqui e seguem seus caminhos. Voltam com suas faculdades concluídas e oferecem seus talentos gratuitamente. Esse é o pagamento! Certo dia, um jovem do projeto se formou em medicina e, quando recebeu seu primeiro salário, nos procurou dizendo que queria pagar uma bolsa de estudos para outro jovem. Este gesto dá a percepção do verdadeiro significado do que é investimento. Não deveríamos ver os jovens como dano, e sim como potencial, como capital social. Agarrar a esperança que está por trás do olhar desta juventude e ajudá-la a materializar seus sonhos oferecendo ferramentas para que caminhe com as próprias pernas. Não fazemos isso por obrigação ou comprometimento, fazemos porque tem grande valor, grande significado na vida. Porque acho que a gente é feliz quando se abre para os outros, trabalha com os outros e buscamos juntos um processo. Fundamentalmente, para mim, a sensação é de gratuidade, e de prazer também, por materializar a esperança. E a esperança tem três elementos fundamentais: o pão, a beleza e a liberdade."

Vilson nos lembrou de que todos nós podemos mudar o mundo e, para isso, bastam três atitudes importantes: fazer gestos simples; compreender-se dentro da visão da simplicidade; e fazer estes gestos em espaços que são invisíveis para o mundo, a sociedade e o mercado. Então, acreditar que isso é capaz de produzir uma transformação extraordinária. Um monte de gente fazendo pequenos gestos mudaria o mundo.

*

Conhecemos Norberto em um encontro casual e ele nos ofereceu hospedagem em sua casa quando passássemos por Joinville. Chegamos à cidade e ligamos para ele; pegamos o endereço e fomos para sua casa, certos de que iríamos encontrá-lo.

Era a casa da ex-mulher de Norberto. Não, não era encrenca: gentil, a moça nos informou que ele estava em São Paulo, mas que havia deixado a chave da casa para nós e que ela iria nos levar até o endereço dele. Perguntamos:

– O quê?

Ela complementou:

– Ele deixou a chave da casa e a geladeira cheia caso precisem de alguma coisa.

Que recepção, e que prova de confiança!

*

Numa de nossas passagens por Santa Catarina, demos uma entrevista para um jornal do estado. Foi quando Guilherme nos ligou:

— Olá, amigos! Soube que vocês estão por aqui. Quando passarem por Itajaí, fiquem aqui conosco.

Isso acontecia com frequência, e aceitávamos com o coração cheio de alegria, encantados com a solidariedade dos que se identificavam com nossa expedição.

Quando chegamos à região, fizemos contato, acreditando que Guilherme nos acolheria em sua casa, mas não: ele nos hospedou em seu hotel Marambaia Cabeçudas, de frente para o mar. Fomos muito bem recebidos e fizemos uma amizade duradoura.

*

Em Garopaba, Santa Catarina, conhecemos o Jairo, que é a emoção, e a Carol, que é a razão. Eles são os criadores do projeto Prancha Ecológica, que faz pranchas de surfe com garrafas PET. O próprio nome já define o que é o projeto, mas o que eles nos disseram define como é o coração destes dois lindos amigos. Com a palavra, Jairo, a emoção:

"Um por todos e todos por um mundo melhor. Essa frase está no ar! Não é só a gente que pensa assim, é todo mundo pensando igual. Uma mensagem que começou com os mosqueteiros, mas hoje está no mundo. É o planeta empurrando as pessoas para a mudança. Eu sou corajoso. Eu ajo com o coração. Quero levar para todo mundo a nossa ideia de reciclagem. A prancha de garrafas é simples e divertida, e também mostra para as crianças que a gente pode mudar o planeta. Se a gente é capaz de transformar a matéria, também somos capazes de transformar a nós mesmos! Podemos, sim, mudar o nosso mundo! Antes eu não conseguia assimilar a felicidade que eu sentia fazendo o projeto. Hoje consigo. É uma força grande, e a gente se esquece do material e quer fazer, quer fazer, quer fazer. Porque assim nos sentimos bem. É isso que nos motiva. É isso que nos paga. Este é o dinheiro divino!"

Com a palavra Carol, a razão:

— Para mim, o que fazemos não é trabalho, é amor. Ver o sorriso de uma criança que está feliz porque ganhou uma prancha em um sorteio e vai poder surfar não tem preço. Desenvolvemos uma prancha para um tetraplégico que, remando, olhou para gente e disse: "Vocês me devolveram a liberdade!" Isso não tem preço!

*

O IDE, que revolucionou o atendimento nas comunidades de Campo Grande, é a prova de que Jairo tem razão: a frase "um por todos, e todos por um mundo melhor" está mesmo no ar. Em 2007, o IDE, sigla para Instituto de Desenvolvimento Evangélico, iniciou o projeto Uns por Todos, uma rede de fortalecimento de instituições já existentes e de integração entre escolas, associações, igrejas e instituições públicas. O objetivo é transformar a realidade dos bairros onde atua, oferecendo às crianças e adolescentes oficinas de leitura, lutheria, teatro, esporte e música, entre outras.

*

Chegamos a Fraiburgo, Santa Catarina, a Terra da Maçã, para conhecer o projeto GVC, Grupo Voluntário Vida e Cidadania, que tem atuação fortemente assistencial. Lindo projeto.

Porém, observando as carretas que transportam maçãs para o Brasil inteiro, comecei a refletir sobre o desperdício de alimentos. Por exemplo: jogar fora meia maçã representa desperdiçar todo o processo. Estamos desperdiçando a metade dos produtos do plantio, da mão de obra, do frete, da energia do supermercado. Enfim, metade do processo que leva cada maçã a nossa mesa. Precisamos ficar mais atentos a isso. Como é a nossa relação com o consumo dos alimentos? Isso nos levou a outras questões. É possível produzir o próprio alimento dentro das grandes cidades? E comercializá-los? Em Curitiba, encontramos algumas respostas.

Toda semana um grupo de pesquisadores vinculados à Universidade Tecnológica Federal do Paraná (UTFPR) se reúne com produtores urbanos e artesanais da cidade para oferecer produtos e compartilhar saberes. Na Feira e Encontro de Agricultura Urbana de Curitiba, produtores se reúnem para trocar, comercializar e experimentar os produtos, bem como para compartilhar experiências e animar aqueles que desejam começar a povoar seu quintal ou suas sacadas nas grandes cidades com plantas comestíveis. Também recebem orientações sobre compostagem e vida saudável, e alimentam a alma com o que há de melhor: a amizade.

*

O que a agricultura urbana tem a ver com consumo consciente? Que mudanças de hábitos podem ser promovidas quando se convive com o ciclo completo da produção de um alimento? Em Florianópolis, uma comunidade gerencia os próprios resíduos orgânicos e produz alimentos localmente, no movimento que foi batizado de Revolução dos Baldinhos. Uma epidemia de ratos na comunidade Chico Mendes, no bairro Monte Cristo, em Florianópolis, Santa Catarina, motivou os moradores a olhar de maneira diferente para o próprio consumo de alimentos e o lixo que produzem. Os resíduos passaram a ser utilizados como fertilizante natural, viabilizando o plantio de alimentos por meio de agricultura urbana. A transformação veio rápido, e hoje mais de duzentas famílias são beneficiadas.

*

Você já parou para pensar no desperdício nos supermercados, feiras e na sua própria casa? Acha possível aproveitar os restos dos alimentos para fazer uma farofa, um doce? Regina Tchelly acredita nisso. Ela nasceu em Serraria, interior da Paraíba, e mudou-se para o Rio de Janeiro, em 2001, para trabalhar como empregada doméstica. Ficou perplexa com o desperdício nas feiras livres e na própria comunidade onde foi morar.

– Na Paraíba, a cultura é a de aproveitar o máximo que a gente puder do alimento – explica.

Ela recolhia frutas e hortaliças que seriam descartados, mas que os feirantes já deixavam separados para ela, e os levava para sua casa. Criou receitas saborosas, como arroz colorido de talos e cascas, pão de mel de casca de banana e quiche de talo de brócolis. Autodidata, a paraibana passou anos literalmente cozinhando a ideia de fazer algo a mais com este dom de transformar alimentos.

– Um dia quis tirar esse projeto dos meus sonhos e concretizá-lo. Reuni algumas mães da comunidade, fizemos uma vaquinha que rendeu 140 reais e realizei a minha primeira oficina. Não parei mais! – relembra Regina Tchelly.

Para ela, a grande importância do projeto é transformar o olhar, apresentando novos paladares às pessoas, fazendo uma boa ação para a natureza, para o bolso e para a saúde. Assim nasceu o Favela Orgânica.

*

A vida sustentável, de verdade, descolada de qualquer discurso retórico, é o que pratica o Ecocentro IPEC (Instituto de Permacultura e Ecovilas do Cerrado), em Pirenópolis, Goiás. Foi fundado em 1998, com o objetivo de promover a viabilidade de uma cultura sustentável, criar experiências educativas e disseminar modelos no cerrado e no Brasil. O permacultor André Soares e a pedagoga e escritora Lucy Legan ministram cursos de permacultura em todas as regiões do país e no exterior, capacitando seus seguidores a pôr em prática este movimento holístico que alia técnicas tradicionais, ferramentas novas e o conhecimento de quem sempre viveu da terra. Permacultura vem da junção das palavras agricultura e permanente, e se rebela contra as agressivas técnicas da agroindústria moderna. Atualmente, o Ecocentro é a referência no assunto para brasileiros e estrangeiros que querem aprender sobre a vida sustentável.

*

Iniciativas ligadas à proteção do meio ambiente coloriram nossos dias nas estradas do Brasil. Conhecendo tão intimamente a riqueza da nossa vegetação, sentíamos muita admiração pelos projetos que se dedicam, direta ou indiretamente, a preservá-la. Projetos como o de Rodrigo Sabatini, que garante ser possível passar trinta dias sem gerar lixo de dentro de sua casa, nos intrigaram – e nos encantaram. A missão do Instituto Lixo Zero, concebido por ele, é divulgar essa ideia. Rodrigo defende que o conceito de lixo é uma invenção humana, pois processos naturais não geram lixo. O instituto pertence ao conselho da ZWIA (Zero Waste International Alliance, Aliança Internacional para o Lixo Zero); prega o máximo reaproveitamento de resíduos e a redução – ou mesmo o fim – do encaminhamento do lixo para os aterros sanitários e incineradores.

*

Tem idade mínima para começar um projeto? Biel Baum é a prova de que qualquer tempo é tempo. Ele é chef de cozinha, vegetariano, apresentador do programa de TV Arte na Cozinha e dá palestras em todo o mundo sobre alimentação saudável. Tudo isso com apenas 12 anos de idade! É inspirador ver como este garoto enxerga o mundo. Biel começou a se interessar pela alimentação saudável após seu melhor amigo ter um câncer causado por agrotóxicos usados nas plantações da própria família. Depois de muito ler e pesquisar, Biel concluiu que o mundo seria um lugar melhor se as pessoas deixassem de lado os alimentos industrializados, transgênicos e cheios de agrotóxico, e optassem pelos orgânicos. Hoje ele é um verdadeiro embaixador dos alimentos saudáveis, ensinando crianças a comerem melhor. E, olhe, já faz tempo que ele começou.

INTERDEPENDÊNCIA

Se formos procurar o significado da palavra interdependência na Wikipedia, encontraremos mais ou menos esta definição:

> Interdependência é um conceito que rege as relações entre os indivíduos nas quais uma única pessoa é capaz de, por meio de seus atos, causar efeitos positivos e/ou negativos, em toda a sociedade. Ao mesmo tempo, este mesmo indivíduo é influenciado pelo todo.
>
> Com isso, é possível dizer que todas as pessoas e coisas que rodeiam a vida dos seres humanos estão interligadas e afetam a vida de todos de forma significativa.

Resumindo: todos cuidando de todos! Ou seja, interdependentes. Tudo está ligado a tudo: como falar de ecologia sem falar de educação? Como falar de moradia sem discutir o emprego?

*

Uma cadeia produtiva que gere alimentos ecologicamente corretos, ambientalmente sustentáveis e economicamente acessíveis é o objetivo de Willy Pessoa Rodrigues, fundador da Agência Mandalla, em Cuité, Paraíba. Desde 2003, ele trabalha com pesquisa, desenvolvimento e difusão de tecnologias sustentáveis. Já atendeu mais de duzentas comunidades rurais e urbanas em 18 estados do país, beneficiando diretamente 4.500 famílias, que ganharam acesso à alimentação saudável e a uma renda mensal. Fez isso por meio da implantação mais de 2.500 "mandallas"! As "mandallas" são estruturas circulares de produção de alimentos formadas por círculos concêntricos; no meio de cada círculo há um pequeno espelho d'água, de onde parte o sistema de irrigação. Galinhas, patos, peixes e outros pequenos animais, além de plantas, convivem em uma área comum, formando um sistema interativo onde as necessidades de um são supridas pela produção do outro. Um exemplo: a galinha oferece esterco para a plantação e se alimenta de ervas daninhas.

*

A Pedagogia da Cooperação é uma ferramenta para construir um mundo onde todos podem VenSer! Com s, mesmo, s de ser. É assim que o idealizador e colaborador do projeto, Fábio Otuzi, define seu trabalho. Na Pedagogia da Cooperação, todos aprendem e ensinam. É uma jornada de descoberta de si mesmo e do mundo, por meio do encontro com os outros, convivendo em situações-problema que nos desafiam a encontrar soluções cooperativas para o sucesso de todos e para o bem-estar e o sentido de Comum-Unidade. Pura interdependência!

Muitos desses processos estão sendo sistematizados como uma nova linguagem pedagógica, combinando a sabedoria de toda a nossa ancestralidade com os recursos da modernidade. São jogos cooperativos, danças circulares, aprendizagem cooperativa, brinquedos cooperativos e práticas de transformaação.

*

Em Porto Alegre, recebemos uma mensagem da Anmol Arora, uma médica que se juntou a outra médica, Maryela Silveira, e fundaram a Mente Viva. Trata-se de um lindo projeto que busca disseminar a cultura da paz entre crianças por meio de técnicas de mentalização e meditação. Fomos conhecê-la. Chegando à casa dela, descobrimos que Anmol é indiana. Ela havia preparado um café com bolachinhas e bombons para nós. Na hora me veio a sensação de que já tínhamos vivido aquele momento, mas tudo bem. Continuamos. Até que ela me fala do livro de seu pai sobre Terapia Quântica.

Daí falei:
- Peraí. Quem é seu pai?
Conhecemos os pais dela em Fortaleza. Ele nos procurou e nos convidou para tomar um café. Fomos, e a mesa à nossa espera era igual àquela com que Anmol nos recepcionou, preparada pela mãe; ganhamos dois presentes: o livro autografado por ele e uma aula de experiência de vida. Foi um encontro lindo em Fortaleza. E depois, um encontro lindo em Porto Alegre. Muito legal!

*

Uma manhã, uma joaninha entrou na barraca. Fiquei um tempão tentando tirar uma foto bonita dela, mas, quando consegui arrumar o celular, ela voou. Era para ficar só na minha memória.

*

Sessenta e oito anos, viúva, mãe de quatro filhos e avó de quatro netos. Vive com a pensão de dois salários mínimos em uma casinha simples, onde só tem o necessário. Mesmo assim, sabe o que ela faz? Dona Zezé comanda o Forno Comunitário em Capão da Canoa, Rio Grande Sul. Como tudo começou?
- Um dia, fui levar a minha neném no pré. Cheguei lá e tinha duas crianças, uma comendo um pacote de bolacha e a outra olhando. Eu perguntei para a criança por que estava olhando a bolacha da colega. Ela disse assim: "É que eu tô com fome. Minha mãe não tinha nada pra dar no café pra nós."
Dona Zezé teve, então, a ideia do forno comunitário. E lá se vão 17 anos desde que produziu sozinha os primeiros pães, em um forno improvisado nos fundos de casa, e os distribuiu para dez vizinhos carentes.
Incansável, percorre ruas, lojas e mercados pegando um pouquinho de farinha aqui, outro pouquinho lá. Quando falta alguma coisa, espalha a notícia na rádio da cidade. Chovem doações. Atualmente, ela entrega muito mais do que pães para cem famílias de bairros pobres. Entrega também cestas básicas, roupas, calça-

dos, móveis usados e novos. Ela distribui entre os mais pobres tudo o que chega por meio de doações.

Como já dizia Guimarães Rosa: "Eu só preciso de pés livres, mãos dadas e olhos bem abertos."

*

Uma pessoa nos acusou de falta de humildade por não aceitarmos dinheiro. Custou a dizer isso, mas disse.

Fomos pesquisar a definição da palavra e encontramos estas três:

(1) Humilde é um adjetivo de dois gêneros que descreve alguém que dá aparência de humildade. Uma pessoa humilde é uma pessoa modesta, simples, submissa, recatada, que se curva por sentimentos de fraqueza ou modéstia.

(Não somos fracos, então não nos encaixamos nesta);

(2) Humilde é uma palavra com origem no latim *humilis*, que significa "que fica no chão, que não se ergue", o que mais uma vez explica o significado da palavra.

(Sempre nos levantamos de todos os tombos, então tampouco nos encaixamos nessa definição);

(3) Uma pessoa humilde (palavra que em inglês é traduzida como *humble*) pode ser classificada dessa forma por não possuir riquezas.

(Somos ricos de amigos e experiências, então não nos encaixamos nesta).

Enfim, concluímos que não somos humildes.

Nossa atitude não tem nada a ver com humildade, e sim com justiça! Quando dissemos não a pessoas que queriam nos dar dinheiro, era porque sabíamos que muitas pessoas perto delas também estavam precisando de ajuda. Nossa filosofia é estimular cada pessoa a ajudar o próximo que está próximo e depois o que está longe. Isso não significa falta de humildade nem excesso de orgulho; era simplesmente bom senso.

*

Todos os projetos que visitamos nos foram indicados por pessoas que encontrávamos nas ruas. Elas mesmas nos orientavam sobre o caminho. No entanto, também fomos muito abordados.

Estávamos indo para a Serra da Canastra quando, de repente, começou um temporal muito forte e tivemos que voltar para a última cidade, Sacramento, Minas Gerais. Paramos no meio da rua, sem saber para onde ir, quando apareceu um rapaz perguntando o que fazíamos. Explicamos e ele disse:

– Minha mãe é um bom exemplo.

Rimos e explicamos que esta frase era a que mais ouvíamos. Toda mãe é um bom exemplo, mas estávamos procurando pessoas que vão além de fazer o bem para a família.

Ele continuou:

– Minha mãe é um bom exemplo, do jeito que vocês procuram. Ela criou o Fuxicoterapia. Em vez de fuxicar (fofocar) sobre a vida dos outros, ela criou um grupo de encontro de senhoras idosas para fazer colchas de fuxico e doar para instituições beneficentes.

Imaginem se todas senhoras se reunissem para transformar fofocas em fuxicos? Gostamos da ideia e fomos visitá-la.

*

Em Nova Lima, Minas Gerais, nos indicaram um projeto. Visitamos, conversamos, mas ficamos um pouco desapontados, já que, apesar da estrutura muito grande, atendiam poucas crianças. Fomos para uma praça e decidimos tomar um café antes de irmos embora. Na padaria, a atendente veio correndo, falando que seu sonho era escrever para algum programa de televisão a respeito de sua irmã. Não entendemos nada e dissemos que não éramos da TV. Ela havia visto o carro e nos confundido com repórteres.

Rimos da situação e ela disse:

– Não tem problema vocês não serem da mídia, mas eu gostaria de pedir que visitassem minha irmã.

Aceitamos o convite e fomos até o endereço que ela nos passou. Magna, assim se chamava a irmã, e Carlos haviam perdido três filhos biológicos e resolveram adotar uma criança. Depois nasceu sua filha biológica. Daí começaram a chegar os outros filhos. São 17, além de outras sessenta crianças, mantidas com a renda familiar de 1.200 reais e com muito amor.

Que história linda! Primeiro fomos recebidos por seus filhos e começamos a conversar com Edlaine, pois Magna e Carlos tinham saído. Ela nos falou das dificuldades que passaram durante esses anos e da luta dos pais para criar tantos filhos; dos 12 quilômetros que as crianças percorriam a pé para chegar à escola; dos olhos de onça à espreita no mato; das cobras; da kombi que perdeu o freio e ninguém se machucou; da doença da mãe, que tem apenas 30% do coração funcionando; do jejum de TV com o recadinho: "Televisão hoje não" (sendo que todos os dias são hoje). Muitas histórias que hoje eles acham engraçadas, mas na época foram muito difíceis.

Fomos embora e, passados cinco minutos, Edlaine nos liga dizendo que seus pais haviam chegado. Voltamos.

Conversando com Magna e Carlos, aprendemos, a cada segundo, como viver na Lei do Amor. Magna faz todos os trabalhos domésticos e educa as crianças, enquanto seu marido trabalha fora. Passaram por dificuldades, porém a alegria e o amor sempre se sobressaíram. Horas depois, dois filhos, Mateus e Rodrigo, o mais novo com apenas oito anos de idade, cochicharam algo nos ouvidos da Magna.

Tive a impressão de estar incomodando e chamei o Dudu para irmos embora. Magna nos pegou pelo braço e disse:

– Por favor, fiquem! A única ajuda que temos são alguns pãezinhos de sal que ganhamos dia sim e dia não. Hoje não é dia, mas meus filhos foram na padaria pedir antecipadamente, e prepararam o café para vocês.

Quando entramos na cozinha, havia uma mesa coberta com toalha, quatro lugares postos, xícaras viradas para baixo no pratinho, uma cesta de pães e uma garrafa de café exalando um aroma de acolhimento. Detalhe: éramos 15 pessoas na casa, mas as crianças colocaram a mesa apenas para mim, Dudu, Magna e Carlos; ficaram em pé ao redor da mesa sinalizando que era tudo para nós e seus pais. Ficamos muito emocionados com tanto carinho e com a boa educação das crianças.

Magna sempre escolhia aquelas que tinham algum problema de saúde e cuja adoção seria difícil. Enquanto alguns casais optavam por crianças bonitas e saudáveis, Magna e Carlos preferiam os excluídos. A filosofia deste casal é educar com amor; para eles, a religião é aquilo que se vive, e não aquilo que se demonstra.

*

Quando você compra um carro, começa a ver um monte de carros iguais pelas ruas. Quando você engravida, começa a ver um monte de grávidas.

Conosco aconteceu isso em relação aos bons exemplos. Começamos a conhecer muita gente que está fazendo o bem. Muita gente mesmo. Ficou comum para nós. Daí fiz esta reflexão: hoje, Dudu e eu vivemos em um mundo do bem! Colaborativo. Até encontrar esse mundo, não imaginávamos que existisse.

Tem pessoas que vivem no mal, justamente por acreditarem que só existe aquele mundo. Por isso os projetos sociais são tão importantes: eles mostram que existem outros mundos, outras possibilidades.

Quanto mais divulgarmos estes projetos, mais normal, mais comum será viver neste mundo do bem.

*

Listamos apenas alguns dos 1.150 bons exemplos que encontramos em quatro anos de expedição pelo Brasil. Sem falar de todos os outros heróis que não conhecemos, mas que com certeza estão fazendo um trabalho lindo por cada canto de nosso país. Por isso criamos o mapa do Brasil Virtual Colaborativo, no qual todos podem incluir o bom exemplo que conheçam perto de sua casa (www.cacadoresdebonsexemplos.com.br).

E para você? Quem é um bom exemplo? Escreva aqui:

_____
_____
_____
_____

Depois, vá até o endereço do projeto e publique uma foto no aplicativo dos Caçadores. Vamos juntos iluminar o mapa do Brasil com os bons exemplos brasileiros!

O QUE VOCÊS VÃO FAZER QUANDO A EXPEDIÇÃO TERMINAR?

♥

Esta é a pergunta que mais escutamos ao longo da nossa jornada. É mais ou menos como aquela velha história: "Não pense no passado, não pense no futuro. Viva o presente!" E quem é que nunca sentiu vontade de fazer isso?

Pois nós não tivemos muita escolha. Por questão de sobrevivência, viver o presente foi a nossa condição. Viver um dia de cada vez. Caso contrário, ficaríamos loucos.

Quando chegávamos a um projeto pequeno que precisava de ajuda, eu queria parar e ajudar! Quando encontrávamos um projeto com tecnologia social replicável, eu queria gritar para o mundo aquela solução. Quando encontrávamos crianças em situação de risco, eu queria parar o nosso projeto e adotar.

*

Um dia, entramos em um projeto muito emocionante em Cuiabá, Mato Grosso. Um pai que perdeu o filho e, apesar de sua dor, abriu as portas de seu coração e de seu sítio para acolher crianças com algum tipo de deficiência física ou mental que tinham sido abandonadas por suas famílias. Só a história do projeto é de mexer com o coração.

Só que, especialmente naquele dia, três crianças haviam acabado de chegar. Elas não falavam. Não porque fossem surdas ou mudas, mas porque os pais batiam suas cabeças na parede. O trauma calou-as. Seus corpos pequeninos tinham muitas queimaduras de cigarros.

Sentei-me no chão e comecei a brincar. No entanto, o que elas queriam era apenas um abraço carinhoso, um pouco de atenção. E o olhar delas. Ah, o olhar! Este não vou esquecer jamais.

Eu as estimulava a falar, e alguns sons começaram a sair. Queria ajudar aquelas crianças, queria dar todo o meu amor para elas. Foi então que Dudu, percebendo o meu envolvimento, disse:

– Amor, já está na nossa hora. Vamos?

Meus olhos pediam a ele para ficarmos mais um pouco. Contudo, me segurando em seus braços, ele me levantou e me conduziu em direção ao carro. Esta é a parte mais difícil da expedição: seguir viagem! Seguir o caminho!

Na saída, vimos a placa com o nome do projeto: Caminho Redentor. Ou seja, caminho que liberta, mas, naquele momento, minha alma estava presa àqueles meninos.

Em frente à porteira do sítio, precisei ficar quarenta minutos parada, me permitindo chorar desesperadamente. Gritava dentro do carro, um choro que vinha do fundo do útero.

– Calma, amor. Pare de chorar. As pessoas que passarem por aqui vão achar que estou agredindo você. Calma! – dizia Dudu.

E meu choro ficava cada vez mais intenso. Naquele dia, decidimos viver um dia de cada vez. O amanhã é incerto, não sabemos onde estaremos ou o que faremos. Então, não podemos "pré-ocupar" o nosso tempo com pensamentos sobre o futuro, como onde iremos dormir? Onde iremos comer?

Nossos dias são preenchidos por diferentes emoções. Somos premiados por ter a chance de conviver com pessoas maravilhosas, fazendo coisas ainda mais maravilhosas, e é por isso que escolhemos viver intensamente o melhor presente que ganhamos da vida, o hoje!

E então, o que faremos quando a expedição acabar? Não sabemos, afinal de contas é este o grande presente!

Perdemos a noção do que é bonito ou não. Todos os lugares são lindos. Do que é distante ou perto. Tudo é perto. Tudo é para agora; para ontem, se possível.

*

Ninguém nunca saberá todas as dificuldades que vivemos nestes anos. Ninguém nunca saberá todas as alegrias que vivemos, tudo o que passamos, o que sentimos...

Dificuldades, risos, sorrisos, lágrimas, choros intensos, inacreditáveis conquistas. Ninguém nunca saberá tudo! Tudo estará para sempre em nossa memória. Tudo está em nosso coração. Tudo está em nossa ação. Tudo... Emoção! Tudo... Para sempre, gratidão!

*

Continuamos sendo apenas um casal, sem patrocínio, sem vínculo religioso, nem político. Nestes quatro anos, incentivamos as pessoas a ajudarem financeiramente o próximo que está próximo, mas também ganhamos apoio de pessoas que encontramos pelo caminho.

Recebemos presentes lindos, sorrisos contagiantes, abraços acolhedores, e muita ajuda material. Uma troca incrivelmente envolvente de energias! Percorremos todos os extremos do país, mais de 225.807 quilômetros por terra, água e ar.

Se seguirmos a linha do Equador (o maior diâmetro possível no planeta), uma volta ao mundo terá exatos 40.075 quilômetros. Então, já completamos mais de cinco voltas ao mundo, percorrendo apenas nosso país. Uau! Cinco voltas no planeta.

*

Passamos por 560 cidades em Minas Gerais, São Paulo, Rio de Janeiro, Espírito Santo, Bahia, Sergipe, Alagoas, Pernambuco, Paraíba, Rio Grande do Norte, Ceará, Piauí, Maranhão, Tocantins, Pará, Amapá, Amazonas, Roraima, Acre, Rondônia, Mato Grosso, Distrito Federal, Goiás, Mato Grosso do Sul, Paraná, Santa Catarina e Rio Grande do Sul.

Hoje, temos certeza de que existem muito mais ações positivas do que ações negativas no mundo, representadas aqui pelas 1.150 histórias que tivemos o prazer de ouvir e compartilhar.

Lembramo-nos de um pôr do sol no meio da BR-364, entre Porto Velho, Rondônia, e Rio Branco, Acre. Um momento lindo e mágico! A impressão que tínhamos era de que, se continuássemos, iríamos mergulhar no sol. Decidimos parar o carro e ficar admirando aquele espetáculo. Daquele momento ficaram as lembranças e uma reflexão: não importa a estrada que percorrermos, no fim sempre haverá um sol para nos aquecer e nos proporcionar luz. Por todas estas estradas também haverá pessoas. Que possamos enxergar e valorizar a luz que existe dentro de cada ser humano.

*

Muitas pessoas também nos cobram uma explicação para o fato de definirmos nossa expedição como uma viagem de cinco anos pelo mundo, porém, destes cinco anos, já estarmos há quatro só no Brasil.

A ideia inicial era viajar dois anos pelo Brasil e três por outros 49 países. Porém, depois que fomos para a estrada, percebemos que temos que valorizar o que é nosso: o povo brasileiro! As nossas ideias! A transformação tem que ser de dentro para fora, e não de fora para dentro. Por isso decidimos ficar bem mais tempo por aqui. Por mais que saibamos que há vários países dentro do Brasil, nunca imaginamos que a diferença seria tão grande. É continental... É incrível!

No Brasil existem seis biomas: Mata Atlântica, Amazônia, Cerrado, Caatinga, Pampas e Pantanal. Em cada um deles, a população precisou se adaptar às condições locais, de forma que o que funciona no Nordeste não necessariamente funciona no Sul. O que funciona no Norte não funciona no Sudeste ou Centro-Oeste.

Por isso, muitos dos projetos que visitamos baseiam-se nas tradições e costumes de cada região.

Este conceito de mudança de "dentro para fora" é muito importante, já que temos, aqui no Brasil, a solução para todos os nossos problemas. Podemos mudar o mundo, sim, se mudarmos a nós mesmos, a nossa casa, o nosso bairro, a nossa cidade, o nosso estado, o nosso país, o mundo. Ou, ao menos, os "mundos" das pessoas que estão ao nosso redor. É possível!

*

Recebemos uma ligação de um ex-coronel do Paraná que disse:
– Obrigado por vocês estarem ensinando os nossos jovens a se tornarem povo. Ultimamente tenho visto nossos jovens se transformando apenas em pessoas. Precisamos de uma nação mais unida e comprometida.

*

Certa vez, um homem nos abordou com um discurso duríssimo:
– Vocês não foram a Brasília, né? Porque lá não encontrarão nenhum bom exemplo. Aliás, aqui no Brasil não existe isso. Só tem bandido, violência, corrupção, vagabundos. Eu já me programei. No fim do ano, minha família e eu nos mudaremos para a Suíça. Contudo, vocês rodaram o mundo, né? Olha a quantidade de bandeiras de outros países aí no carro. Para terem encontrado mais de 1.100 projetos, só pode ter sido fora daqui.
Fiquei olhando bem dentro do olho dele e respondi:
– Em primeiro lugar, todas essas bandeiras no carro são de estados brasileiros. Ainda não saímos do nosso país, porque acreditamos que devemos valorizar principalmente o que é nosso, em vez de ficar olhando o quintal do vizinho achando que é melhor. Em segundo lugar, o Brasil tem muitos problemas, sim, mas também tem muita solução; basta fazermos a nossa parte. Em terceiro lugar, é muito cômodo mudar de país para fugir dos problemas sociais. É muito cômodo dizer: 'Não é problema meu, eu só quero o que é meu de direito.' Mas espera um pouco: apenas direitos? E o nosso dever? Dever de cidadão: construirmos juntos uma sociedade melhor. Dever de ser humano: partilharmos com nossos conterrâneos as nossas mazelas. Dever de gratidão: pela vida e pela oportunidade de contribuirmos com aquilo de melhor que temos, os nossos dons. Enfim... Não gostamos desta palavra, 'dever', por isso vamos trocá-la

todas as vezes pela palavra 'amor'. Se em vez de fazermos por obrigação, se fizermos por amor, tudo muda. Em vez de se mudar daqui, por que não mudar as coisas erradas que temos aqui e continuar vivendo feliz em sua própria terra?

*

Dudu e eu decidimos apontar o problema, mas principalmente decidimos fazer parte da solução. Nós amamos nosso país e acreditamos na ordem e no progresso das pessoas! E em todos os lugares, em todos os estados, existem pessoas construindo um país melhor! Como é difícil aceitar o tempo de cada um. O processo de entendimento é individual. Aceitar o outro, as ideias do outro, as opiniões do outro. A verdade do outro.

*

Terminando a expedição pelo Brasil, comecei a ficar bem aflita para que todo mundo vivesse um pouco do que estávamos vivendo e conhecesse todos os projetos.

Às vezes, na ansiedade de que o projeto seja de todo mundo, acabamos nos decepcionando e criando muitas expectativas.

Este sonho é nosso e devemos apenas vivê-lo. Sonhar grande ou pequeno dá o mesmo trabalho! Tirei os pés do chão e sonhei alto. No entanto, percebi que talvez as pessoas não venham a saber nem sentir o que vivemos. É algo nosso, interno, que nos mudou diariamente e sutilmente. Gritar aos quatro cantos a existência destes projetos é uma forma de agradecer por tudo o que vivemos!

*

As pessoas sempre perguntam o que vamos fazer em 2016, já que "perdemos tudo" o que conquistamos na vida. Sempre respondemos:

– Perdemos tudo materialmente, mas o que vivemos não tem dinheiro nenhum que compre. Ganhamos muita experiência de vida, muitos amigos, lindas histórias para contar. Resumindo, ganhamos tudo!

ENFIM... CHEGAMOS AO CHUÍ!

Não havia sol e um dia chuvoso nos recepcionou. Dentro do carro, chorávamos. Parecia que o céu estava acompanhando nossa emoção.

Na reta final, o desgaste físico era nítido. Nosso corpo mudou. Nossa fisionomia mudou. Parecemos mais velhos, mas nos sentimos renascendo para uma nova vida.

Quando estamos confortáveis em nossa rotina, ficamos anestesiados demais para realizar as mudanças necessárias.

Ampliar a consciência de mundo e de vida para enxergar por trás de nosso ego e das nossas vontades exige um trabalho constante e vigília diária.

Nosso caminho foi longo e só por meio da vivência do que é verdadeiramente o amor ao próximo conseguimos nos manter na estrada.

Percebemos como a vida é uma junção de experiências. Quanto mais nos abrimos ao novo, mais aprendizados e histórias colecionamos. Saímos da bolha que tanto limitava a nossa felicidade. Milhares de lembranças destes últimos anos retornavam a nossa mente.

Como foi bom viver e conviver com estes heróis quase invisíveis aos olhos de tantos, mas imprescindíveis na vida de muitos. Como foi difícil sobreviver a tantas dificuldades.

O Brasil é tão grande, tão deslumbrante e tão emocionante! Como seria bom se todos os brasileiros pudessem conhecer cada canto de nosso país. Com certeza teríamos mais orgulho de morar em um lugar tão rico. É um privilégio.

Rico em belezas? Sim, mas principalmente rico em solidariedade.

Com certeza: Nosso povo é o nosso maior tesouro!

"Não existe um caminho para a felicidade. A felicidade é o caminho."

GANDHI

Dudu ligou a câmera para gravarmos, mas eu não queria falar, não queria materializar em palavras o fim da nossa expedição pelo Brasil.

Procuramos uma placa de sinalização para, assim, registrarmos nossa chegada à última cidade que iríamos visitar no Brasil. Achamos. Para nossa surpresa, a placa dizia: "Chuí, o Brasil começa aqui!"

As lágrimas escorreram ainda mais fortes, o coração disparou, o sorriso se alargou em meu rosto e um grito saiu da garganta:

– Sim! É claro! Nossa viagem não está terminando!

É só ligarmos o "GPS da felicidade" e continuarmos seguindo o nosso caminho.

Se a vida é uma viagem, enquanto o sangue correr em nossas veias, enquanto tivermos a capacidade de chorar, de sentir o coração disparado por medos ou alegrias, nossos lábios se abrirem em sorriso diante de amigos, nossos olhos brilharem de orgulho por atitudes lindas, enquanto estivermos vivos, sempre haverá um novo começo, um novo caminho, uma nova e linda jornada do bem a seguir.

FIM.

Fim? Não. E agora?

Percebemos que o verdadeiro sentido da vida, com certeza, é fazer sentido em outras vidas!

Percebemos que emoções nunca poderão ser apagadas, pois estão guardadas em um lugar muito especial!

225.807 quilômetros percorridos: esta quilometragem é apenas um número no painel do carro, mas o que nos marcou verdadeiramente foram as paisagens do caminho.

1.150 projetos catalogados: este é apenas o número de histórias contadas no nosso site, mas o que nos marcou verdadeiramente foram as emoções que vivemos quando ouvimos o que move as pessoas para ajudar o próximo.

4 anos de voluntariado! Quatro anos verdadeiramente vivendo o que é amor! Quatro anos que valeram por toda uma vida!

Percebemos que números podem ser apagados, multiplicados, somados ou subtraídos. Estes são alguns números que podemos contar, mas o que vivemos... Ah! O que vivemos ficará guardado eternamente em nosso coração!

"Não pense no passado, não pense no futuro, viva o presente!"

Sabemos que vamos percorrer mais 49 países para concluirmos nossa jornada. Este é o destino, mas o caminho... Ah, o caminho... Vamos deixar o universo nos levar. Ele demonstrou ser o melhor "piloto" desta grande viagem do bem.

POSFÁCIO
por Marcelo Canellas

Um lema levado às últimas consequências: "Seja a mudança que você quer ver no mundo."

Não pense que acabou! Iara e Eduardo continuam na estrada e os números não param, até o final desta edição foram percorridos 405.628 km (isso equivale a dez voltas ao mundo), e 1.599 projetos sociais catalogados. São sete anos de uma extenuante viagem desde o começo de tudo.

Em dezembro de 2014, o Fantástico mostrou a história dos Caçadores de Bons Exemplos, um casal que vendeu tudo o que tinha em Minas Gerais e saiu pelo Brasil à procura de pessoas que fazem o bem. Sem interesse político, motivação religiosa e sem patrocínio, Eduardo e Iara provocavam espanto por onde passavam. "Eles são loucos maravilhosos" - as pessoas falavam pelo caminho. Seriam mesmo loucos? Antes toda loucura tivesse a lucidez desses atos concretos.

Em meio ao trabalho extenuante, uma relação lindamente atípica. Existe maior prova de amor entre um homem e uma mulher do que passar sete anos juntos, de manhã, à tarde e à noite, 24 horas por dia, durante todos os dias do ano? Você já viu isso? Só mesmo com muito amor para resistir ao cansaço, desconforto, doenças, temporais, estradas péssimas... E, ainda assim, sempre com um novo fôlego para cair na estrada e continuar na mesma busca. Eles vão recolhendo, de abraço em abraço, a grande recompensa da viagem: fazer o Bem.

Ao fim desta longa viagem, os Caçadores de Bons Exemplos acabaram descobrindo que a viagem deles, na verdade, nunca acaba. O que terminou foi a etapa por eles planejada, mas a experiência de caçar histórias pelo caminho mostrou que, embora cheia de armadilhas e desafios, a estrada do bem é infinita e interminável.

*Se você gostou deste livro, não guarde.
Presenteie alguém, doe. Doe-se!*

Para saber mais informações sobre os bons exemplos
que encontramos pelo caminho, visite o site

🏠 www.cacadoresdebonsexemplos.com.br

e curta nossas redes sociais.

❶ /cacadordebomexemplo

📷 /cacadoresdebonsexemplos

🐦 /cacadoresdobem

✉ contato@cacadoresdebonsexemplos.com.br

Se quiser se tornar um caçador...

- Baixe o aplicativo gratuito: Caçadores de bons exemplos

[Google Play] [App Store]

- Visite um projeto em sua cidade
- Faça uma foto
- Publique no aplicativo e pronto!

Você também cansou de ouvir notícias ruins?
Inscreva-se e assista todos os vídeos no nosso canal no YouTube

YouTube /cacadoresdebonsexemplos